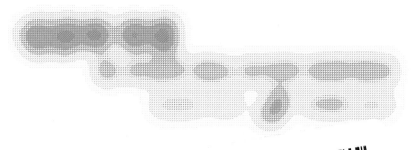

인삼과 국경

GINSENG AND BORDERLAND:

Territorial Boundaries and Political Relations Between Qing China and Choson Korea, 1636~1912

by Seonmin Kim

Copyright © 2017 by Seonmin Kim

All rights reserved.

This Korean edition was published by Sakyejul Publishing Ltd. in 2023 by arrangement with Seonmin Kim through KCC(Korea Copyright Center Inc.), Seoul.

이 책은 ㈜한국저작권센터(KCC)를 통한 저작권자와의 독점계약으로 ㈜사계절출판사에서 출간되었습니다.
저작권법에 의해 한국 내에서 보호를 받는 저작물이므로 무단전재와 복제를 금합니다.

인삼과 국경

청-조선의 영토 인식과 경계 형성

김선민 [지음]　　　　최대명 [옮김]

사계절

2017년에 영어로 출간한 나의 책이 사계절출판사에서 한국어로 번역 출판되었다. 기대하지 않은 큰 영광이다. 한국인 연구자가 영어로 책을 쓰는 일은 이제 드물지 않지만, 한국인 저자가 한국어 번역을 다른 사람에게 부탁하는 일은 아마 흔치 않을 것이다. 오래전에 외국어로 쓴 글을 모국어로 옮기려면 새로운 연구 성과를 공부하고 많은 부분을 다시 써야 하는데, 그럴 여력이 없었다. 나의 부담을 이해하고 역자를 섭외해준 사계절출판사의 후의에 깊이 감사드린다.

　2006년에 취득한 박사학위 논문을 수정하여 2017년에 출판하기까지 이 책의 문제의식과 서술 방식은 모두 미국 학계를 배경으로 만들어졌다. 내가 유학한 듀크대학교에는 동아시아사를 공부하는 교수나 학생이 많지 않았다. 한국에서 중국사를 공부하는 동안 나는 한국인이 중국사를 공부하는 이유에 대해 질문을 받아본 적이 없었다. 하지만 한국인 유학생이 중국사를 공부한다는 것은 적어도 1990년대 후반 미국 남부에서는 설명이 필요한 일이었다. 함께 공부하는 교수와 학생들은 모두 중국에 관심이 많았고, 중국인 유학생은 한국인 학생보다 훨씬 많았다. 동아시아 역사를 잘 모르는 대학원생 동료들은 전근대 한국을 중국의 식민지 비슷한 상태로 알고 있었다. 그래서 나는 그들에게 중국과 한국을 함께 설명해주기로 했다. 미국의 중국사 전공자들은 한국을 통해 중국을 더 잘 이해할 수 있다는 나의 주장에 공감했다. 나는 그들이 이해하기 쉽게 중국을 주어로 삼아 설명하는 대신 중국이 한국을 어떻게 생각했는지 보여줌으로써 한국을 소개하고자 했다. 한국의 독자들이 이 책에서 이질감을 느낀다면 그것은 아마도 내가 미국의 독자들을 향하여 글을 썼기 때문일 것이다.

1990년대 후반은 미국 학계가 청제국의 성격을 둘러싸고 본격적인 논쟁을 시작한 때이기도 했다. 오랫동안 중국사에 대한 해석은 한인漢人을 중심으로 발달한 유가儒家 문화의 중요성을 강조해왔다. 청제국을 건설한 만주인을 포함하여 북방의 외래 민족들은 중원을 무력으로 정복한 후 모두 한인 문화에 동화되었다는 중국 중심적인 역사 서술이 중국뿐 아니라 한국, 미국, 일본 학계를 지배했다. 그러나 한인 이외의 비한인 집단이 지닌 특징에 주목하고 북방 민족이 중국사의 형성과 발전에 지대한 영향을 끼쳤음을 주장하는 연구가 등장하기 시작했다. 특히 현대 중국의 영토와 민족 구성에 직접적인 영향을 끼친 청제국의 역사를 비한인의 시각에서 분석하는 '신청사New Qing History 학파'는 내가 청-조선 관계를 새롭게 이해하는 데 큰 도움을 주었다. 명청 시대 조공 관계에서 조선의 위치를 불변의 고정된 것으로 묘사하는 데에서 벗어나, 만주인과 청 황실에게 만주와 조선은 명대와는 근본적으로 다른 각별한 의미가 있었음을 이해할 수 있게 되었다. 나는 이 책에서 신청사의 시각으로 청-조선 관계를 새롭게 설명하고자 했다.

내 책이 나온 이후 미국 학계에서 명청 시대 한중 관계사에 관한 연구서가 여러 권 출판되었다. 최근 연구에서는 신청사 학파의 시각을 반박하고 전통적인 중화 문명의 중심성을 강조하는 경향이 뚜렷하게 나타난다. 이들은 명청 시대 조선이 유가 보편 문명을 중심으로 중국과 관계를 맺어왔으며 조선의 자발적인 참여 혹은 강제적인 동원에 힘입어 중화 제국은 동아시아에서 강력한 영향력을 행사했다고 설명한다. 조선을 소재로 삼아 중화 문명의 강고한 영속성을 강조하는 최근 연구들의 또 다른 공통점은 영어 대신 중국어 병음을 사용하여 핵심 개념을 설명한다는 것이다. 이들은 영어 단어에는 서구 중심적 역사 이해가 깃들어 있어서 전통 시대 동아시아를 이해하는 데 방해가 되므로 현지 언어인 한자를 활용하여 당시의 역사상을 서술해야 한다고 말한다.

과거의 역사를 현대의 용어로 설명하는 작업은 현재의 시각으로 과거를 재단할 위험이 있다. 그러나 사료에 쓰인 용어를 오늘날에 통용되는 개념으로 서술하는 것은 과거를 새롭게 해석하기 위해서는 불가피하다. 사료상의 용어를 그대로 사용하는 것은 과거를 불변의 고정된 것으로 박제하여 새로운 해석을 어렵게 만들고 그 결과 과거의 낡은 이해를 계속 강화시킨다. 나는 이 책에서 청과 조선이 서로의 관계를 끊임없이 재조정하고 재해석했음을 보여주고자 했다. 이를 위해 청과 조선의 사료에서 등장하는 용어를 미국사와 유럽사 연구에서 사용되는 현대적인 개념으로 설명했다. 동아시아 역사에 서양사의 용어를 사용하는 것이 위험할 수 있지만, 청과 조선의 역사를 변화하는 과정으로 이해하는 데 유용한 점이 있으리라 믿는다. 이 책의 낯설고 무모한 주장이 한국의 독자를 자극해서 더 많은 학생들이 한중 관계사에 관심을 갖게 되기를 고대한다.

인삼과 국경

이 책을 쓰면서 나는 언어의 바다를 수없이 건넜다. 그 과정에서 얼마나 많은 오독과 오해가 있었을지 생각하면 가슴이 서늘하다. 한국어 원고를 검토하면서 영어책의 여러 오류를 발견하고 수정했다. 미처 고치지 못한 크고 작은 문제를 포함하여 한국어 번역본의 내용은 모두 나에게 책임이 있다.

한국어 번역본을 출판해주신 사계절출판사의 강맑실 사장님께 감사드린다. 한국어 원고를 준비하면서 영어책을 출판할 때와는 매우 다른 감동을 경험했다. 이창연 편집자가 보여준 관심과 헌신에 진심으로 감사드린다. 최대명은 흔쾌히 번역을 맡아서 유려한 문장으로 옮겨주었다. 리우룬저劉潤澤는 책에서 인용한 한문과 만문滿文 사료를 모두 검토했고 황유정은 베이징의 중국제일역사당안관에서 만주인 인명을 확인했다. 고려대학교 대학원에서 맺은 소중한 인연들이 이 책을 만들어주었다는 사실이 말할 수 없이 기쁘고 고맙다.

책의 내용이 궁금했을 가족들과 친구들에게 한국어로 보여주게 되어 기쁘다. 그들의 애정 어린 무관심이 그동안 큰 위로가 되었다. 이훈 선생님은 한국어 원고를 처음부터 끝까지 모두 읽고 검토해주었다. 그의 도움으로 이 책은 마침내 언어의 바다를 건너는 여정을 끝냈다. 고맙다는 말로는 부족하다.

2023년 11월
김선민

청 황제

태조太祖 누르하치(천명天命: 1616~26)

태종太宗 홍타이지(천총天總: 1626~36)

(숭덕崇德: 1636~43)

세조世祖 순치제順治帝(1643~61)

성조聖祖 강희제康熙帝(1661~1722)

세종世宗 옹정제雍正帝(1722~35)

고종高宗 건륭제乾隆帝(1735~96)

인종仁宗 가경제嘉慶帝(1796~1820)

선종宣宗 도광제道光帝(1820~50)

문종文宗 함풍제咸豊帝(1850~61)

목종穆宗 동치제同治帝(1861~75)

덕종德宗 광서제光緒帝(1875~1908)

공종恭宗 선통제宣統帝(1908~12)

태조(누르하치)와 태종(홍타이지)은 후금의 칸으로 즉위했다.
1636년 태종이 황제를 칭하고 국호를 청으로 바꾸었다.

조선 국왕

선조宣祖(1567~1608)

광해군光海君(1608~23)

인조仁祖(1623~49)

효종孝宗(1649~59)

현종顯宗(1659~74)

숙종肅宗(1674~1720)

경종景宗(1720~24)

영조英祖(1724~76)

정조正祖(1776~1800)

순조純祖(1800~34)

헌종憲宗(1834~49)

철종哲宗(1849~63)

고종高宗(1863~1907)

순종純宗(1907~10)

일러두기

1. 표기법
외국어 인명과 지명은 국립국어원의 외래어표기법을 기준으로 표기했다.
  1 ─ 만문 사료에서 확인된 만주어 인명과 지명은 만주어 발음을 한글로 음역하고,
    묄렌도르프 표기법에 따라 로마자를 병기했다. 아울러 일부는 괄호 안에 한자
    표기를 병기했다(예= 달당가Daldangga(達爾當阿)). 만주어 표기를 사료에서 확
    인하지 못한 경우는 한자 표기의 한글 음역으로 표기했다(예= 백석둔(伯席屯)).
  2 ─ 현대 중국인 연구자 및 중국 행정 구역을 제외한 중국 인명과 지명은 한국 한자
    음으로 표기했다(예= 원세개袁世凱).
  3 ─ 중국어, 일본어, 한국어, 만주어 인명은 성을 먼저 적었다.
  4 ─ 장백산/백두산 표기는 맥락에 따라 혼용했다. 서술하는 내용이 청을 중심으로
    할 때는 장백산으로, 조선을 중심으로 할 경우에는 백두산으로 표기했다.
  5 ─ 원서의 고어를 현대어로 순화해 번역한 경우, 본래 한자를 [ ] 안에 병기했다.
  6 ─ 특정 인명, 지명, 사건에 상응하는 단어가 여럿인 경우, 일차적으로는 원문을 기
    준으로, 이차적으로는 옮긴이의 판단에 따라 [ ] 안에 병기했다.
2. 무게 단위와 측량 단위
  1냥/량兩= 37.5그램(은 1냥, 인삼 1량과 같이 화폐 단위이면서 무게 단위로도 사용한다.)
  1근斤(16량)= 600그램
  1리里= 500미터
  1무畝= 약 0.06헥타르
  1상晌= 6~10무(청 대 성경에서는 6무, 길림·흑룡강에서는 10무였다.)
3. 본문의 날짜는 서력으로 환산하여 표기했다(예= 1727년 6월 10일(옹정5년 4월 21일)).
  본문의 주석에서는 인용 자료의 출전을 쉽게 확인할 수 있도록 재위 연도와 음력 월
  일을 표기했다(예=『영조실록』, 63:11a(영조 22/3/28)).
4. 본문의 미주는 원서에 달린 주로, 모두 저자의 주석이다.
5. 그 밖에 본문에 저자가 부연한 내용은 ( ) 안에 넣고, 옮긴이가 부연한 내용은 각주로
  배치했다.
6. 단행본·정기간행물은『 』로, 논문·기고문·지도·시 등은「 」로 표시했다.

들어가며

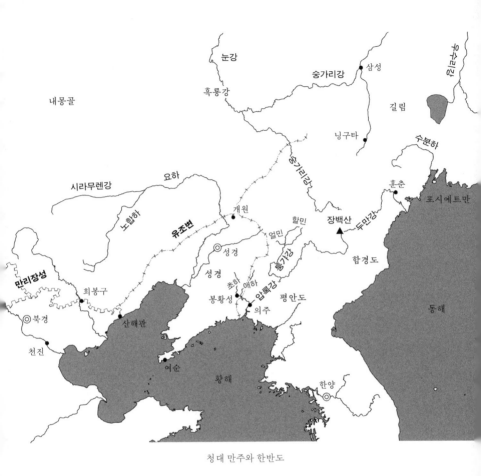

청대 만주와 한반도

1745년 성경장군 달당가Daldangga(達爾當阿)는 압록강 하류에 초소를 신설하자는 계획을 건륭제乾隆帝(청 6대 황제, 재위 1735~96)에게 상주했다. 그가 제안한 초소의 위치는 압록강의 지류인 초하草河와 애하靉河가 만나 본류에 합류하는 지점에 위치한 모래섬 망우초莽牛哨였다. 장백산長白山(백두산)에서 발원한 초하와 애하는 성경盛京 일대의 가장 큰 인삼人蔘 산지인 할민Halmin(哈爾敏)과 얼민Elmin(額爾敏, 厄爾敏) 지역을 지났는데, 달당가 이전의 성경장군들은 육로를 중심으로 감시 초소를 세우고 관병을 주둔시켜 자신이 관할하는 삼산蔘山을 보호했다. 하지만 불법 채삼자들은 경비가 허술한 수로를 통하여 범월犯越을 일삼았다. 이에 성경 일대의 방비를 단단히 하고, 그중에서도 인삼의 관리를 강화하기 위해 달당가는 수로 초소의 설치를 강력하게 피력했다. 그는 수로의 경비가 취약한 탓에 잠채潛採꾼들이 배로 미곡을 나르고 인삼 생산지에 들어가 인삼을 불법 채취하고 있다고 생각했다. 따라서 불법 행위를 근절하기 위해서는 수로를 지키는 초소가 반드시 필요하며, 구체적으로 여순旅順의 수군을 망우초에 주둔시키자고 제안했다. 아울러 그는 주둔군의 보급을 위해 압록강변의 황폐한 땅[荒田]을 개간하자는 의견을 덧붙였다.[1]

하지만 국경지대에 초소를 설치해야 한다는 달당가의 구상은 실현되지 않았다. 황제나 조정 안 경쟁 파벌이 아니라 조선 왕실이 그의 주장을 막았다. 조선은 건륭제에게 달당가의 품의를 재고해달라는 주문奏聞을 올렸고, 끝내 수로 초소 설치를 백지화시키는 데 성공했다. 청의 관료들이 망우초는 청의 강역 안에 있다고 분명히 확인했음에도 불구하고, 조선은 오랫동안 유조변

柳條邊*과 압록강 사이 최대 100리에 이르는 땅에서 거주와 경작을 상호 금지해온 전례를 강조했다. 영조英祖(조선 21대 국왕, 재위 1724~76)는 국경지대의 봉금封禁을 두고 청과 조선 백성 사이의 교류를 막아 "소국[小邦]"과의 갈등을 미연에 방지한 "황조皇朝의 인자하고 심원한 뜻"이라고 칭송했다. 최종적으로 건륭제는 인삼 산지를 보호하기 위해 경계 초소를 신설하자는 달당가의 청 대신 압록강변 국경지대의 봉금을 유지해달라는 영조의 제안을 받아들였다. 18세기 청의 황제가 자국 영토의 관리 문제를 두고 번국蕃國 조선의 의견을 수락한 것이다.[2]

달당가의 주청은 만주滿州의 보화인 인삼을 지키고, 나아가 황실의 재정을 보호한다는 측면에서 합리적인 제안이었다. 건륭제 역시 그 필요성을 인지하고 망우초가 청의 강역 안에 있다는 사실까지 확인했지만, 그럼에도 조선의 요청대로 압록강의 봉금을 해제하지 않았다. 청 황제는 왜 자국 관료가 아니라 조선 국왕의 손을 들어준 것일까? 또한 무엇이 "소국"인 조선으로 하여금 "황조"의 일에 반대하게 했을까? 지금부터 청과 조선의 이해관계가 얽히고설킨 산물인 인삼을 통하여 양국 영토 경계와 정치 관계의 특수성을 드러낼 것이다. 또한 이를 통해 앞의 질문에 대한 답을 제시하고자 한다.

청대 성경장군의 관할 구역은 대략 현대 중국의 랴오닝성遼寧省과 엇비슷하다. 해당 지역은 누르하치Nurhachi(努爾哈赤,

* 청대에 만주에 설치한 경계 표시로, 땅을 파고 그 옆에 제방을 쌓고 버드나무 말뚝을 세웠다.

1559~1626, 청 태조)가 건주여진建州女眞의 족장에서 후금으로도 알려진 아이신 구룬Aisin Gurun(金國)의 칸으로 부상하고, 그의 아들인 홍타이지Hong Taiji(皇太極, 1592~1643, 청 태종, 재위 1636~43)가 만주인, 몽골인, 한인을 연합해 청제국을 건설한 신성한 고토이다. 1644년 중원을 정복한 뒤에도 청은 만주, 즉 성경과 길림吉林, 흑룡강黑龍江 일대에 지속적으로 관심을 기울였다. 만주는 만주인의 민족적 정체성, 특히 상무 정신의 원천으로서 내지의 한인으로부터 보호되어야 했다. 만주는 정치적, 문화적 가치뿐만 아니라, 만주인의 제국 건설을 가능케 한 자연 자원의 보고로서 그 경제적 가치 또한 막대했다. 만주의 산천에서 자라는 토산품인 진주珍珠와 초피貂皮*, 그리고 인삼은 동북의 세 보배[東北三寶]로 불렸는데, 그중에서도 인삼은 건주여진의 강역에 널리 분포한 산물이자 명나라(1363~1644)와의 교역에서 가장 중요한 물품이었다. 인삼의 상업적 가치를 잘 알고 있던 청 황실은 1850년대까지 관의 허가증(삼표蔘票)을 지닌 이들에게만 성경과 길림의 삼산 출입을 허락하는 등 인삼의 전매를 유지하는 데 각별한 주의를 기울였다. 이러한 측면에서 볼 때, 압록강에 수로 초소를 설치하자는 성경장군의 제안은 그 지역의 책임자로서 당연히 해야 할 일을 한 것이었다.

만주인은 인삼을 둘러싼 특수한 이해관계로 인해 제국 건설 이전부터 조선과 마찰을 빚었다. 인삼의 주요 자생지가 조선의 강

---

* 담비 가죽을 지칭하는 용어로 서피黍皮, 돈피獤皮라고 한다. 검은담비의 모피가 특히 상등품으로 가장 귀했다.

역에 인접해 있었기 때문에 압록강과 두만강을 건너가 삼을 캐는 조선인이 많았다. 이로 인해 여진·만주인이 요동遼東에서 발흥한 시기부터 중원을 정복한 시기까지 채삼으로 인한 분쟁이 끊이지 않았다. 조선 조정의 입장에서 자국민의 범월이 청의 군사적 혹은 경제적 징벌을 야기하기 때문에, 불법 채삼은 꼭 해결해야 할 골치 아픈 문제였다. 대국과의 충돌을 피하기 위해 조선은 월경죄를 강력하게 처벌하고, 압록강과 두만강 유역의 접근을 금지했다. 접경 지역을 비우고 민간의 출입을 강력히 통제하기는 청도 마찬가지였다. 청은 유조변, 관문關門, 감시 초소를 세워 내지의 한인들이 만주로 이동하는 것을 제한했다. 나아가 조선에도 범월과 불법 채삼에 대한 경계를 강화하라고 당부했다. 이처럼 양국의 입장이 일치함에 따라 압록강과 두만강 유역 및 만주인의 신성한 고토인 장백산은 민간이 접근할 수 없는 금역禁域이 되었다. 인삼 독점을 통한 이익을 지키고자 한 청과 강대국과의 충돌을 예방하고자 한 조선. 두 나라의 목적은 서로 달랐으나, 국경지대의 봉금이라는 해결책은 같았다. 이처럼 각기 다른 목표를 추구한 양국이 동일한 결론을 내리도록 이끈 요인이 바로 인삼이다.

값비싼 인삼이 자라고 비옥한 농토가 펼쳐진 압록강과 두만강 인근의 광대한 영역을 통제하려면 당연히 상당한 행정력이 필요하다. 이를 감수하고 청과 조선이 봉금을 고수한 까닭은 양국이 대등한 관계였기 때문이 아니다. 오히려 불균등한 조공 관계가 양국으로 하여금 봉금이라는 해결책을 추구하고, 봉금이 초래하는 문제까지 감수하게 만들었다. 조선의 입장에서는 양국 사이에 완충 지대를 두는 것이 범월과 그로 인한 분쟁을 방지하는 데 더 효과적이었다. 그래서 조선은 청 황제에게 압록강 인근 지역을 완충 지대로 유지해달라고 청원했는데, 흥미롭게도 이 과정에서 조공 관계의 수사를 적극 활용했다. 대국의 자애로운 통치자는 소국을 품어야 하며, 따라서 청 황제는 조선 국왕에게 은혜를 베풀어야 한다는 논리를 펼친 것이다. 이에 대한 청의 반응도 주목할 만하다. 압록강 인근의 거주와 개간을 금하는 일이 만주의 봉금 정책과 합치되는 데다, 조선이 정기적인 조공을 통해 상국에 대한 충심을 증명한 만큼 청은 조선의 요청을 가볍게 다루지 않았다. 이처럼 인삼과 만주에 대한 청의 특수한 이해 및 청과 조선의 조공 관계가 양국 사이에 비어 있는, 드넓은 국경지대가 형성되는 데 영향을 미쳤다.

이 책은 국경지대의 인삼을 둘러싼 청과 조선의 교류 및 분쟁을 검토함으로써 양국의 영토 경계와 정치 관계를 탐색한다. 구체적으로 청의 만주 정책, 청과 조선의 조공 관계, 그리고 양국의 영토 및 주권에 대한 입장을 분석하여 양국이 어떠한 원리에 입각해 각자의 강역을 인식하고 관리했는지 살핀다. 압록강과 두만강, 그리고 장백산은 만주에 대한 청의 특수한 이해관계를 매우 잘 보여주는 지역인 동시에 청과 조선 양국이 소유권과 통치권을 두고 충돌, 교섭한 지역이다. 이 책은 청과 조선의 경계가 만들어지고 변화하는 과정에서 청제국이 어떠한 방식으로 만주에 특별한 지위를 부여하고 이를 유지했는지 검토한다. 그리고 청제국이 이 일대의 자연 자원을 둘러싼 자국의 경제적 이해를 수호하고 더불어 조선과 전통적 조공 관계를 유지한 방식도 함께 본다. 끝으로 이 책은 조공국으로서 자국의 영토와 주권을 지키고자 한 조선의 노력을 탐색함으로써 청제국의 탄생과 발전에 조선이 미친 영향을 조명한다.

만주, 조선, 그리고 인삼

최근의 청사 연구, 특히 '신청사 학파'로 불리는 일련의 연구들은 민족, 문화적 다양성, 제국, 통치 이데올로기 등 다양한 주제를 탐색하는 가운데 청제국사에서 만주인이 갖는 중요성을 강조한다.[3] '만주인의 특수성Manchu Distinctiveness'과 관련된 여러 요소 중에서 동북방은 특히 중요하다. 기존 연구들이 살펴보았듯, 청대 동북방은 만주인의 고토로서 명대 요동과는 그 의미가 매우 다르다. 명대 요동이 여진·만주인이 다양한 인구 집단과 영향을 주고받는 가운데 점차 힘을 키워나가는 장소였다면, 청대 만주는 다른 민족 집단으로부터 만주인과 그들의 정체성을 보호하는 장소였다. 조금 더 부연하면, 명대 요동은 20세기 초와 마찬가지로 "사람 간, 문화 간 이주와 소통"이 이루어지는 일종의 "저수지reservoir" 역할을 했다.[4] 다시 말해 한인과 여진인의 민족적 구분이 엄밀하지 않은, "매개성between-ness"과 "초국경성transfrontier-ness"을 강하게 띤 지역이었다.[5] 반면 청대 만주는 만주인의 정체성과 힘의 원천으로 간주되었으며, 내지 한인의 문화적·경제적 영향력으로부터 만주인을 보호하기 위해 외부와의 교류가 최소화되었다.

신청사 학파처럼 만주인의 특수성에 주목하지는 않지만, 많은 중국 학자들 또한 청대 동북방을 다룬다.[6] 그들은 19세기 말까지 청조가 만주에서 유지한 봉금 정책과 유조변을 주목했다. 유조

인삼과 국경

변은 농경을 위주로 하는 한인·만주인의 거주지, 북쪽 몽골 거주지, 그리고 동쪽의 수렵 채집 구역을 서로 분리하여 만주를 각기 다른 물리적·문화적 특성을 지닌 세 구역으로 구분했다. 그중에서도 인구의 이동, 특히 한인의 이동을 제한하는 역할이 가장 중요했다.[7]

청조는 한인의 이동을 제한하여 고토 만주를 만주인의 정체성과 군사 기량을 함양하는 터전으로 남기려 했다. 나아가 경제적으로 큰 이문을 얻을 수 있고, 정치적으로도 매우 중요한 만주의 자연 자원을 국가가 독점 관리하려는 의도도 있었다. 청대 전반에 걸쳐 만주 내 자연 자원 산지로 민인民人*이 출입하는 것을 제한했다. 특히 유조변 동부선은 성경과 중원 출신의 민인 잠채꾼들이 인삼, 모피, 진주에 접근하는 것을 방지했다. 봉금 정책은 "정치적 특권 집단"인 만주인을 "경제적으로 지원하기 위해 고안"[8]되었다. 하지만 청조가 내지의 부유한 지역들까지 지배하면서 만주는 물질적인 측면보다 전통 수호라는 문화적인 측면에서 더 부각되기 시작했다.[9] 강희 연간 청조가 만주의 수렵과 채집 문화를 보존, 권장, 규정하기 위해 고안한 국가 정책은 제국 안에서 만주의 의미가 변화하는 양상을 잘 보여준다. 데이비드 벨로David Bello가 "제국의 수렵 채집imperial foraging" 정책이라고 정의한 청조의 만주 정

---

* 청의 지배 집단인 팔기八旗에 속하지 않은 일반민을 지칭한다. 한편 팔기는 누르하치가 만든 군사·행정 조직으로, 만주에 거주하는 만주인, 한인, 몽골인 등 다양하고 이질적인 집단을 후금의 통치 체제 안으로 포섭하기 위해 활용되었다. 팔기에 속한 사람들은 기인旗人이라고 불렸으며, 내지를 정복한 후에는 법적·행정적으로 민인과 구분되는 지배 계층이 되었다.

책은 단순히 만주인의 생계를 돕는 데 그치지 않고 그들의 만주인다움을 구체화하고 보존하는 것을 목표로 했다. 만주의 봉금으로 만주인은 기마궁술을 비롯한 수렵 채집 활동을 실행할 수 있는 분리된 공간을 확보했다.[10] 그리고 만주가 지닌 "제국 내 변경의 성격"을 명확히 하려는 청조의 노력은 19세기 말까지 지속되었다.

여기서 주목할 점은 만주라는 공간뿐만 아니라 만주의 자연 자원도 만주인다움을 구성하는 핵심 요소로 자리 잡았다는 사실이다. 조너선 슐레진저Jonathan Schlesinger가 설명하듯, 만주의 보화인 진주, 초피, 그리고 인삼은 일찍부터 만주의 주요 토산품이었으며 만주의 지도자는 인접 국가나 휘하 부족장에게 이를 선물했다. 이러한 예물의 교환 혹은 하사는 "만주인 통치의 특징적인 친교 방식"이다. 만주의 세 보배를 단순한 교역품이 아닌 만주인의 정체성을 표상하는 상징물로 간주한 청조는 1644년 입관入關* 이후 전매제를 도입했다. "해당 산물들에 대한 수요의 본질이 진본성authenticity에 있기에 인삼과 진주, 그리고 모피는 적합한 방법으로, 적합한 이들에 의해 생산되어야 했다."[11] 이처럼 만주의 자연 자원 관리 정책은 동북방이 지닌 특별한 위상이 제국 통치에 반영된 결과물이다.

청의 제국 통치에서 만주와 만주의 자연 자원이 지닌 특별한 위치를 탐색하는 작업은 조선의 역사, 특히 조선과 만주의 관계사를 함께 고려해야 온전히 이루어질 수 있다. 이블린 로스키Evelyn

---

* 1644년 청은 명이 이자성李自成의 난으로 혼란해진 틈을 타서 산해관을 넘고 북경을 점령했다.

Rawski는 "중심이 아닌 변경의 시각에서 중국을 탈중심화decentering"하는 데 있어 만주와 한반도의 중요성을 강조한다. 그는 조선, 나아가 일본의 에도 막부를 "중국의 동북아시아 변경이라는 지정학적 경계"의 맥락에서 다룬다. 이를 통해 일국사 내러티브에 도전하고, 청제국사에서 조선이 지닌 주체성을 주목한다. 더해서 고구려를 둘러싼 현대 중국과 한국 학자들의 논의를 분석하여 만주와 한반도의 밀접성이 한중 관계의 결정적 요소였음을 설명한다.[12] 이외에도 한중 관계사를 연구하는 여러 학자들은 오래전부터 중국, 만주, 한국 사이의 삼각관계를 동아시아 국제 관계의 핵심 요소로 주목해왔다. 대표적으로 개리 레드야드Gari Ledyard는 만주가 분쟁의 대상이 되면 항상 한중 관계도 경색되었으며 한반도 내부의 상황까지 위태로워졌다고 주장한다. 그는 17세기 초 만주인의 발흥과 뒤따른 동북아시아 정세의 급변을 그 대표적인 예시로 든다.[13] 15세기 초 여진의 족장 몽케 테무르Möngke Temür 또한 한중 관계에서 만주의 중요성을 보여주는 훌륭한 예시라 할 수 있다. 18세기 청조에 의해 만주인의 선조로 추앙된 몽케 테무르는 사실 명과 조선을 저울질하며 그 사이에서 경합한 수많은 군소 부족장 가운데 한 명이다. 그의 일대기는 만주와 조선의 밀접성을 보여주는 그 무엇보다 분명한 증거이다.[14] 케네스 로빈슨Kenneth Robinson이 기술하듯, 여진인과 조선인이 다양한 형태로 교류한 15~16세기 조선의 북부 지방은 "경제적·언어적·신분적·환경적· 초경계적transboundary 변경"[15]이었다.

　인삼은 만주의 세 보배 중에서 만주인과 만주의 특별한 관계, 그리고 청과 조선의 정치적 관계를 살펴보는 데 가장 유용하다.

초기 국가 단계의 만주인은 만주의 자연 자원에 크게 의존했다. 그중에서도 핵심은 인삼이다. 많은 학자들이 누르하치가 명과의 인삼 교역에 적극적으로 임했고, 그 결과 요동과 내지 사이의 경제적 유대가 강화된 사실을 밝혔다. 누르하치가 부상하고 마침내 건국에 이른 바탕에는 군사적 역량뿐만 아니라 인삼 교역을 통해 축적한 경제력도 있다.[16] 또한 많은 연구들이 강조하듯, 인삼 생산과 관련해 별다른 제도를 마련하지 않은 이전 왕조들과 달리 만주인은 1644년 입관 이전부터 인삼 규제 정책을 체계적으로 발전시켰다. 규제의 세부 내용과 목적은 시기에 따라 변하지만, 항상 제국의 재정을 위해 충분한 양의 인삼을 확보하는 일이 가장 중요했다. 그렇기에 황실과 황실 귀족에 속한 선별된 인원만 정해진 수량의 인삼을 채취할 수 있었고, 관의 허가를 받지 못한 이들은 삼산 출입을 금지했다. 인삼의 불법 유통과 매매를 규제하기 위해 산해관山海關, 천진天津, 여순, 그리고 압록강변에 위치한 여러 항구의 이용도 제한했다. 인삼 독점이 만주인의 전통과 법도를 보존하는 중요한 수단이었기 때문에 청조는 생산, 유통, 판매에 대한 엄격한 규제를 19세기까지 유지했다.[17] 일부 연구는 18세기까지 인삼 전매의 이윤이 청조의 주요한 수입원이었다고 추정한다.[18] 반 시먼스Van Jay Symons가 강조하듯 "독립적 수입원의 확보는 청 황실의 재정 안정성 보장에 결정적이었다."[19]

인삼은 만주의 세 보배 가운데 하나이자 만주를 오고 간 수많은 상품들 가운데 하나일 뿐이다. 하지만 조선 왕실의 진상품으로서든, 청조의 전매 상품으로서든, 혹은 밀수꾼을 유혹하는 보화로서든 인삼만큼 청과 조선의 관계를 다룬 사료에서 자주 언급된 상품은 없다. 인삼은 생장하는 데 매우 오랜 시간이 소요되는 귀한 약재임에도 작고 가벼워 운송이 용이했기에 만성적으로 잠채에 시달렸다. 그리고 잠채는 곧 월경 문제로 이어졌다. 불법 채삼꾼뿐만 아니라 관의 허가를 받은 채삼인들조차 인삼을 찾아 강역 밖 더 깊고 먼 곳까지 가는 일이 빈번했는데, 이러한 범월은 청과 조선 모두의 신경을 곤두서게 했다. 그 결과 인삼은 다른 어떤 산물보다 청조의 만주 정책, 나아가 청과 조선 관계에 큰 영향을 미쳤다.

일본 학자들은 청대 만주와 조선의 관계에 많은 관심을 기울였다.[20] 그중에서도 이나바 이와키치稻葉岩吉와 이마무라 도모今村鞆는 인삼의 중요성을 특히 주목했다.[21] 이마무라는 고려인삼이 중국 황제에게 진상된 조공품으로서 중국과 한국 사이의 위계를 상징한다고 설명했으나, 동시에 양국 사이에서 발생한 범월 문제의 주요한 원인이라고 강조했다.[22] 실제로 압록강과 두만강 일대는 야생삼이 풍부하고 조선인과 여진인의 교류가 잦았기에 각지의 채삼꾼이 이곳으로 모였다. 15세기 중반 조선이 사군四郡을 철폐하고 압록강 일대에서 정착과 경작을 금한 시기에는 여진인 채삼꾼들이 조선 영내로 월경했다. 만주인이 내지로 진출해 장백산이 성역화된 이후에는 역으로 조선인 채삼꾼들이 목숨을 걸고 청의 영내로 건너갔다. 조선인의 범월과 불법 채삼이 지속되는 한, 청의 만주 정책과 인삼 전매제는 조선과의 외교 문제와 함께 다루어져야 했다. 인삼이 청-조선 관계에서 중요한 역할을 수행하게 된 배경에는 이러한 맥락이 존재한다.

조공 관계와 경계

그동안 한중 관계사는 만주인의 특수성이나 만한 관계滿漢關係가 아니라 조공 관계론의 틀에 입각해 다루어졌다. 존 페어뱅크 John K. Fairbank의 해석을 토대로 한 전통적인 입장은 청과 주변국들의 조공·책봉 관계를 '중화 질서'라는 중국 중심적 세계관 안에서 설명했다.[23] 이 해석이 미국 학계뿐만 아니라 중국과 한국 학계의 중국, 아시아 연구에도 매우 큰 영향력을 행사했다. 하지만 근래 많은 청사 연구자들은 그의 교조화된 해석에 반기를 들며, '중국'의 정의가 인접국과의 관계 속에서 지속적으로 변모했음을 강조한다.[24] 청제국과 제국의 서북 변방에 위치한 유목 민족의 관계를 다룬 최근 연구들은 청제국이 정략결혼, 종교적 후원, 상업, 외교, 전쟁과 같은 다양한 방식을 동원했음을 조명한다.[25] 니콜라 디 코스모Nicola Di Cosmo는 북서부에서 조공 무역은 "제도라기보다는 청과 선주민 사이의 교류를 가능케 한 정치적, 의례적, 경제적 환경에 가까웠다"[26]라고 주장한다. 피터 퍼듀Peter Perdue 또한 청제국의 조공 관계를 "참여자들의 다종다양한 목적에 부합하기 위한 상호 문화적 소통 방식"[27]으로 해석한다. 청제국의 다양한 외교 방식은 동남아시아 국가들과의 관계에서도 확인할 수 있다. 앤서니 리드Anthony Reid는 "중국이 이웃 국가와 맺은 관계는 각각이 고유하며, 시대에 따라 급변했다. 그 어떤 관계도 동일한 방식으로 설명할 수 없다"[28]라고 강조한다.

중국의 많은 이웃 국가 가운데 조선은 특히 오랫동안 모범적이고 이상적인 조공국으로 여겨졌다. 중국 중심적 시각을 견지한 학자들은 중국과 한국 사이의 정치적 역학 관계는 항상 명료한 위계를 유지했으며, 조선 조정은 1637년부터 1895년까지 청 황제에게 충실히 조공을 바쳤다고 설명한다.[29] 그러나 최근의 한국사 연구는 조선-청 관계를 만주인의 특수성이라는 관점에서 새롭게 조명하기 시작했다. 양국이 처음 관계를 맺은 시점에 경험한 격렬한 분쟁을 간과하고 희석시키는 기존의 연구와 달리, 이들은 조공이라는 의례적 가면 너머에 있는 충돌과 긴장의 역사에 주목했다. 조선 조정에서는 호란의 복수를 내세운 북벌北伐 운동이나 임진왜란 당시 조선을 원조한 명 황제를 모시는 사당(대보단大報壇) 건립 등의 형태로 반청 의식이 표출되었다. 청에 항복하면서 무너진 자존감을 회복하고 국가 기강을 다잡기 위해 조선의 사대부들은 만주인이 명나라를 멸망시킨 뒤 조선이 명의 정통 계승자, 곧 중화의 법통을 이은 '소중화'가 되었다고 자처하기도 했다.[30] 계승범이 설명하듯 "만주인이 중국을 다스렸음에도, 조선의 사대부들은 상상된 중화 질서 속에서 살아가며, 만주인의 지배라는 현실 속에서 사라진 명과의 사대 관계를 이어갔다."[31] 대외적으로는 명에게 하던 조공 의례를 청에게 그대로 행했으나, 내심은 청을 오랑캐로 경멸하고 있었다. 이처럼 근대 이전에 중국과 한국 사이에서 조공을 바치고 회사回賜를 얻는 조공 관계는 수 세기 동안 지속되었으나 그 함의는 시대에 따라 크게 달랐다.

청사에서 만주인의 특수성을 파악하는 작업은 청의 제국 질서에서 조선이 차지한 위치를 재해석하는 작업과 연결된다. 조선과 동남아시아 지역 번국의 유사성을 주목한 기존 연구들[32]과 달리, 구범진은 청의 대조선 정책이 서북 지역에 위치한 몽골, 신강新疆, 티베트에 대한 정책과 부분적으로 유사했다고 강조한다. 류큐왕국과 베트남은 1644년 입관 이후 청과 평화적으로 관계를 수립했다. 반면 조선은 전쟁을 치른 뒤 청의 제국 질서에 참여했다. 조선으로 온 청의 사신단은 한인 관료가 아니라 팔기에서 선발되었는데, 제국의 서북 지역에 파견된 사신단 또한 동일한 방식으로 구성되었다. 더해서 1719년 간행된 「황여전람도皇與全覽圖」는 중국 내지의 지명은 한자로 표기했으나, 만주와 조선의 지명은 만문으로 표기했다.[33] 이상의 특징들은 만주인의 제국 통치라는 변곡점으로 인해 양국의 관계가 이전과 사뭇 다른 양상을 띠게 되었음을 여실히 보여준다.

청-조선 관계에 영향을 미친 여러 요소 가운데 핵심은 양국의 지리적 근접성과 그로 인한 사람들의 이동이다. 만주와 한반도를 나누는 압록강의 명칭은 경계를 뜻하는 만주어 '얄루yalu'에서 유래했다.[34] 1627년 1차 조선 출병(정묘호란) 이후 홍타이지는 조선과 화친을 체결하면서 양국의 강역 구분을 명확히 했다. "우리 두 나라가 이미 화친을 결정하였으니 이후로는 서로 맹약을 준수하여 각각 자기 나라를 지키도록 하고[各守封疆] 작은 일로 다투거나 도리에 어긋나는 일을 요구하지 않기로 한다."[35] 여기서 양국은 압록강과 두만강을 강역의 경계로 삼았다. 그러나 홍타이지의 공표에도 불구하고 양국의 경계는 계속해서 논쟁의 대상이 되었다. 그동안 청과 조선의 국경 분쟁을 다룬 연구들은 크게 두 사건에 주목했다. 하나는 1712년 장백산 탐사이고 다른 하나는 1880년대 두만강 수원 공동 감계勘界이다. 전자는 강희제康熙帝(청 4대 황제, 재위 1661~1722)의 명령에 의해 청의 관원 묵덩Mukden(穆克登)이 조선 관료들과 함께 장백산을 둘러본 후 압록강과 두만강의 수원으로 추정되는 곳에 비석을 세운 사건이다. 후자는 19세기 말 간도로 이주한 조선인들이 두만강과 토문강土門江이 별개의 강이라는 논거를 내세우며 자신들은 조선 영내에 거주하고 있다고 주장하면서 촉발되었다. 이에 양국은 두만강의 정확한 발원지를 찾아 국경을 획정하기 위해 1885년과 1887년에 두 차례 감계사를 파견했다.

개리 레드야드는 묵덩과 조선 관료들의 탐사, 그리고 탐사 직후 조선 조정에서 이루어진 논의를 심도 있게 분석한 바 있다. 하지만 그의 분석은 한국 지리사의 맥락에 국한되어 있다.[36] 앙드레 슈미드Andre Schmid는 "청제국의 영토적 범위와 제국 내 조선의 애매모호하고 논쟁적인 지위"[37]를 강조하면서 탐사를 조선의 영토성territoriality과 주권이라는 더 넓은 차원에서 고찰한다. 그는 1712년의 지리 측량을 1880년대의 영토 논쟁과 연결하며 조선의 영토 인식을 둘러싼 민족주의 이전 담론과 민족주의 담론 간의 유기적인 상호 작용을 밝힌다. 그는 1712년의 사건을 통해 형성된 조선의 영토 주권 개념이 간도의 영유권을 둘러싼 1880년대의 논쟁에 영향을 미쳤으며, 그 사실은 19세기 말 조선 관료들이 18세기 초 조선 학자들의 용어를 차용한 데서 확인할 수 있다고 설명한다.[38]

그동안 중국과 한국의 학자들은 두 사건을 상세히 연구했지만 양국이 정한 경계가 어디인지, 혹은 해당 사건으로 어느 쪽이 이익을 취했는지에 대해서는 여전히 논쟁이 이어지고 있다. 장춘우張存武는 강희제와 묵덩이 역사와 지리에 무지해 여진이 거주하던 두만강 일대가 청의 강역임을, 또한 조선의 영토가 두만강의 수원을 기준으로 나뉘는 것이 아니라 장백산 이남에 한정되는 사실을 몰랐다고 주장한다. 그는 이러한 무지가 청의 영토 상실로 이어졌고, 계속해서 두만강 이북으로 진출하려 한 조선은 1712년 장백산 지리 측량을 영토 확장의 명분으로 삼았다고 강조한다.[39] 이화자李花子는 1712년의 탐사를 통해 압록강과 두만강이 청과 조선의 경계로 확정되었으나 두만강의 정확한 수원이 명시되지 않아 19세기 말의 영유권 논쟁과 외교 분쟁으로 이어졌다고 설명한다.[40] 1880년대 두 나라의 공동 감계를 상세히 분석한 양자오취안楊昭全과 쑨위메이孫玉梅는 감계 이후 조선 유민들과 조선 조정이 두만강과 토문강은 같은 강이라고 인정한 사실을 지적한다. 더해서 그들은 청의 영내에 거주한 조선인들이 변발을 하고 청인의 의복을 입은 점, 1909년 청과 일본이 조약('간도협약')을 통해 두만강을 청제국과 대한제국의 경계로 재차 공언한 점 등 명백한 역사적 증거에도 불구하고 한국의 일부 학자와 언론이 "고대 이래 중국의 불가분한 영토"인 두만강 이북의 간도에서 "만주족, 한족, 조선족, 몽골족, 회족 등 중국의 각족인민各族人民이 함께 발전해 온"[41] 사실을 호도하고 있다고 비판한다.

일부 한국 학자들은 조선이 19세기 말의 감계 조사와 조약으로 인해 북방 영토를 상실했다고 주장한다.[42] 하지만 김형종은 간도에 대한 한국 측의 주장이 지나치게 민족주의에 경도되어 있음을 비판하며, 청과 조선 조정이 작성한 관련 사료를 토대로 1880년대 양국의 공동 감계를 세심히 분석해야 한다고 강조한다.[43] 이러한 가운데 1712년의 탐사를 조선 조정과 사대부의 강역 인식이라는 측면에서 검토하는 연구들이 진행되고 있다. 강석화는 18세기 조선이 장백산 지리 측량을 영토 경계 설정이 아니라 청으로부터 장백산 이남에 대한 영유권을 공인받는 절차로 간주했다고 설명한다. 홍타이지가 각각 자기 나라를 지키자고 요구한 지 약 100년이 지난 시점에 세워진 백두산정계비를 통해 조선 조정이 비로소 북방 영토에 주의를 기울이게 되었다는 것이다.[44] 배우성은 한국의 여러 고지도를 바탕으로 조선 조정과 사대부가 1712년 지리 측량 이후 북방 영토를 어떻게 인식했으며 경계의 지리를 어떻게 시각화했는지 검토했다. 18세기 조선은 북방 영토뿐 아니라 만주에도 큰 관심을 보이면서 중국으로부터 새로운 지리 지식을 적극적으로 받아들였다. 배우성은 청의 영향을 받은 이 시기 조선의 지도가 조청 관계, 그리고 세계 속 조선의 위치에 대한 이해를 기반으로 자국의 강역과 영토 경계에 대한 인식을 드러내고 있다고 설명한다.[45]

1712년 지리 측량에 대한 조선 조정과 사대부의 반응은 조선과 청 두 나라가 "압록강과 두만강을 양국의 경계로 삼는다"라는 겉보기에 예사로운 진술을 당연하게 여기지 않았음을 말해준다. 그렇기에 이 시기의 강역 인식에 대해서는 더 세심한 검토가 필요하다. 누르하치와 홍타이지는 여진·만주인의 나라를 세운 이후 압록강과 두만강을 조선과의 경계로 삼았다. 하지만 영토 주권의 한계를 어떻게 규정하고 관리하고 실천할지, 그 세밀한 부분까지 규정하지는 않았다. 국경지대의 인구 이동을 어떻게 관리할지, 경계의 치안을 어떻게 유지할지에 대한 논의도 지역이나 사안의 맥락에 따라 성격이 달라졌다. 물론 국경지대를 둘러싼 양국의 논의는 언제나 조공 관계의 규범과 수사 아래 이루어졌다. 하지만 그 표현에 가려진 양국의 영토와 주권에 대한 입장과 전략은 시대에 따라 달랐다. 단적으로 청과 조선이 18세기에 경계 문제를 논의하고 다룬 방식과 양국의 관계가 급변한 19세기 말의 방식이 이를 증명한다. 그렇기에 양국의 경계는 여진과 조선의 경계나 오늘날 중국과 한국의 경계와는 다른, 조청 관계의 특정한 맥락 속에서 살펴보아야 한다.

영토성과 주권

1745년의 망우초 초소를 둘러싼 논쟁은 영토 및 주권에 대한 양국의 서로 다른 인식과 실천을 보여주는 훌륭한 사례이다. 기존 연구들은 경계 지역의 출입을 제한하는 변금邊禁 조치와 그로 인한 공한지空閑地의 형성을 청이 번국인 조선을 대우한 결과 또는 두 나라가 경계 관리에 태만한 결과로 설명했다. 망우초와 관련하여 장춘우, 이화자, 장제張杰, 장단후이張丹卉 등은 청 황제의 선의가 잘못된 선례를 낳아 압록강 유역의 개간을 막고 대조선 경계에 혼란을 초래했다고 주장한다. 그 결과 청은 자국 영토의 통제력을 상실한 반면, 조선은 청으로부터 자국 영토를 수호하는 데 성공했다고 분석한다.[46] 쑨춘르孫春日는 국경지대의 공한지가 여러 측면에서 조선을 배려한 청의 유화 조치에서 비롯되었다고 설명한다.[47] 반면 이나바 이와키치는 국경지대의 공한지는 경계가 확정되지 않은 탓에 발생했으며, "당시 경계는 명확한 선이 아닌 면에 가까운 것이었다"라고 주장한다. 더해서 그는 홍타이지가 국경지대의 개간과 거주를 허락하지 않은 것은 조선인의 범월로부터 자국의 영토를 보호하기 위해서였고, 건륭제가 망우초 초소 계획을 철회한 것은 "북경에 있는 황제의 호의"와 자국 영토를 수호하려는 "조선의 역량"이 맞물린 결과라고 설명한다.[48]

배우성은 망우초 문제에서 양국의 영토 및 경계 인식의 독특한 성격을 주목한다. 청과의 경계 협상에서 조선은 조공 관계의 위계를 강조하고, 대국은 소국을 보호할 의무가 있음을 상기시켰다. 배우성이 지적하듯 "오늘날에는 국경 문제를 이웃 나라에 청원하여 해결하는 방식이 보편적이지 않다."[49] 하지만 당시 양국은 접경 지역의 봉금 조치가 청제국의 권위를 저해하지 않으며 어느 일방의 영토 주권도 침해하지 않는다는 데 동의했다. 오히려 양국은 국경지대의 접근을 제한하는 것이 민간의 범월을 방지하여 영토 수호와 관계 진전에 도움이 되리라고 결론 내렸다. 이러한 영토 및 주권 개념은 '번국에 대한 상국의 호의'와 같은 조공 관계의 수사만으로는 온전히 설명할 수 없다. 국경지대에 공한지를 조성하고 유지한 것은 청과 조선이 현대 국가와는 다른 형태로 영토 경계를 인식하고 다루었다는 방증으로 보아야 한다.

영토와 주권에 대한 전통적 인식과 근대적 인식 사이의 충돌은 시암Siam(타이Thailand의 옛 이름)의 역사를 통해 엿볼 수 있다. 19세기 시암의 전통적 영토관은 영국제국의 등장으로 인해 균열을 맞이했다. 당시 영국이 인식한 근대적 국경은 인접 국가들 사이에 놓인 선이었다. 반면 전근대 시암이 생각하는 주권의 영역은 경계선과 반드시 일치하지는 않았다. 근대의 국경이 명확한 선을 기준으로 국가 사이에 공간을 남기지 않는다면, 전근대 국가의 경계는 종종 "넓은 수평적 배경을 가진 두꺼운 선"으로서 "모호하고 겹쳐 있었다." 그러므로 "주권과 국경은 일치하지 않았다.

⋯ 국가의 세력권은 영토 보전territorial integrity 개념이 아니라 권력 관계에 의해서만 설정될 수 있었다."[50] 19세기 일본에서도 경계를 둘러싼 개념의 충돌을 발견할 수 있다. 브루스 배튼Bruce Batten 은 근대 사회의 국경이 명확하게 구분되는 선이라면, 에도 막부와 같은 전근대 사회는 영토 한계가 명확하지 않은 면으로 이루어진 변경을 지니고 있었다고 설명한다.[51] 데이비드 하웰David Howell도 아이누의 민족성과 영토 경계의 변화를 중심으로 일본이 근대 국가로 전환한 과정을 살펴본다. 에도 막부는 홋카이도와 류큐 같은 주변부를 종속과 독립 사이의 중간적 성격을 띤 정치체로 대했으나, 메이지 정부는 이 지역에 대해 온전한 주권을 주장하며 "서양의 국제법 개념에 따라 일본의 정치적 경계를 재정의했다."[52] 시암과 에도 막부의 사례는 경계에 대한 인식과 실천이 시대에 따라 달라지며, 인접국과의 관계 변화 속에서 영토와 주권에 대한 새로운 인식이 형성됨을 보여준다.

청-조선의 영토 경계와 정치 관계의 본질을 명확히 파악하기 위해서는 시기와 장소에 따라 다르게 적용되는 경계의 용어들을 살펴볼 필요가 있다.[53] 브래들리 파커Bradley Parker와 라스 로제스 Lars Rodseth는 국경border을 "한 정치·행정 집단을 타 집단과 명확히 구분하기 위해 법적으로 인정된 특정 공간 내 고정된 선, 즉 국가나 제국과 같은 주권을 가진 정치체 간의 경계"로 정의한다. 변경 frontier은 "모호하게 정의된 경계로 선보다는 면에 가까운, 두 중심 세력 사이에 존재하는 중간 지대"로, 국경과 구별된다.[54] 제러미 애덜먼Jeremy Adelman과 스티븐 애런Stephen Aron은 "변경은 지리적·문화적 경계가 명확하지 않은 문화적 혼융의 공간"으로 정치적 함의가 축소된다면서 국경지대borderland와 접경 지대bordered land라는 개념을 더해 이를 보완한다. 그들이 정의하는 "국경지대는 제국들의 교류와 경합이 이루어지는 공간이자, 식민 영토 사이의 분쟁적인 경계"로, 근대 국가의 등장과 함께 유동적이고 포괄적인 국경지대는 더 고정적이고 고착화된 접경 지대로 전환되었다.[55] 청제국의 경우에도 영토 경계를 둘러싼 상이한 인식이 공존했다. 피터 퍼듀가 지적하듯 '변강邊疆'은 넓은 영역을 뜻하는 변邊과 고정된 경계를 뜻하는 강疆을 포괄하는 용어로 "통치 질서가 미치지 않는 먼 공간에 대한 인식과 경쟁국의 침입을 대비하기 위해 견고한 국경선을 구축해야 할 필요에 대한 인식"을 함께 보여준다.[56]

청과 조선은 오랜 기간 압록강과 두만강을 양국의 강역을 나누는 경계로 삼았다. 경계 설정이 항상 모호했던 것은 아니다. 1712년 장백산 탐사에서 알 수 있듯 양국은 지리 측량을 실시했으며, 망우초 초소 논쟁에서 알 수 있듯 접경에 순찰 병력을 파견하기도 했다. 그러나 근대 국가와 유사하게 경계의 지리를 측량하고 통제하려 했음에도 불구하고 두 나라는 국경선을 명확하게 긋지 않았다. 두만강 수원의 정확한 위치는 조선의 미온적인 태도로 인해 확정되지 못했고, 압록강 유역의 방대한 땅은 양국의 합의를 거쳐 공한지로 남았다. 그렇기에 청과 조선의 경계는 모호한 면과 명확한 선이라는 두 가지 특징을 동시에 지니고 있었다. 경계의 일부에는 명확히 선이 그어진 반면, 두만강 상류를 포함한 다른 일부는 모호한 상태로 유지되었다. 이와 같은 경계의 성격은 자국의 영토와 주권을 보호하려는 각국의 계획은 물론 그에 대한 양국의 합의에 의해 형성되었다.

영토 경계와 주권을 둘러싼 양국의 인식 및 실천의 독특한 성격을 강조하기 위해 이 책은 청과 조선 사이의 '국경지대'를 여진과 조선 사이의 '변경' 및 현대 중국과 한국 사이의 '국경'과 구분한다. '변경'은 여진과 조선, 여진과 명과 같이 서로 구분되는 정치·사회 집단 사이의 소유권이 불명확한 지대를 가리킨다. 변경 내 양측의 권력 관계는 대개 동등하지 않았으며, 더 강력한 측이 상대에게 영향력을 행사했다. '국경'은 그 구성원들이 주권과 영토에 대한 명확한 인식을 갖는 국민 국가 체제의 산물로서 인접한 두 세력 간의 분명한 경계, 이를테면 현대 중국과 한국을 가르는 경계를 의미한다. 이 책에서 청과 조선 경계의 성격을 나타내기 위해 사용하는 '국경지대'는 변경과 국경의 성격을 모두 포함한다.[57] 국경지대는 두 국가 사이의 좁고 긴 선으로서의 경계를 의미하기보다는 양측이 상호 인정하는 면으로서의 경계를 뜻한다. 이처럼 변경, 국경지대, 국경이 구체적인 의미와 맥락을 가진 특수 용어라면, '경계boundary'는 한 국가의 영토 한계를 가리키는 일반 용어이며, '범월trespassing'은 이웃 국가의 영토를 침범하는 행위를 지칭한다.

*

이제부터 청과 조선의 국경지대가 청의 만주 정책과 두 나라의 조공 관계라는 두 축 아래에서 어떻게 관리되었는지 탐색할 것이다. 청제국 내 만주의 특별한 위치와 그로 인한 봉금 정책의 시행은 청과 조공 관계를 맺고 있던 조선의 주체성과 맞물려 압록강 인근에 드넓은 공한지를 조성했고, 두만강 상류의 영유권을 불명확하게 만들었다. 봉금 정책과 조공 관계는 양국의 영토 주권을 둘러싼 혼란과 갈등의 원인이 되었다. 이 점에 주목하며 먼저 17세기 초에 이루어진 변경에서 국경지대로의 전환을 살펴볼 것이다. 이후 국경지대의 성격을 조명하기 위해 1712년 장백산 지리 측량, 압록강 이북 지역의 통제, 그리고 요동에서 이루어진 조선 사행단의 무역을 심도 있게 확인할 것이다. 끝으로 19세기 말 정치적 격변기에 양국의 국경지대가 국경으로 대체되는 과정을 검토한다.

변경에서
국경지대로

1장

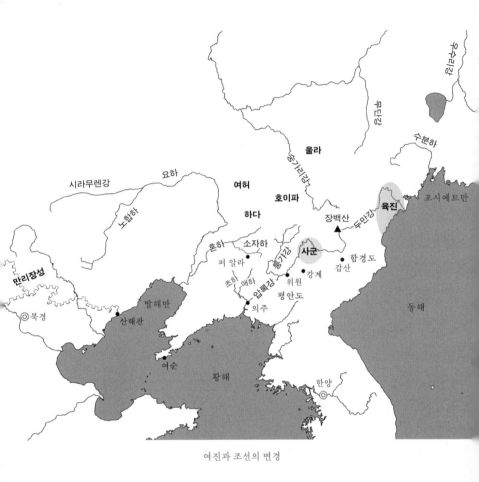

여진과 조선의 변경

1595년 여름, 명의 관리 양대조楊大朝와 조선의 향통사鄕通事 하세국河世國이 3년 전 발생한 여진인의 범월 사건의 처리를 논의하기 위해 누르하치의 근거지인 퍼 알라Fe Ala로 갔다.[1] 사건 발생 직후 누르하치는 조선이 국경을 넘어와 인삼을 불법 채취한 여진인을 추포해 목을 베고, 심지어 가죽을 벗기는 형벌을 가한 것에 불만을 제기했다. 그러자 선조宣祖(조선 14대 국왕, 재위 1567~1608)는 왜군을 막기 위해 조선에 온 명군 장수 호대수胡大受에게 부탁해 "천하의 경계[封疆]는 분명히 구별되어야 하기에, 천조天朝의 허락 없이 조선과 사사로이 통해서는 안 된다"[2]라는 내용의 서신을 건주여진에 보냈다. 그로부터 3년 후 누르하치는 살해당한 여진인들에 대한 보복으로 조선을 공격하려 했으나 "명이 조선을 선유宣諭하여 관리를 데려온 것을 고려해서 서로 좋은 뜻으로 지내기로 결정했다"라고 설명했다. 또한 그는 앞서 조선의 강역을 침범했다가 살해당한 여진인 27명을 비판하고, 앞으로 여진인의 범월이 발생할 경우 자신이 직접 가장 엄중한 처벌을 내리겠다고 약속했다. 그리고 명과 조선의 사신들에게 소를 잡아 접대했다.[3]

이날 누르하치는 자신이 다스리는 이들이 '오랑캐'로 취급받는 것을 감수해야 했다. 하지만 그의 후계자인 홍타이지는 명과의 관계에서든, 조선과의 관계에서든 그러한 모욕을 참지 않았다. 1627년 출병을 통해 조선에 우위를 점한 그는 조선인이 여진 경내에 접근해 인삼을 캐 가지 못하게 하도록 조선 조정을 압박했다. 1633년 인조仁祖(조선 16대 국왕, 재위 1623~49)에게 보낸 국서에서 홍타이지는 조선인에 의한 불법 채삼이 여진인의 인삼 무역에 중대한 피해를 입혔다며 다음과 같이 지적했다.

종래 인삼 가격을 한 근에 16냥으로 정했다. 하지만 이제 너희
는 "우리 조선인들은 인삼을 소비하지 않으므로 한 근당 아홉
냥만 지불할 것이다. 당신 여진인들이 이 가격에 동의하지 않
으면 우리는 교역을 중지하겠다"라고 말한다. 가격을 낮추기
위해 이전의 약속을 깨고 있는 것이다. 너희는 조선인들이 인
삼을 소비하지 않는다고 말한다. 그렇다면 너희 백성은 무엇
때문에 우리의 강역을 침범해 필요도 없는 인삼을 훔쳐 가는
것인가?[4]

　범월 사건과 인삼을 둘러싼 후금과 조선의 경쟁을 분석하는
본 장에서는 여진의 세력 확장과 청제국의 탄생을 세 가지 측면에
서 검토한다. 먼저 여진과 명, 조선 사이의 삼각관계를 살필 것이
다. 여진은 명과 조선, 두 세력 모두에 정치적·경제적으로 종속되
어 있었다. 명은 여진과 조선이 모두 조공을 바칠 만큼 중원을 넘
어 요동과 한반도에까지 그 힘을 뻗쳤다. 조선은 명 황제를 섬기
면서도, 동시에 여진을 자신의 영향력 아래에 복속시키고자 했다.
이러한 상황에서 명과 조선은 교역을 통해 여진을 통제했다. 여진
은 명과 조선의 물류에 크게 의존했고, 명과 조선은 이를 여진 부
족에 재갈을 물리는 수단으로 활용했다. 그러나 여진은 교역을 통
해 세력을 크게 확장할 수 있었고, 마침내 그들이 명과 조선을 넘
어 지역의 패자가 되면서 삼각관계는 해체되었다.
　이어서 여진의 세력 확장 과정 속 인삼의 의미 변화를 추적
할 것이다. 인삼은 본래 여진이 중원의 산물을 얻기 위해 명과 거
래하는 여러 상품 가운데 하나였다. 하지만 인삼의 상업적 가치가

상승함에 따라 인삼은 여진을 대표하는 상징이자, 여진 강역을 나타내는 물리적인 표지로서 그 사회적·정치적·외교적 중요성이 매우 커졌다. 국호를 다이칭 구룬Daiching Gurun(大淸國)으로 개칭한 홍타이지가 조선을 복속시킨 후 접경 지역의 인삼을 독점하려 한 것도 이 때문이다. 그는 조선과 군신의 예를 확립한 뒤 이전까지 방관해야 했던 조선인의 월경과 채삼 행위에 강경하게 대처하기 시작했다. 이처럼 여진의 세력 확장과 청제국의 탄생을 검토하는 데 있어 인삼은 주목해야 할 대상이다.

마지막으로 여진과 조선의 변경이 청과 조선의 국경지대로 전환되는 과정을 다룰 것이다. 명대의 요동은 민족 집단 간 경계가 명확하지 않은 전형적인 변경이었다. 그러나 후금의 건국으로 인해 요동 변경의 모호함은 더 이상 유지될 수 없었다. 홍타이지는 인접국과 경계를 명확히 설정해 청의 강역을 확립하고자 했다. 그렇다고 해서 조선과 국경선을 긋는 단계로 나아간 것은 아니다. 이후의 황제들은 국경지대, 즉 변경보다는 구분이 뚜렷하나 여전히 어느 정도 모호한 경계를 상속받았다.

요동 변경과 인삼

명대에는 여러 여진 부족이 북쪽의 흑룡강에서 남쪽의 요동반도와 한반도, 그리고 서쪽의 산해관에서 동쪽 동해에 이르는 넓은 지역에 흩어져 살았다. 오늘날 만주[5]로 알려진 이 지역은 서쪽의 대흥안령산맥, 북쪽의 소흥안령산맥, 그리고 동쪽의 장백산맥까지 거대한 세 산맥에 둘러싸여 있다. 대흥안령 북서부에서 발원한 아르군강은 내몽골을 지나 흑룡강과 만나며, 우수리강과 합류해 오호츠크해로 흐른다. 흑룡강은 만주와 러시아 사이를 흐르고, 두만강은 한반도와 만주의 경계로 기능한다.[6] 이 방대한 지역은 지리적·경제적 특징에 따라 네 개의 세부 지역으로 나뉜다. 첫 번째 지역은 토양이 비옥해 농업에 적합한 요하 하류의 평야로, 주로 한인이 거주했다. 이 지역은 만리장성 동쪽 끝인 산해관을 통해 내지로 연결된다. 두 번째 지역은 요서遼西의 초원 지대로, 대흥안령 인근과 오늘날 지린성吉林省과 랴오닝성의 서부에 해당한다. 연 강수량이 300밀리미터에 불과한 반건조 지대인 이 지역은 몽골 초원에서 기원하여 점차 요하 평야의 정주민들과 밀접한 관계를 맺게 된 목축 유목민들의 고향이다. 세 번째이자 가장 넓은 지역은 한반도와 시베리아 사이의 산림 지대이다. 이 지역 주민들은 목축과 농업을 병행했다. 산맥 인근에서는 모피 동물의 수렵도 중요한 수입원이었다. 마지막으로 흑룡강과 우수리강 인근의 북부 연안 지대가 있다. 이 지역은 땅은 비옥하나 겨울이 몹시 추워서 농사 대신 수렵과 어로가 주를 이루었다.[7]

만주의 또 다른 이름은 요동으로, 말 그대로 '요하 동쪽'을 뜻한다. 요동의 지리적 경계는 중원과 변경의 역사적 관계에 따라 변모했다. 전국 시대(기원전 403~기원전 221)의 연나라가 요양遼陽에 부府를 설치하고 토착 부족의 침략을 막으려 했을 때 '요遼'는 현재의 랴오닝성 일대였다. 668년 당나라가 고구려를 정복했을 당시에는 한반도 북부 지역과 당의 동북부 변경이 안동도호부安東都護府의 관할 아래 있었다. 이 시점에서 요동은 요하 동쪽 일대만이 아니라 산해관 너머의 방대한 동북 변경을 아울렀다. 요나라

(916~1125)와 그 뒤를 이은 금나라(1114~1234)가 이 지역을 통치한 시기에, 요동은 현재의 동북삼성(지린성, 랴오닝성, 헤이룽장성黑龍江省)에 해당하는 넓은 지역을 포괄하는 의미로 쓰였다. 원나라(1206~1391) 시절에는 동북東北이라고 지칭했는데, 이는 중원의 동북방을 뜻하는 동시에 요동 지역을 특정했다. 명나라 시대 요동 변경은 산해관을 기점으로 내지와 분리되었기에, '관동關東'이나 '관외關外', 또는 '요좌遼左' 등으로 불렸다.[8] 본 장에서 논의하는 요동 변경은 일반적으로 만주 남부에 해당한다.

요동에는 자연 자원이 풍부한데, 그중 가장 유명한 것이 인삼이다. 북위 30도에서 48도 사이에서 자라는 인삼은 장백산과 중국의 지린성, 헤이룽장성, 러시아의 연해주, 그리고 한반도 전역에서 서식한다. 재배삼보다 야생삼이 훨씬 더 가치가 있지만 생장속도가 매우 느리다.[9] 다년생 식물인 인삼은 매년 가을 잎과 줄기가 말라 죽은 후 목 부분에 남긴 흔적인 뇌두腦頭를 기준으로 나이를 헤아린다. 나이는 인삼의 가치를 결정하는 가장 중요한 요인이다.[10] 또한 인삼이라는 이름에서 보이는 것처럼 그 모습이 사람과 비슷할수록 더 가치 있다고 여긴다. 5세기 말 중국의 의학 서적인 『본초경집주本草經集注』는 인삼과 인간 몸의 시각적 유사성이 의학적 효험의 원천이라고 강조했다. "삼은 신비로운 뿌리[仙草] 또는 땅의 기운[土鼎]이라고 불린다. … 인간 형태를 닮은 것은 특별히 신비롭다[有神]."[11] 민간전승에도 인삼의 뿌리가 인간의 모습을 닮을수록 효험과 가치가 크다는 이야기가 있다.[12]

동아시아에서는 오랫동안 인삼을 최고의 의약품으로 여겼다.[13] 영생을 추구한 진시황이 '불로초'를 찾기 위해 동남동녀

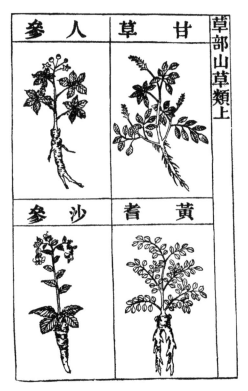

인삼.
이시진, 『본초강목』(타이베이: 상무인서관, 1968), 2권, 도권上, 24쪽.

3000명을 동쪽 명산으로 보낸 설화가 유명한데, 후대인들은 그들이 향한 곳은 일본 또는 한국의 제주도이며, 찾던 불로초는 인삼이라고 추정했다. 이후 도교와 불교의 영향으로 인삼의 신비함이 더욱 강화되었다. 16세기에 편찬한 중국의 의학서 『본초강목本草綱目』은 인삼의 효능을 다음과 같이 전한다.

삼의 진위 여부를 확인하기 위해 두 사람을 걷게 한다. 한 사람은 삼의 뿌리를 입에 넣고, 다른 사람은 넣지 않고 걸었다. 3리에서 5리를 걸었을 때 인삼 뿌리를 넣고 있던 사람은 피로를 느끼지 않은 반면 다른 사람은 숨이 찬다면, 그것은 진품이다."[14]

17세기에 인삼의 의학적 효능이 예수회 선교사들을 통해 유럽에 알려졌다. 대표적으로 황제의 만주 순행(동순東巡)에 동행한 바 있는 프랑스 신부 피에르 자르투Pierre Jartoux(1680~1720)는 "신체 혹은 정신의 극심한 피로가 야기한 모든 약화에 대한 최상의 치료제"[15]라며 인삼의 강장 효과를 매우 높이 샀다.

인삼은 의학적 효능, 불가해한 수명, 희귀성, 그리고 신비로운 생김새로 민간전승과 설화의 단골 주제로 등장했다.[16] 민담 속에서 인삼은 사람으로 변신하거나 호랑이나 새 같은 동물로 변이한다. 또한 사람의 눈에 띄지 않기 위해 주변에 비슷한 모양의 식물이 많이 자라게 하는 능력이 있다고 여겨졌다. 더해서 호랑이가 인삼의 뿌리를 보호하는 수호신으로 등장하는 경우도 종종 있는데, 이는 인삼과 호랑이가 만주 지역을 대표하는 상징이라는 사실과 관련이 있다.[17] 설화는 오랜 세월 동안 인삼이 이 지역에서 존숭되었음을 말해준다.

송나라(960~1126) 시기 중원에서 소비한 인삼은 대부분 산서山西 지방의 상당上黨과 한반도에서 채취되었다. 그러다 요동 지역에서 요와 금 왕조가 흥기한 뒤로 요동에서도 인삼이 생산된다는 사실이 알려지기 시작했다. 여진인들은 인삼의 주 서식지인 숲이 우거진 지역, 특히 장백산 일대에 거주하면서 채취한 인삼을 일부는 세금으로 납부하고 나머지는 요동이나 중원으로 수송하여 판매했다. 그러다 여진이 세운 금이 팽창하면서 인삼 채취 지역이 개원開原과 요양 일대로 확장되었다. 1234년 몽골이 금을 정복한 이후 여진의 인삼 무역은 감소했고, 중원의 인삼 수요는 고려의 공삼으로 충당되었다.[18] 이후 명대에 남획으로 인하여 상당 지역의 인삼이 급감하면서 그 수요를 요동 인삼이 대체했는데, 요동에서 자란 삼의 의학적 효능이 더 뛰어나다고 알려졌다. 결과적으로 만주산 인삼은 명청 시대에 가장 큰 명성을 얻었으며, 인삼의 생산과 유통 및 교역에 관한 국가 정책도 만주를 중심으로 이루어졌다.[19]

명대 동북방과 여진

명이 원을 몽골 초원으로 몰아내고 중원을 장악했을 때 요동에는 여진 부족과 몽골 부족이 주로 기거하고 있었다.[20] 명은 여진을 야인野人여진과 해서海西여진, 그리고 건주여진으로 구분하기는 했으나 그들 모두를 야인으로 통칭했다.[21] 다른 두 집단에 비해 문화적 수준이 낮은 것에서 이름이 유래했다고 추정되는 야인여진에는 후르하Hūrha, 워지Weji(또는 우디거Udike), 그리고 와르카Warka와 같은 부족들이 포함되었다. 해서여진은 과거 해서강으로 불린 숭가리강(송화강松花江)에서 이름이 유래했다. 그들은 몽골의 영향력이 가장 강하게 남아 있던 흑룡강 남쪽, 눈강嫩江 동쪽, 그리고 숭가리강의 여러 지류에 흩어져 있었다.[22] 마지막 건주여진은 무단강牡丹江과 닝구타Ningguta(寧古塔), 일란할라Ilan hala(三姓), 그리고 장백산 일대에 거주하며 진주와 인삼 채취, 방적, 방직 등을 생업으로 삼았다. 그들은 한인이나 조선인과도 어울렸고, 그로 인해 경작과 정주민의 생활양식에도 익숙했다.[23]

명나라는 1371년 요동 지역의 몽골 세력을 평정한 후 요양에 요동도지휘사사遼東都指揮使司(약칭 '요동도사')를 설립해 요동 내 여진을 느슨하게 통제했다.[24] 요동도사는 여진 부족을 위衛와 소所로 편제하고 부족장을 도지휘사都指揮使와 천호千戶 같은 직책에 임명했다. 또한 위소에 편입된 여진인들에게 북경을 방문해 조공을 바칠 수 있는 통행권[路引]을 발급했다. 건주여진은 1403년 명의 위소 제도에 포섭된 초기 여진 부족들 가운데 하나였다.[25] 요동도사의 관할 밖에 있는 흑룡강, 숭가리강, 우수리강 인근 부족들은 1409년 누르간도지휘사사奴兒干都指揮使司(약칭 '누르간도사')에 속하게 되었다. 그러나 채 30년이 지나기 전에 누르간도사가 유명무실해지면서 요동도사가 여진의 모든 위소를 담당했다. 16세기 후반에 요동도사에 속한 여진의 위는 384개, 소는 24개로 증가했다.[26]

명은 요동도사 관할 지역의 안과 밖을 구분하는 물리적 경계로 요동변장遼東邊墻을 구축했다. 산해관에서 개원까지, 그리고 개원에서 남쪽의 압록강까지 이어진 요동변장은 알파벳 'M' 형태를 띠었으며 총 길이는 2000리에 달했다. 명은 우량카이Uriangkha(兀良哈)를 비롯한 몽골 부족을 막기 위해 1437~42년에 걸쳐 서부 변장을 설치했고, 1479~81년경에는 건주여진과 해서여진을 통제하기 위해 동부 변장을 건설했다. 요동변장 내에는 한인, 몽골인, 여진인의 거주지를 분리하고 내지를 변경 이민족들로부터 보호하는 일곱 개의 관구關口와 92개의 보堡가 있었다. 몽골인과 여진인의 출입은 지정된 기한에 지정된 통로로만 허락했다.[27] 이나바 이와키치는 요동도사가 실제로 요동 전체를 통제할 능력이 있었는지 의심스러우며, 한인이 무순撫順, 청하淸河, 연산관連山關 사이에 거주했기에 명대 사람들은 연산관을 "화華와 이夷의 경계"[28]로 여겼다고 지적한다. 그의 분석이 시사하듯 명의 위소 제도는 여진 또는 몽골과 같은 변경인들에 대한 온전한 통제를 의미하지 않았다. 변경의 부족장들은 명의 의례를 따르고 조공하는 대가로 관직을 받고 명의 시장에 접근해 경제적 이익을 취했다. 요동변장 밖에 명의 지배가 미치지 않는 지역[邊外]이 존재한다는 점에서 이것은 명의 권한이 요동에 미치는 범위와 한계를 보여주는 가시적인 표지였다.[29]

여진과 몽골이 요동에서 명의 질서를 인정한 주요한 이유는 조공 관계가 수반한 경제적 이익이다. 매년 해서여진에서 1000명, 건주여진에서 500명이 개원으로 가서 명 황제에게 말, 초피, 송골매, 밀랍, 바다코끼리 상아, 인삼 같은 토산품을 진상했다.[30] 그 대가로 지위와 관직에 따라 비단을 비롯한 회사품이 주어졌다. 이때 회사품이 조공품보다 더 가치가 있었기에 여진 부족장은 입조를 통해 막대한 이익을 얻었다. 16세기 말에 이르러 명의 회사품이 현물에서 은으로 바뀌면서 여진의 이익이 더욱 증가했고, 여진 부족들 사이에서 입조 인원에 들기 위한 경쟁이 더욱 심화되었다.[31]

명과의 관계에서 여진이 기대하는 두 번째 경제적 이익은 요동변장에서 이루어지는 변시邊市였다. 실제로 조공을 통한 무역만으로는 그들에게 필요한 중국산 생필품을 모두 조달할 수 없었고,

북경에 입조하는 인원도 한정되었기 때문에 여진의 거주지와 인접한 곳에서 한인과 교역할 기회가 매우 절실했다. 요동 내 첫 번째 변시는 1405년에 개설되었다. 명에서 만든 철물과 농기구, 여진의 인삼과 모피, 그리고 몽골산 말과 소 등 다양한 물건이 거래되는 가운데, 시장은 주로 마시馬市 또는 목시木市로 불렸다.[32] 명 말까지 개설된 14개소의 변시 가운데 광녕廣寧, 개원, 무순의 시장이 규모가 가장 컸다. 여진과 몽골 부족은 각자에게 지정된 시장에서 교역을 해야 했다.[33] 모든 변시는 요동변장의 주요 관구를 따라서 전략적으로 중요한 위치에 설치되었는데, 근처에 요새나 성벽, 망루가 있으며, 어디든 말과 소가 먹고 마실 풀과 물이 풍부했다. 교역은 3년 임기의 특수직인 '마시관馬市官'이 관장했다. 마시관은 주로 한어와 현지어에 능통한 부족장 중에서 임명되었고, 그에게 명의 관직이 주어졌다. 명은 이들을 통해 변시의 기한을 통제하고자 했다. 개원의 경우 매달 닷새간 한 번, 광녕에서는 닷새간 두 번 열리는 것이 원칙이었다. 하지만 16세기 중반이 되면 이러한 규정이 지켜지지 않았다. 개원의 변시는 사흘마다, 심지어 격일로 열렸고, 참가 인원의 제한 역시 지켜지지 않았다.[34]

여진인들은 변시에 만주의 자연 자원을 가져왔다. 명대 성화 연간(1465~87)을 기점으로 모피를 조공품으로 바치는 사례가 크게 늘었다. 한인 사회에서 모피의 인기와 수요가 증가함에 따라 명의 예부는 요동 관리들에게 진상받을 모피의 양을 배정했고, 요동 지방관들은 여진 부족장들이 가져온 모피를 먼저 확인한 뒤 입조를 허락했다. 이후 모피에 대한 민간의 수요가 감당하기 어려울 만큼 증가하자 명 황실은 하층민의 모피 착용을 금지했다. 그럼에도 불구하고 모피 수요는 줄지 않아서, 명 말기에 황실에서 소비하는 초피와 호피狐皮가 연간 1만 장과 6만 장에 달했다.[35] 모피와 함께 인삼 또한 매우 큰 인기를 누린 요동의 토산품으로, 명 말기 변시에서 거래한 여진 상품 가운데 가장 수요가 많았다. 16세기 말 인삼의 가격이 계속해서 상승하자, 명 조정은 요동도사로 하여금 인삼 진상을 직접 책임지게 했다. 이 조치로 인해 한인들이 여진 영내에 들어가 채삼을 시작했고, 곧 여진인들 사이에서 한인 채삼꾼에 대한 불만이 봇물처럼 쏟아졌다. 결국 명 조정과 요동도사는 여진 영내에서의 채삼을 포기했지만, 한인의 월경 채삼 문제는 계속해서 갈등과 분란의 씨앗으로 남아 있었다.[36]

모피와 인삼의 수요가 증가함에 따라 여진 상인들이 급속하게 성장했으며, 그것이 여진 내부의 중대한 사회적 변화를 야기했다. 변시가 발전하면서 명은 상당한 규모의 세입을 확보했으나, 그중 상당 부분은 회사의 형태로 여진인에게 되돌아갔다. 명이 요동에서 거둔 세금을 분석한 김구진에 따르면 변시에서 거래된 상품들의 가치는 은 2만 1000냥에서 2만 4000냥에 달했다.[37] 광녕의 명 관인들은 1599년에서 1601년 사이에 은 4500냥에 해당하는 면포, 식량, 소금, 철물을 여진 부족장들에게 무상撫賞(복속의 대가로 종주국이 주는 사례)의 명목으로 지급했다. 1605년에 이르자 이 비용은 1만 7400냥으로 증가했다. 변시를 통한 부의 축적은 여진 내의 계급화를 촉발했다.[38] 그 결과 "요동변시에서의 무역권을 장악하기 위한 여진 내부의 분쟁과 갈등이 더욱 격화되었고, 여기에 요동도사가 개입하여 명에 협조하는 부족장을 지원함으로써 분쟁을 가속"[39]시켰다. 누르하치의 등장은 변경 지역에서의 상업적 경쟁이 어떻게 현지 부족들의 통합으로 이어졌는지를 보여주는 구체적인 사례이다.

조선 북방의 여진인

요동의 건주여진은 인접한 또 다른 정주 사회인 조선과의 교류를 통해서도 이득을 취했다. 조선을 건국한 이성계(태조太祖, 재위 1392~98)는 선대가 원의 관리로 활동한 경흥에서 태어나 자랐다. 이성계의 시조를 소개하고 그들의 활동을 찬미한 『용비어천가龍飛御天歌』에 따르면 이성계의 증조부와 조부는 여진인과 어울리며 물물을 교환했고 전쟁에도 함께했다. 이성계 본인 또한 요동을 공략하던 나하추(納哈出)의 몽골군을 격퇴한 일로 명성을 떨쳤다.[40] 그가 조선을 건국할 당시 많은 여진 부족이 압록강과 두만강 인근에 흩어져 거주하고 있었다. 여진을 야인여진, 해서여진, 건주여진으로 구분한 명과 달리 조선은 그들을 후르카Hurka, 우량카이, 오도리Odori, 우디거와 같은 여진 이름으로 불렀다.[41] 후르카와 오도리는 본래 일란할라 혹은 삼성으로 알려진, 숭가리강과 무단강이 만나는 지역에 거주하던 이들이다. 그러나 후르카 부족장인 아하추Ahacu(阿哈出)가 부족을 이끌고 수분하綏芬河 상류로 이주하자, 영락제永樂帝(명 3대 황제, 재위 1402~24)는 그를 건주위의 지휘사로 삼았다.[42] 1424년 아하추의 손자인 이만주(李滿住)는 퉁갸강Tunggiya(佟佳江)에 정착했는데, 조선 측 사료는 그의 부족을 우량카이로 구분했다. 오도리의 경우 동쪽으로 이동해 두만강 이남에 정착했다. 오도리의 족장은 몽케 테무르였는

데, 조선에서는 그를 동맹가첩목아童猛哥帖木兒 또는 갸온멍거터
물로 음차해 불렀다.[43] 그는 1395년 조선에 입조해 조공을 바쳤으
며, 1399년에는 오도리 부족을 이끌고 함경도에 위치한 오모호이
Omohoi(吾音會, 회령)에 거주했다. 1404년 그는 조선 조정으로부터
상호군上護軍에 제수되었다.[44]

몽케 테무르가 조선에 입조하던 시기, 요동의 야인을 불러서
위로하여[招撫] 변경을 안정시키고자 한 영락제는 그에게 입조를
요구하는 칙서勅書를 보내며 후한 보상[賞賜]을 약속했다. 두만강
으로 명의 영향력을 확대하겠다는 영락제의 공공연한 열망은 조
선 조정을 당혹케 했다. 동북 변경의 안정을 위해 몽케 테무르 같
은 여진 부족장의 협력이 절실했던 조선은 그에게 명에 입조하지
말라고 은밀히 권했다. 조선의 대여진 정책은 영락제의 의심을 샀
고, 결국 20여 년간 조선에 복속했던 몽케 테무르는 1405년 명 조
정에 입조하고 건주좌위建州左衛의 도지휘사로 임명되었다.[45] 변
절에 대한 보복으로 조선이 오도리 부족을 공격하자 몽케 테무르
는 봉주鳳州로 이주해 건주위의 이만주에게 합류했다. 1423년 몽
케 테무르는 오모호이로 돌아왔으나 1433년 여진 부족 간의 내전
으로 인해 살해당하고 말았다. 몽케 테무르의 죽음 이후 건주좌위
는 뿔뿔이 흩어졌고, 1440년 그의 형제인 판차Fanca도 그와 마찬
가지로 퉁가강에 위치한 건주위의 이만주에게 의탁했다. 이후 이
곳은 누르하치 가문의 거점이 되었다. 18세기에 이르러 청조는 몽
케 테무르를 먼터무Mengtemu(孟特穆)로 칭하며 청 황실의 시조로
추존했다.[46]

1461년 완성된 명의 지리서 『대명일통지大明一統志』는 "여진

居也。增加□□戶口益增。謂民籍增益也。雞犬之聲相聞言□

鳴狗吠相聞而達于四境。詩曰雞

濱海之地斗絶之島墾田無遺未知兵革目

用飲食而已。貧□□日用飲食言□

飲食東垚一道未肇基之地也裒威懷德久矣食□

思而已野人酋長逺至移闌豆漫皆来服事常佩

弓劒入衛 潛郎暭侍 左右東征西伐靡不從

馬城。其俗謂其闌豆漫獨言三萬尸也蓋以萬□

慶源府西北行一月而至 如女眞則斡朶里豆

漫夾溫猛哥帖木兒□터□몽□兒阿豆漫古論阿

『용비어천가』에 '갸온멍거터물'로 표기된 몽케 테무르.

(의 강역)이 동으로는 바다에 접해 있고, 서로는 우랑카이, 남으로는 조선, 북으로는 누르간에 이른다"47라고 설명한다. 이를 두고 일부 연구들은 몽케 테무르와 건주좌위가 서쪽으로 이주한 결과 명이 두만강 이남의 영토를 상실하게 되었으며, 압록강과 두만강이 명과 조선의 경계가 되었다고 주장한다.48 하지만 여진의 거주지를 명의 배타적인 영토로 볼 수 있는지는 논란의 여지가 있다. 여진 부족들은 여진과 조선 사이의 경제적·정치적·문화적·언어적 변경인 조선의 북방 지역에 넓게 흩어져 있었다.49 명의 모

린위로 편제된 우량카이와 우디거를 비롯한 여러 여진 부족은 두만강과 포시에트만 사이에 넓게 퍼져 있었으며 명보다 조선과 더 많이 교류했다. 그들은 어로와 수렵, 제한적인 농경, 그리고 조선으로부터 받은 식량으로 생계를 유지했다.[50] 명과 조선과 여진 사이의 경계는 명확한 선보다는 모호한 면에 가까웠다. 여진 강역에 미치는 주권 또한 중복되었으며 다층적이었다.

1405년 명의 건주좌위 설치에도 불구하고 압록강과 두만강 유역으로 경계를 확장하려는 조선의 노력은 지속되었다. 몽케 테무르의 전례를 따라 모린 우량카이와 우디거가 1405~6년에 명에 입조하자 이번에도 조선은 그들의 배신을 단죄했다. 조선은 여진에 대한 초무 정책을 중단하고 교역도 중지했다. 1410년 위기의식을 느낀 오도리, 우디거, 모린 우량카이가 합세해 조선의 강역을 침공하자, 조선은 그들의 근거지를 공격해 부족장들을 격살했다.[51] 세종世宗(조선 4대 국왕, 재위 1419~50)은 여진 강역에 인접한 북방 지역에 진을 건설하며 더욱 공세적인 태도를 취했다.[52]

1416년부터 1443년까지 조선은 압록강 상류에 사군(여연, 자성, 무창, 우예)을 설치하고, 1434년부터 1449년 사이에는 두만강 인근에 육진(회령, 종성, 온성, 경원, 경흥, 부령)을 구축했다. 육진은 "튼튼하고 풍성하며 군사와 말들이 날래고 강력하니, 공세를 펼치기에는 충분치 않으나 지키는 데는 족하다"[53]라는 평가를 받을 만큼 성공적으로 안착했다. 반면 압록강의 사군은 여진의 근거지와 너무 가까운 데다, 토양이 척박해 거주와 농사에 적합하지 않은 탓에 두만강의 육진만큼 성공을 거두지 못했다. 1459년 조선 조정은 압록강 상류의 사군을 폐하기로 결정했고, 그로부터 이 지역은 폐사군廢四郡으로 알려지게 되었다.[54] 조선의 북진은 조선과 여진의 연결을 비롯해 요동에서 자국의 패권을 위협할 만한 요소들을 경계한 명의 반대에 부딪혔다.[55] 한반도 북부의 여진 부족을 두고 벌어진 명과 조선의 갈등은 15세기 중반 장백산 인근의 여진 부족장들이 조선 조정에 입조해 관직을 하사받은 사실이 명에 알려지면서 다시 점화되었다. 세조世祖(조선 7대 국왕, 재위 1455~68)는 특히 여진을 조선에 입조시키는 데 열성적이었고, 이는 불가피하게 명의 이목을 끌었다. 1458년 조선 조정이 건주여진의 두 부족장에게 관직을 제수하자, 천순제天順帝(명 8대 황제, 재위 1457~63, 명 6대 황제 정통제正統帝와 동일 인물)는 칙서를 보내 조선이 여진과의 통교를 금한 황조의 명을 어겼다고 질책했다. 이듬해 모린 우량카이의 부족장 낭발아한(浪孛兒罕)이 조선의 관직을 받은 사실이 명 조정에 알려지자 천순제는 조선의 불충을 호되게 꾸짖었다.

조선은 중국 동쪽의 번국으로서 선대 이래로 대대로 충정을 다하고 예의를 지켜 사사로이 외인과 교통하지 않았다. 그런데 어찌 왕에 이르러 이런 일이 있는가? … 저들(여진)이 스스로 오더라도 마땅히 거절하며, 각자의 본분을 다하고 경토境土를 지키자고 타일러 장래에 불안과 후회를 끼치지 말아야 한다.[56]

세조는 명의 간섭에 분을 표했으나, 여진 부족장들에게 "명에서 꺼리는 바에 서로 대항할 필요는 없으니"[57] 앞으로는 조선에 내왕하지 말라고 명했다. 이와 같은 조선-여진 관계에 대한 명의 개입은 중원의 안보에 핵심적인 요동과 인접한 조선 북방의 지정학적 특징이 명-조선 관계의 중차대한 요소였음을 보여준다. 달리 말해 조선은 명의 권위를 인정하고 요동 변경으로부터 거리를 둘 때에만 명과 평화를 유지할 수 있었다.

여진 부족장들은 조선과도 명처럼 교역할 수 있기를 기대했다. 변경의 야인 부족장이 수도에 찾아와 조공을 바치면 답례로 관직과 무역권을 하사하는 중화의 전통적인 변경 정책이 조선에서도 똑같이 채택되었다. 1438년에는 한양에 입조한 여진 부족장들이 거처할 북평관北平館을 설치했는데, 이는 명의 경고에도 불구하고 조선과 여진의 교류가 더욱 잦아졌음을 보여주는 증거이다.[58] 물론 상경 횟수와 입조 인원은 제한되었다. 풍년에는 17차례에 걸쳐 120명, 흉년에는 12차례에 걸쳐 90명의 입조가 허락되었다. 명과의 다툼을 피하기 위해 여진의 입조는 명의 사신이 오는 시기를 피해서 이루어졌다.[59] 그들은 조선에 토산품인 말과 매, 그리고 표범, 곰, 사슴 등의 가죽을 진상했고 조선은 면포를 회사했다.[60] 더해서 명이 요동의 야인들을 위해 변시를 설치했듯, 조선 또한 북방의 여진을 위해 1406년 종성과 경원에 야인무역소野人貿易所를 열었다. 명이 첫 번째 변시를 개시한 지 겨우 1년 뒤의 일이다.[61]

조선 조정은 두만강 인근에 거주하는 여진 부족을 '번호藩胡'라고 불렀다. 해당 명칭은 조선 영내에 거주하며 조선의 권위에 복종해 타 부족의 이동을 자발적으로 알리고, 조선 백성을 타 부족의 위협으로부터 보호하는 이들에게 주어졌다.[62] 조선의 대여진 정책의 목적이 여진을 조선의 통치 안에 포용하여 북방을 안정시키는 것임을 알 수 있는 대목이다. 16세기 초 조선 조정은 여진

초무 정책을 두고 "성城 근처의 야인들은 대대로 우리 땅에 살고 우리의 울타리가 되었으므로 국가에서 항상 불러서 초무하여, 굶주리면 먹을 것을 주고 조정에 오면 이들을 입히고 먹였으며, 또 작위와 봉록[爵秩]을 넉넉히 주었으니 은혜가 지극했다"[63] 라고 자찬했다. 케네스 로빈슨은 이를 두고 "조선 조정은 외교와 귀화, 교역을 통해 북방의 평화와 안정의 회복을 추구했다"[64] 라고 평가한다. 여기서 주목할 점은 조선의 대여진 정책이 사대 질서에 입각한 명의 변경 정책을 본보기로 삼았다는 사실이다. 정다함은 조선 조정은 인접한 하위 집단인 여진에 자체의 중화 질서를 부과함으로써 "명, 조선, 여진 사이에 다층적인 위계질서를 건설"[65] 하고자 했다고 설명한다. 명에게는 사대하나 여진으로부터는 사대를 받는 삼자 관계를 형성한 것이다. 여진의 입장에서 이와 같은 중층적인 위계질서는 명, 조선과 교류할 기회였고, 그럼으로써 그들에 도전할 힘을 기를 수 있었다.

누르하치의 등장

건주여진이 요동의 다른 부족들을 군사적으로 압도할 수 있었던 배경에는 지리적인 이점이 존재했다. 그들의 근거지에는 인삼, 초피, 진주와 같은 이문이 큰 자연 자원이 풍부했다. 또한 해서여진이나 몽골의 우량카이와 달리 명과 조선에 인접한 덕분에 "더 많은 이권을 요구하고 얻을 수 있는 교두보를 확보했다."[66] 변시가 막대한 경제적 이익을 보장함에 따라 변시에 참여하려는 여진 부족 간의 경쟁은 더욱 치열해졌다. 이러한 상황은 요동 변

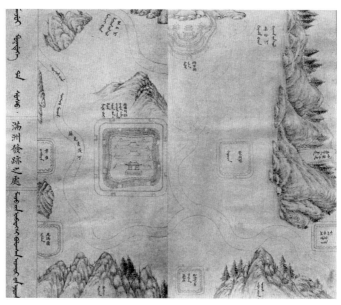

허투 알라와 주변 지역.
『만주실록』(1779), 필사본, 고려 대학교 도서관 소장.

경의 부족들이 거대한 단일 세력을 이루지 못하도록 "분열을 통한 통제 정책divide and rule policy"을 펼친 명이 의도한 것이다. 하지만 명의 요동 정책은 실패했고, 그 직접적인 여파가 바로 누르하치의 등장과 이어진 여진 부족의 통합이다.[67]

　누르하치가 일대를 제패하기 전까지 요동에서는 명의 요동총병관 이성량李成梁(1526~1615)이 변경 부족들 사이의 세력 균형을 통제하고 있었다.[68] 건주여진이 요동 동부에 머물던 시기에 몽골의 압박으로 해서여진이 남하하면서 울라Ula(烏拉), 호이파Hoifa(輝發), 여허Yehe(葉赫), 하다Hada(哈達)로 이루어진 훌룬Hūlun 4부 연맹이 결성되었다.[69] 그중 하다부의 추장 왕태(王台)가 1548년 훌룬 4부를 모두 복속시키고, 나아가 일부 건주여진 부족들에까지 세력을 넓혔다. 왕태는 건주위의 지도자인 왕고(王杲)가 1573년 몽골과 힘을 합쳐 명의 무순성을 공격하자 그를 사로잡은 후 이성량에게 보내 죽음에 이르게 했다. 이후 왕고의 아들 아타이Atai(阿台 혹은 阿太)가 건주위를 잇게 되었는데, 그의 휘하에 몽케 테무르의 후손이자 누르하치의 조부인 기오창가Giocangga(覺昌安)와 부친 탁시Taksi(塔克世)가 속해 있었다. 이 무렵 기오창가와 탁시는 이성량의 후원을 받았던 것으로 추정되나, 1583년 아타이와 이성량이 싸움을 벌이면서 결국 살해당하고 말았다.[70]

조부 및 부친과 마찬가지로 누르하치 또한 이성량과 밀접한 관계를 맺은 것으로 알려져 있다. 기오창가와 탁시는 명에 입조하는 건주여진의 공식 방문단이자 무순성을 드나드는 상인이었다. 누르하치 역시 어려서부터 조부를 따라 여러 차례 무순을 방문했고 말을 비롯한 건주여진의 물품을 변시에서 교역하는 데 익숙했다. 조부와 부친의 죽음을 접한 그는 요동의 명나라 관리들을 "불구대천의 원수"로 부르며 분노했으나, 동시에 죽음에 대한 보상을 요구해 명으로부터 교역을 허가하는 칙서 30통과 말 30필을 받아내고 도독都督의 자리까지 승계했다.[71] 누르하치는 이후로도 명을 비난했지만 교역은 계속 유지했다. 1592년 임진왜란 당시 그는 건주여진의 원병 파견을 제안하기도 했다.[72] 명은 그의 제안을 받아들이지는 않았으나 충의에 대한 답례로 그를 용호장군龍虎將軍에 제수했다. 이를 통해 북경에 입조할 권리와 변시 교역권을 확보한 누르하치는 1618년 명과의 관계를 끝내 단절하기 전까지 해당 직을 유지했다.[73]

명의 보호와 후원을 바탕으로 누르하치는 요동에서 우월한 지위를 확보해나갔다. 16세기 중반 명의 변시에서 거래하던 건주 여진 부족장은 많았으나, 누르하치는 이들을 제치고 무순과 청하 인근에 자신의 세력을 마련했다. 변시의 막대한 이윤을 독점하려는 그의 열망이 다른 부족들을 꺾고 명과의 교역권을 쟁취하는 원동력이 되었다. 누르하치는 1599~1601년 하다를 시작으로, 1607년 호이파, 1613년 울라, 그리고 1619년 여허를 차례로 복속시켰다. 하다와 울라를 정벌한 누르하치는 그들의 진주 및 초피 무역권을 박탈하고 개원으로 들어가는 통행로를 막았다. 대신 청하에 그가 직접 관장하는 새로운 시장을 개설했다.[74] 여진 부족에 대한 통제를 강화한 누르하치는 울라와 조선의 관계에도 간섭하기 시작했다. 1609년 누르하치는 조선에 초피를 바치면서 그동안 울라에 하사한 면포를 자신에게 달라고 요청했다.[75] 누르하치가 무역의 이익을 두고 몽골과 경쟁하고 있었다는 사실은 명의 사료인 『개원도설 開原圖說』에 잘 묘사되어 있다.

> 몽골의 웅가다이가 숭가리강 입구에 요새를 건설하고 강의
> 동쪽을 통제했으며 … 서쪽으로 여허, 남쪽으로 누르하치와
> 무역했다. 여진이 모두 누르하치에게 병탄되지 않은 이유는
> 웅가다이의 힘 때문이다.[76]

초피와 진주의 주요 고객이 북경과 강남의 일부 부유층이었던 것에 비해 인삼은 가벼운 중량 덕분에 더욱 광범위하게 유통되었다. 내지의 인삼 수요가 매우 커서, 인삼 한 량이 은 한 냥보다

비쌌다.[77] 누르하치의 어린 시절에 대한 설화에 따르면 그는 어려서 어머니를 잃고 계모의 학대를 받다가 집을 떠나 장백산에 들어갔고, 그곳에서 채취한 인삼을 명의 변시에서 거래하여 부를 축적하고 세력을 키웠다.[78] 또 다른 설화에 따르면 새로운 인삼 보관법을 개발한 것 역시 누르하치였다. 인삼의 가공 및 보관법이 아직 발달하기 전에 여진인들은 이를 물에 담가 보관했다. 그러다 보니 거래 전에 인삼이 썩어서 손해를 보는 일이 빈번했다. 이때 인삼을 쪄서 말리면 오래 보관할 수 있다는 사실을 알게 된 누르하치가 증포법蒸包法을 보급하면서 명과의 인삼 무역에서 여진이 이득을 취할 수 있었다고 한다.[79] 이 이야기는 인근 지역에 암암리에 퍼져 있던 증포법을 누르하치가 더 많은 여진인들에게 알렸다는 것을 암시한다.[80]

인삼과 관련된 누르하치의 설화는 그가 인삼에 보인 관심과 건주여진의 지도자로서 인삼 교역에 익숙했다는 사실을 조명하기 위해 후대에 가공되었을 가능성이 농후하다. 누르하치는 명과의 교역에서 손해를 감수하지 않았다. "만약 어떤 부족장이 누르하치의 허가 없이 초피, 꿩, 토끼, 진주, 인삼을 교역하다 발각되면, 소량이라 할지라도 그는 처형당했다. 교역으로부터 발생하는 모든 이익은 누르하치의 것이 되어야 했다."[81] 인삼 교역의 중요성은 청 황실의 기록에서도 확인할 수 있다. "우리 나라에서는 진주, 인삼, 초피가 생산된다. 이들은 모두 매우 귀해서 우리의 수요를 충당하기에 충분하다. 우리가 무순, 청하, 관전寬奠, 애양靉陽 등 네 곳에서 그것들을 교역한 이래 나라가 부유해지고 백성의 삶은 윤택해졌다."[82] 니콜라 디 코스모는 명대의 사료를 토대로 누르하치가 변시에서 2년간 교역한 인삼의 양이 최대 10만 근에 달한다고 추정한다. 이는 "연간 해외에서 중국에 유입된 은의 사 분의 일에 해당하는 가치이다."[83] 이처럼 누르하치가 세력을 확장한 배경에는 무력뿐만 아니라 인삼 교역에서 비롯된 금력이 존재했다.[84]

누르하치의 변시 무역 독점은 변경 부족들 사이의 질서를 근본적으로 재편했을 뿐만 아니라 요동의 각 부족에게 마시에 참여할 수 있는 권한을 고르게 나누어주고 이를 통해 요동을 통제한다는 명의 기본 원칙을 위협했다. 명은 변시에서 변경 부족들의 상품을 고가에 구매하고, 회사품까지 제공해야 했기에 막대한 재정 부담을 안고 있었다. 1607년 누르하치가 인삼 수만 량을 무순, 청하, 관전, 애양의 관문 근처로 가져오자, 여진이 분란을 일으킬 것을 경계한 명 조정은 병사와 상인들로 하여금 봉급을 털고 가산을 팔아서 여진의 인삼을 사도록 독촉했다.[85] 이와 같은 막중한 부담에도 불구하고 명은 변시를 폐쇄할 수 없었다. 폐시가 명나라 도시들에 대한 여진의 약탈을 유발할 것이라고 여겼기 때문이다. 이에 명의 조정 대신들은 "그들에게 계속 회사를 베푸는 것은 너무 큰 부담이나, 만약 이를 멈춘다면 그들과의 다툼을 감수해야 한다"[86]라고 한탄했다. 명이 변시를 이득을 창출하는 수단이 아니라 변경의 안정을 유지하는 방어 수단으로 활용했다면, 누르하치는 정반대였다. 그에게 변시는 요동에서 세력을 확충하는 주요 수단이었다. 이와이 시게키岩井茂樹가 평가하듯, "명-청 교체는 지역 간 교역이 증가하고, 변경 사회에 부가 유통된 결과라고 볼 수 있다."[87]

거트루드 리Gertraude Roth Li는 누르하치가 명의 요동 질서에 반기를 든 이유를 그의 정치적 야망에서 찾는다. "명과 조선 양측이 여진을 문화적으로 경시함을 인지하고 있던 누르하치는 자신의 목표를 재고한 끝에 건주좌위를 책임지는 명의 관료로 머무는 것은 충분치 않다고 판단했다."[88] 여진의 경제 상황 또한 누르하치의 정치 인식에 영향을 미쳤다. 디 코스모가 지적하듯, "처음부터 누르하치의 전략은 변시로 흘러들어가는 상품의 흐름을 지배하는 것이었다." 이에 더해서 "명으로의 입조는 그가 권력을 공고히 하고 교역권을 유지하는 근거였다."[89] 이후 명 조정이 변경 통제를 위해 여진에 대한 고삐를 더 강하게 조이자, 누르하치는 더 이상 명을 상국으로 사대할 수 없음을 깨달았다. 그가 일군 경제적 이권과 정치적 세력을 유지하기 위해서는 이제 명이 만든 요동 질서에 도전해야만 했다.

여진의 경계 세우기

1589년 누르하치는 건주여진을 통일하고 요동 서쪽으로 세력을 확대했다. 그는 인접국과의 관계 재설정을 통해 건주여진의 독립적 지위를 제고하기 시작했는데, 그것을 확인하기에 가장 적절한 대상이 바로 조선이었다. 1595년 누르하치는 명이 엄금했음에도 불구하고 조선과 직접 교섭을 시도했다. 만포첨사에게 보낸 서신에서 그는 서로의 경계를 넘거나 서로를 해하는 일을 삼가자고 제안했다.[90] 조선인 역관 하세국이 그해 여름 퍼 알라를 방문했을 때, 누르하치는 조선 조정에 문서 교통[通書]을 제안했다.[91]

이후 남부주부 신충일申忠一이 퍼 알라를 방문했을 때에도 누르하치의 주요 관심사는 조선의 벼슬을 받고 국교를 체결하는 문제였다. 신충일은 그의 목적은 "상국(명)이나 우리와 우호를 맺고 있음을 (경쟁 관계에 있는) 호인胡人들에게 과시해 모든 부락을 복속시키려는 것"[92]이라고 판단했다. 하지만 10년 뒤 누르하치는 명이 임명한 건주위지휘사 직함을 버리고 명과의 거리를 분명히 하기 시작했다.[93] 1605년 만포첨사에게 보낸 서신에서 그는 "건주 일대의 국왕[建州等處地方國王]"을 자처했다. 또한 조선 왕에게 자국 경계를 고수하라고 경고했다.

> 고려(조선)가 인삼으로 널리 알려진 이래, 사람들은 말을 타고 인삼을 찾아 산을 누빈다. … 만약 너희 조선인이 강을 넘어오면 붙잡아 죽일 것이다. 만약 우리 여진인이 강을 넘어가면 너희 또한 그를 붙잡아 죽일 수 있다. 이것으로 공평하다. 강을 넘어간 여진인을 붙잡아 내게 보내면 내가 그들을 죽일 것이다. 그들을 죽이지 않는다면 나의 잘못이 될 것이다.[94]

1607년 누르하치가 두만강 이북 동해 인근에 거주하던 워지 Woji[東海窩集]부를 정복함으로써 그의 세력이 조선 강역에 한 걸음 더 다가왔다. 1609년 누르하치의 군대가 종성 인근 문암文巖에서 울라부를 대대적으로 공격했다.[95] 같은 해 누르하치는 명에 조선 북방에 거주하는 와르카부 사람들을 건주여진으로 송환하라고 요구했고, 명 황제는 조선 조정에 칙서를 보내 와르카부 1000호를 누르하치에게 보내게 했다.[96]

세력을 확장한 누르하치는 인접국과의 경계 설정을 통해 여진의 강역을 공인하려 했다. 1608년 명과의 경계 협상이 그 일환이다. 건주여진이 하다부와 호이파부를 병합하는 것을 목도한 명의 지방관들은 누르하치의 세력권을 확정하는 데 적극적이었다. 결국 두 나라는 "감히 불법으로 월경하는 자가 있으면 그가 여진인이든 한인이든 즉시 사살하여 용서치 않는다. 지방관이 범월자를 죽이지 않으면 그에게도 죄가 미칠 것이다"[97]라는 약속을 하고 그 맹세를 석비에 새겼다. 석비 건립은 백마를 죽여 하늘에 제를 올리는 예와 함께 이루어졌으며, 경계 석비에는 "너희는 중국中國이고, 우리는 외국外國이다. 두 대국大國은 일가처럼 가깝다"[98]라고 썼다. 비문을 통해 17세기 초 명의 관료들이 누르하치의 여진을 요동을 양분하는 세력으로 인지하고 있었다는 사실을 알 수 있다.

1616년 마침내 여진의 국가, 아이신 구룬의 건국이 선포되었다. 누르하치가 요동 변경의 '실질적인' 지배자에서 '공식적인' 지배자로 자신의 위치를 선언한 것이다. 누르하치는 여진의 경작지와 교역로를 안정적으로 확보하고자 했다. 그러나 명의 권위에 도전하는 야인에게는 더 이상 교역 기회가 주어질 수 없었다. 명의 변시 폐쇄에 맞서서 누르하치는 명에 대한 일곱 가지 원한[七大恨]을 선포한 후 요동 침공을 감행했다.[99] 그는 1619년 철령鐵嶺과 개원, 1620년 무순, 그리고 1621년에는 심양瀋陽*과 요양을 정복했다. 1620년대 누르하치는 아이신 구룬의 강역이 "동으로는 바다에 닿고, 서로는 명과 요동 경계를 이루며, 북으로는 몽골 코르

---

* 1634년 심양의 이름을 성경盛京, 만주어로는 묵던Mukden으로 바꾸었다.

1616년 '영명한 왕Genggiyen Han'의 존호를 받는 누르하치.
『만주실록』(1779), 필사본, 고려 대학교 도서관 소장.

친Khorchin부가 사는 눈강에 미치고, 남으로는 조선과 마주하고 있다"면서, 이 안에 거주하는 이들 가운데 "여진과 말이 통하는 무리는 모두 (우리에게) 복속되어 있다"[100]라고 공표했다.

명, 몽골, 조선에 둘러싸인 신생국 후금의 미래는 외교에 달려 있었다. 누르하치 사후 이 막중한 책무가 그의 아들 홍타이지에게 주어졌다. 1627년 칸으로 즉위한 홍타이지가 당면한 가장 시급한 문제는 경제 위기였다. 만문 사료들은 1620년대 말의 절박한 상황을 다음과 같이 전한다. "나라가 굶주리니 … 살기 위해 인육을 먹는 자들이 있다. 나라에 은은 많으나 무역할 곳이 없어서 재화를 구할 수 없다."[101] 1627년 홍타이지가 조선에 보낸 글에도 당시의 경제 상황이 잘 드러난다. "나의 백성을 먹일 곡식은 충분하다. 그러나 국왕도 들었듯이, 몽골의 왕공들이 (차하르Chakhar) 릭단칸Ligdan Khan의 횡포로부터 도망쳐 나를 따르고자 한다. 이 새로운 신민 모두를 먹이기에는 곡식이 충분치 않다."[102] 홍타이지는 경제적 궁핍을 타개하기 위해 명의 영원순무寧遠巡撫 원숭환袁崇煥(1584~1630)에게 여러 차례 서신을 보내 예물을 요구했다.[103] 예물 교환으로 화의 분위기를 조성하고, 이것이 변시의 재개로 이어지기를 갈망하고 있었다. "명의 관료들이 평화에 동의한다면, 우리 여진인과 한인, 몽골인은 인삼을 채취하고 명과 교역할 은광을 개발할 것이다."[104]

　　홍타이지에게는 명과의 교역이 매우 중요했다. 그러나 후금의 강역을 지키는 것보다 중요하지는 않았다. 1627년 홍타이지는 원숭환에게 서신을 보내 다시 일곱 가지 원한을 열거했다. 그중 세 가지가 명과 여진의 경계에 관한 내용이다. 그는 명이 1608년의 합의를 계속 어기고 있다고 강조했다.

　　우리는 한인이나 여진인이 서로의 경계를 침범할 경우 죽음으로 다스리기로 약속했다. … 하지만 1613년 명의 병사들이 여허부를 지키기 위해 경계를 넘었고 (우리 여진 땅에) 주둔했다. … 1608년 우리는 범월을 묵인하는 자도 범월자와 동일하게 처벌하기로 했다. … 그러나 우리가 한인 범월자를 처벌했을 때 명은 우리가 무고한 이들을 죽였다며 힐난하고, 우리의 사신을 붙잡았으며, 복수를 명목으로 10명의 여진인을 살해했다. … 한인 병사들은 여진인의 집을 불태우고 그들을 추수 직전의 땅에서 쫓아냈다. 또한 경계에 세워진 석비를 30리나 우리 쪽으로 물려, 그만큼의 땅을 갈취했다. 인삼과 모피, 곡식과 목재 또한 약탈했다. 이 모두 우리 여진인이 생업으로 삼는 것이다. 지금까지 오로지 큰 우환을 얘기했을 뿐, 작은 것 하나하나 모두 따지자면 어찌 이루 말하겠는가?[105]

원숭환은 답신에서 후금이 차지한 요동의 성과 한인 포로를 명에 반환하는 일이 우선이라고 강조했다. 그러자 홍타이지는 단호하게 답했다.

그대(원숭환)는 "칸이 황제가 은덕을 더하도록 그를 존숭해야 하며, 경계의 평화를 유지하기 위해 최선을 다해야 한다"라고 말한다. 그러나 너희 황제의 은덕을 더하는 것은 다른 이가 아닌 너희 자신의 몫이다. 경계의 안녕 또한 너희는 너희의 강역을, 우리는 우리의 강역을 지킬 뿐인데, 우리가 어찌 너희의 강역까지 책임질 수 있겠는가?[106]

같은 해, 홍타이지는 그를 방문한 명의 관료들에게 다시 한번 "양국 간의 화의는 경계[疆界]를 다루어 각자의 영역[地屬]을 분명히 해야 한다. 영역이 바로 선 후에야 화평할 수 있을 것이다"[107]라고 강조했다. 원숭환에게 보낸 서신에서 그는 명과 후금의 강역이 명확히 구분되며, 서로가 각자의 강역을 인정하고 지켜야 한다고 강조했다. 패멀라 크로슬리Pamela Crossley는 홍타이지가 후금의 강역을 강조한 것을 "새로운 칸국의 위신"을 확보하려는 시도로 설명한다. 그는 "양국이 중국의 영토를 나누어 갖는 가운데 명이 요동에서 물러나 그 관할권을 후금에 내어주리라"[108] 기대했다고 해석한다. 실제 홍타이지는 명조가 누르하치와 맺은 1608년의 합의를 반복적으로 어기자, 이를 명이 후금의 주권을 인정하지 않는 증거로 받아들이고 분노했다. 후금의 칸에게 영토와 주권은 불가분했다.

1634년 조선 인조에게 보낸 국서에서도 홍타이지는 후금이 명에 종속되지 않은 독자 세력임을 분명히 했다. 그는 조선이 이를 지지하고 요동이 후금의 강역으로 인정받을 수 있도록 명을 설득해달라고 당부했다.

> 근래 나는 명과 화의를 이루고자 수차례 노력했다. 그러나 그들은 이제 갑자기 요동(요양)과 광녕을 돌려 달라고 요구한다. 천명이 우리로 하여금 다스리도록 허락한 요동과 광녕의 백성들, 그리고 우리를 따르는 몽골인들의 수를 셀 수 없어서 우리의 작은 땅으로는 그들을 모두 품을 수 없다. … 이 많은 이들이 한 집에서 살고, (우리의 이전 영토에서) 먹고 마신다는 것은 가당치 않다. 명이 반환을 요청하는 요동은 그들의 땅만큼 비옥하지도 않다. 북경은 안전하고 편안할 뿐만 아니라 넓다. 이는 과장이 아니다. 나는 왕도王道를 좇으려 할 뿐이다. 만일 조선 국왕이 나와 뜻을 같이해 두 나라의 화의를 중재해준다면 얼마나 좋은 일이 되겠는가![109]

명과의 경계를 조율하는 한편 홍타이지는 동몽골 부족들을 복속시키고자 했다. 그는 1636년 모든 만주인과 몽골인, 한인을 다스리는 대청국의 황제로 등극하며 마침내 차하르로부터 원제국의 전국옥새를 획득했다.[110] 1642년 시점에서 숭덕제 홍타이지는 조선과 동몽골을 복속시켰고, 요동 전역과 명의 직예直隸* 인근을 장악하고 있었다. 이에 그는 다시 한번 명조에 경계 교섭을 제안했다. 그는 명에 사절과 금 1만 냥과 은 100만 냥에 해당하는 세폐를 보내고 청에 속한 만주인, 한인, 몽골인, 조선인 신민을 송환하라고 요구했다. 또한 양국의 세부적인 경계에 대해 "너희의 경계는 영원과 쌍수보雙樹堡 사이에 있는 토령土嶺이고, 우리의 경계는 탑산塔山이다. 연산連山은 양측이 교역을 위해 만나는 장소로 적합하다. 토령 이북에서 영원 이북, 그리고 산해관 사이의 땅에 들어온 자는 누구든 죽음으로 다스려야 한다"[111]라고 밝혔다. 이 시기 홍타이지에게 천명을 주장할 의도가 있었음은 명백하다. 하지만 중원으로 진출하기에 앞서 그는 먼저 조선과의 경계를 확립해야 했다.

조선, 그리고 범월

귀한 인삼을 찾아 요동을 헤맨 이들은 여진인뿐만이 아니다. 범월해도 들킬 위험이 적은 압록강, 두만강, 장백산 인근에는 조선인 채삼꾼들이 들끓었다. 한인, 여진인, 조선인은 서로의 강역을 곧잘 침범했다. 1446년 조선의 한 관리는 "여진인이 사냥하고

---

* 명대와 청대에 수도 북경 일대를 직예라 불렀다.

어로하는 구역은 조선의 영내에서 걸어서 고작 두세 식경食頃 거리에"[112] 있다고 보고했다. 요동의 명 병사들이 채삼과 수렵을 위해 압록강에 접근하는 경우도 있었다. 그러나 조선의 병사들은 "당인唐人 채삼꾼"을 공격하거나 그들과 접촉하지 말라는 명령을 받았다.[113] 조선은 "아국의 관병이 한인을 공격하지 않는 것을 알게 된다면 (여진인) 범월자들이 한인 행세를 할 수 있다"[114]는 사실을 인지하고 있었다. 한인과 여진인 범월자들에 대한 조선의 명시적인 차별은 15세기 명과 여진, 조선 사이의 위계질서를 반영한 것이다. 하지만 이 시기에는 범월자들이 범죄를 저지르거나 문제를 일으키지 않는 한 채삼 행위가 일반적으로 용인되었다. 당시에 조선의 변경 정책은 변경 전반에 대한 통제보다는 '호인' 관리에 초점을 맞추었다. 이 때문에 조선 영내에서 여진인들이 문제를 일으키지 않는 한 조선은 평화를 유지하기 위해 그들의 범월에 눈감았다.

16세기가 되자 조선 강역을 침범하는 여진인의 수가 증가했다. 특히 평안도 강계江界가 무인 지대가 되었다는 소문이 퍼지면서 인삼을 찾아 그곳으로 오는 여진인이 늘었다. 때로는 조선 병사들과 여진인 채삼꾼들이 마주쳐 전투가 벌어지기도 했다.[115] 그럼에도 조선 조정은 여진인 범월자들을 엄벌하지 않고 신중히 다룬다는 원칙을 유지했다. 1529년 조선 조정은 "변방 사람들이 여진인 무리를 가벼이 여기고 공을 얻고자 산에서 삼을 캐는 야인들을 많이 잡아 죽이고[捕斬] 있는데, 이는 옳지 않다"[116]라고 변경의 관리들에게 경고했다. 그럼에도 여진인 범월자에 대한 살해가 지속되자 조정은 1548년에도 변경의 일을 경계했다. "어제 평안도병사의 장계를 보니, 호인들이 가진 것은 다만 양식뿐이고 병기兵器는 없었습니다. 지금은 마침 산삼을 캘 시기이니 필시 그것을 캐려고 온 것으로 생각되는데, 변장이 만일 죄도 없는 사람을 자주 살해한다면 변방에 갈등[釁端]이 생길 것입니다."[117]

누르하치가 여진 부족들을 통일하고 요동의 패권을 두고 경합할 힘을 갖춘 16세기 말부터 여진 측에서 범월자의 처리를 두고 조선에 불만을 제기하기 시작했다. 1592년 조선 강역에서 삼을 캐다 체포된 여진인 무리가 참수와 박피剝皮 등 매우 잔혹한 방식으로 살해당하자, 누르하치는 이에 분개해 해당 사안을 명조에 진정하겠다고 조선 조정에 항의했다. 3년 후 명의 요동 관리와 조선인 역관이 퍼 알라를 찾자, 누르하치는 이들에게 조선으로의 월경을 막기 위해 단속을 강화하겠다고 약속했다. 그 대신 조선에게도 동일한 처사를 당부했다. "조선의 경내를 범한 여진인을 잡아 돌려보내면 우리가 그를 극법極法으로 다스리겠소. 만약 조선인이 우리 지방을 범해 잡아 보내거든, 조선에서도 마찬가지로 징치해야 하오. 그렇게 한다면 피차 앙금이 없을 것이오."[118]

그러나 여진의 세력이 더욱 강성해지면서 범월 문제를 둘러싼 여진의 입장 또한 강경해졌다. 양국의 변경에서 자라는 인삼으로 인해 빚어진 후금과 조선의 경색 국면은 홍타이지가 집권하면서 더 심화되었다. 홍타이지가 요동에서 명을 몰아세움에 따라 한인들은 여진 영토에서 인삼을 채취하기 어려워졌다. 반면 조선인 채삼꾼들은 계속해서 압록강을 넘어갔고, 이는 끊이지 않는 분쟁의 원인이 되었다. 조선인의 불법 채삼은 단순히 범월에 국한된 문제가 아니었다. 이 시기 홍타이지는 명의 시장이 봉쇄되자 조선과의 무역 개시를 절실히 원했다. 조선의 시장에 인삼을 비롯한 만주의 토산물을 판매하고, 대신 명과 조선의 상품을 들여오고자 한 것이다. 그가 후금의 영내에서 조선인의 불법 채삼을 막으려 한 데에는 나라의 강역을 확립하는 동시에 주 수입원인 인삼 교역을 보호하려는 이중의 목적이 존재했다고 볼 수 있다.

여진과 조선의 관계는 조선 평안도 철산 앞바다의 섬*에 군대를 주둔시킨 명나라 장수 모문룡毛文龍에 의해 더욱 악화되었다. 모문룡의 병사들은 농사를 업으로 삼고 있던 요동의 한인들을 대거 조선으로 끌어들였는데, 이는 요동에 농업 국가를 건설하려던 홍타이지의 구상을 방해했다. 더해서 조선 영내에 모문룡이 주둔한다는 사실은 조선이 계속해서 명을 천조로 받들며 후금을 적대하고 있음을 뜻했다.[119] 이 복잡한 정치적 문제를 해결할 수 있는 유일한 방법은 전쟁뿐이었다. 1627년 2월 23일(천총원년 정월 8일) 치세 첫해에 홍타이지는 그의 사촌 아민Amin을 비롯한 여러 버일러beile**들에게 모문룡을 소탕한다는 명목으로 조선 출정을 명했다.[120] 두 달 뒤 조선 조정은 아민에게 항복하며 후금과 형제의 맹약을 맺었다. 홍타이지는 이로써 조선으로부터 매해 조공과 세폐를 받고 호시互市를 통해 정기적으로 조선과 교역할 수 있을 것이라고 기대했다.

---

* 피도 또는 가도라 불린 섬으로, 명이 수군기지를 세웠다. 청이 세력을 확장하자 요동의 한인들이 피도로 이주해 왔는데, 피도의 사령관 모문룡은 이를 명목 삼아 명과 조선 조정에 지속적으로 물자를 요구했다.

** 만주어로 '추장', '우두머리'를 뜻한다. 아이신 구룬 건국 후에는 칸 휘하의 최고위 왕공을 가리켰다.

무엇보다 1627년의 전쟁을 통해 홍타이지는 조선인의 범월에 대해서도 더 강력히 대응할 수 있게 되었다. 1628년 그는 인조에게 다음과 같이 경고했다. "두 나라의 백성들이 사사로이 경계를 넘는 일은 엄히 금한다."[121] 이에 조선 조정은 범월한 자국민을 처벌해야 했다. 1631년 여진 영내에서 인삼을 채취하다 붙잡혀 한양으로 압송된 조선인 두 명이 홍타이지의 사절이 보는 앞에서 참수당했다.[122] 홍타이지는 조선인의 범월 문제를 호시의 열악한 환경이나 명에 대한 사대 유지 등 다른 민감한 사안에서 조선을 압박하는 구실로 활용했다. 당시 중강中江에서 열린 호시는 조선 상인들이 괴롭힘을 당할까 두려워 찾지 않은 탓에 홍타이지가 기대한 만큼의 이윤을 남기지 못했다. 이런 가운데 조선 조정은 계속해서 명을 상국으로 받들었고, 오랜 사대 관계를 청산할 의지를 보이지 않았다. 조선이 보낸 세폐의 양과 질 또한 홍타이지가 정한 기준에 미치지 못했다.[123] 조선과의 관계가 진전되지 않자 홍타이지는 조선인 범월 문제를 더 크게 공론화시켜 조선 조정을 압박했다. 결국 가벼이 다루어질 수도 있었던 조선 채삼인의 단순 범월은 조선을 길들이려 한 홍타이지의 의중 아래 조선이 후금에 도전하는 심각한 행위로 비화되었다.

1630년대 후금과 조선 사이에서는 월경한 조선인의 불법 수렵과 채삼, 낮은 인삼 매입가, 침체된 교역 등을 두고 계속해서 대화가 오갔다. 1633년 홍타이지는 인삼 200근을 거래하기 위해 잉굴다이Inggūldai(英俄爾岱)와 다이숭가Daisungga(代松阿)를 조선에 파견했다. 80명의 인원으로 구성된 홍타이지의 사절단은 "조선으로부터 곡식을 빌릴 수 있도록"[124] 시장을 개시하라고 요청했다.

같은 해 홍타이지는 조선이 인삼 가격을 한 근당 아홉 냥으로 낮춘 것을 힐난하며 범월 문제를 또 거론했다.

(범월자들은) 너희 나라를 벗어나 우리 강역에 들어왔다. 그중 일부만 나에게 알려졌으니, 실제로 얼마나 많은 조선인이 우리 땅을 침범하는지 가히 헤아릴 수는 있겠는가? 조선은 우리와 한 약속을 어기고 조선 백성이 우리의 땅에 들어와 사냥하고 인삼을 캐 가도록 했다. 조선에 동물이 많다고 해서 우리 백성이 너희의 땅에 들어가 도적질을 한 적이 있는가?[125]

조선인의 범월을 방지하기 위해 홍타이지는 조선 조정에 범월자뿐 아니라 범월이 일어난 지역의 지방관도 처벌하라고 요구했다. 1635년 위원渭原 지역의 조선인 36명이 압록강 너머 여진 영내에서 불법 채삼을 하다 나포되자, 홍타이지는 조선의 지방관과 휘하 관인들의 구금을 강력하게 요구했다. 조선의 조정 신료는 지방관들이 월경 문제에 대한 지침을 사전에 하달받지 못했다며 변론을 펼쳤으나, 인조는 홍타이지의 질책을 피하고자 군수 허상과 첨사 이현기, 만호 김진을 처벌했다.[126] 이후 조선은 범월 문제에서 점점 수세에 몰렸다. 홍타이지가 범월 문제를 비난하면 인조는 용서를 구할 수밖에 없었다. "우리 조선의 백성들이 월경해 삼을 캐는 것은 큰 이익이 있기 때문에 그런 것이니, 내가 진실로 가슴 아프게 생각합니다. 이제부터는 엄하게 단속해 통렬히 끊도록 하겠습니다." 이처럼 인조는 홍타이지의 용서를 구하는 동시에 칸의 사절에게 뇌물을 주어 조선인 범월자들의 송환을 부탁했다.[127]

인조가 보낸 답서에는 한때 여진인을 죽이거나 가죽을 벗겨야 할 '금수' 혹은 '오랑캐'로 경시하던 인식이 남아 있지 않았다.

청나라 만주의 인삼

청이 요동의 패권을 장악하는 과정에서 인삼의 중요성은 확대되었다. 인삼은 가치 있는 상품이자 여진의 영토 경계를 나타내는 자연적 표지였다. 나아가 여진의 정체성을 상징하는 표상이기도 했다.[128] 인삼은 진주, 모피와 함께 타 세력의 수장이나 사절에 선물로 주어졌고 그 가치는 금, 은, 비단에 필적했다. 1627년 홍타이지는 원숭환에게 서신을 보내 "우리 나라는 담수 진주 10개, 초피 1000장, 그리고 인삼 1000근을 명에 보낼 것이오. 명은 그 답례로 금 1만 냥, 은 10만 냥, 비단 10만 필, 모청포毛靑布 30만 필을 보내시오"[129]라고 제안했다. 홍타이지는 조선인의 불법 채삼을 비난하면서도 범월 문제를 논의하기 위해 온 조선 사신에게 인삼을 선물했다.[130] 인삼을 타국에 선물한 행위는 인삼이 여진의 강역에서 자라는 토산물일 뿐만 아니라 여진의 상징물로 간주되었음을 보여준다. 인삼에 대한 인식은 외부인의 인삼 접근을 허용해서는 안 된다는 사고로 이어져 인접국, 그중에서도 조선 백성의 불법 채삼을 제한하고 엄격히 처벌했다. 홍타이지는 조선인들이 요동의 인삼 산지, 나아가 여진 강역에 접근하는 것을 원천 봉쇄해야 여진의 인삼 독점을 유지할 수 있다고 믿었다.

홍타이지가 청제국의 황제로 등극하고 여진을 만주로 개칭하며 명 질서에 대항할 것을 천명한 직후, 그는 청의 달라진 위상을 조선과의 관계 변화를 통해 입증하고자 했다. 범월, 포로 송환, 연례 조공, 무역 등을 둘러싸고 수없이 갈등했던 조선 조정이 그의 권위를 인정한다면 명에 대항할 중요한 정치적 명분이 생긴다. 그러나 이를 이루기 위해서는 무력행사가 불가피했다.[131] 1636년 12월 29일(숭덕 원년 12월 3일) 홍타이지는 직접 병사를 이끌고 조선을 침공했다. 그로부터 두 달이 채 지나기 전에 조선 국왕은 투항하고 청의 요구를 무조건 수락했다.[132] 승전국 청은 조선에 굴욕적인 조건을 강요했다. 조선은 명과의 관계를 청산하고 앞으로 공식 문서에 청의 연호를 사용하며 청조가 발행한 역법을 따라야 했다. 조선 국왕의 장자 소현세자(1612~45)와 또 다른 왕자 봉림대군(1619~59, 훗날 효종孝宗, 조선 17대 국왕, 재위 1649~59)을 비롯하여 여러 대신의 자식이 볼모로 성경에 잡혀갔다. 또한 이후 청이 명에 대한 공세를 개시하면 조선은 병사와 무기를 적극 원조해야 했다. 황제의 생일, 신년, 동지에 맞춰 조공 사신을 보내며, 사절은 명에 입조할 때 지키던 예를 동일하게 따라야 했다. 또한 도망친 포로를 청에 송환해야 하며, 요동에 있는 몽골 우량카이부와의 교역은 금지되었다. 다만 일본과의 교역은 유지할 수 있었다. 조선은 청에 금, 은, 모피, 차, 염료, 종이, 면직물, 곡식 등을 세폐로 바쳐야 했다.[133]

숭덕제가 조선에 요구한 다양한 물품 목록에서 주목할 부분은 인삼이 빠져 있다는 점이다. 오랫동안 한반도의 통치자들이 중국의 황제에게 바치는 공물 중에서 인삼이 차지했던 위치를 고려할 때, 이는 대단히 중대한 변화다. 삼국 시대부터 고려 시대까지 많은 중국 황제들이 인삼을 예물로 받았으며, 명은 조선이 바쳐야 할 조공품의 목록에 금은, 칠기, 면포 등과 함께 인삼을 포함시키고 이를 『대명회전大明會典』에 명기했다. 여진이 인삼 산지의 대다수를 차지하고 있던 상황에서 조선은 명이 가장 신뢰할 수 있는 인삼 공급처였다. 실제로 명대 전반에 걸쳐 조선은 최상품 인삼을 세심하게 선별하여 북경으로 보냈다.[134] 그러나 청은 이처럼 중요한 인삼을 요구하지 않았다. 숭덕제가 인삼에 관심 없었기 때문이 아니다. 그 까닭은 그가 인삼을 조선의 방물方物이 아닌 만주의 산물로 여겼기 때문이다. 제임스 헤비아James Hevia가 설명하듯, 방물이라는 번국의 특산물은 제국 빈례賓禮에 의거해 "한 지역을 다른 지역과 구분하는 기준"[135]이다. 그러나 청조는 인삼을 만주의 산물이자 만주인의 상징으로 여기며, 그것을 청과 조선의 강역을 구분하는 기준으로 삼았다. 이처럼 인삼이 만주인의 정체성과 결부된 이상, 청은 조선의 인삼 조공을 받을 수 없었다. 청의 강역을 조선과 공유할 수 없듯이, 청의 강역에서 나는 인삼 역시 조선의 방물일 수 없었던 것이다.

1637년의 2차 출병(병자호란) 이후 조선인의 범월과 불법 채삼에 대한 청의 비난과 처벌이 더욱 가혹해졌다. 만주인 관료들은 조선인의 범월과 미흡한 경계 관리를 문제 삼아 성경에 볼모로 잡혀 있던 소현세자를 압박했다.[136] 1645년 평안도 강계의 지역민들이 인삼을 캐기 위해 압록강을 넘어 월경했다가 체포되자, 청의 사신이 평양까지 와서 강계부사를 구금하고 칼을 씌우기도 했다.[137] 이후 청의 경내에서 불법 채삼하다 적발된 조선인을 압록강변에서 효시하고 해당 지역의 관원은 혁직革職 혹은 유배하는 것이 점차 관례화되었다.[138]

1642년 홍타이지는 그의 아들 순치제順治帝(청 3대 황제, 재위 1643~61)가 2년 후 북경에 입성하여 중원을 지배하게 되리라고는 미처 생각하지 못한 상황에서, 당시 청제국의 강역과 경계를 다음과 같이 설명했다.

나는 하늘의 도우심 아래 태조의 위대한 업을 이어 천자의 자리에 올랐다. 사견使犬 부족과 사록使鹿 부족을 포함한 동쪽 바다에서부터 북서 바다에 이르는 땅에 거주하는 모든 이들, 검은 여우와 검은담비가 사는 지역에서 농사 대신 어로와 수렵으로 삶을 영위하는 이들, 저 멀리 오논강 상류 인근에 거주하는 오이라트를 비롯한 부족들, 그리고 몽골과 조선을 복속[入版圖]시켰다.[139]

조선이 복속된 이후에도 지속된 양국의 범월 논의는 점차 조선인보다 청인의 범월을 주로 다루게 된다. 청의 공격적인 영토확장을 목도한 인조는 조선의 강역이 존중되어야 한다고 강조했다. 그는 청조에 상국上國 병사와 백성이 조선 영내에서 일으키는 소요를 해결해달라고 요청했다. 1641년 숭덕제에게 보낸 인조의 청원은 1592년 선조가 누르하치에게 자중하라고 경고했던 서신의 논조와 극명하게 대비된다.

소방小邦(조선)과 대조大朝(청)는 의리상 한 집안과 같으나, 서로 각자의 강역에는 당연히 경계가 있습니다. 크고 작은 일은 부部의 문서를 가지고 가거나 구두로 지시를 받은 후 대조하여 검토하는 것이 상례입니다. 제멋대로 월경하며 갈취하는 우환은 감당하기 어렵습니다. 만약 저들을 내버려두고 단속 하지 않는다면 강역에 분별이 없어지고 변진邊鎭이 불안해질 것입니다.[140]

누르하치가 후금을 보호하기 위해 명과 조선 사이에서 영토 경계를 명확히 하고자 했듯, 조선의 인조 또한 청과의 경계를 명확 히 해 영토와 주권을 지키려 했다. 이제 막 태동하던 여진이 대국 인 명으로부터 자국의 땅을 보호하려 했듯, 조공국이 된 조선이 상 국인 청제국으로부터 자국의 영토를 공인받고자 한 것이다. 영토 경계와 주권을 둘러싼 이러한 논의들은 모두 16세기 말에서 17세 기 초에 요동을 두고 벌어진 치열한 생존 경쟁의 산물이다.

*

후금이 청제국으로 발돋움한 시기에 인삼은 매우 높은 경제 적·정치적·문화적 가치를 자랑했다. 여진이 발흥할 당시 인삼은 누르하치의 세력 확장을 뒷받침한 핵심 상품 가운데 하나였다. 그 다음 단계, 즉 누르하치가 여진 부족들을 통합하고 명의 질서에 도전하기 시작한 시기에는 명과 후금 사이의 영토 경계를 나타내 는 표지로 활용되었다. 홍타이지가 칸의 지위에 오른 이후에는 외 교적 차원의 중요성이 대두되었다. 홍타이지는 조선인 범월자들 이 인삼이라는 자국의 경제적 이권을 침해하는 것을 막고, 나아가 요동의 패자로서 청의 정치적 입지를 높이기 위해 조선을 침공했

다. 하지만 1637년 전쟁을 통해 성립된 양국의 조공 관계는 압록
강과 두만강 일대의 자연 자원들을 둘러싼 문제를 항구적으로 해
결하는 데는 실패했다. 두 차례의 전쟁에도 불구하고 조선인은 삼
을 찾아서 강을 건너갔다. 청대 전반에 걸쳐 만주인 통치자들은
조선과의 조공 관계를 재설정해야 했고, 그로 인해 다음 장에서
살펴보듯 조선과의 국경지대를 유지해야 했다.

국경지대의
형성

2장

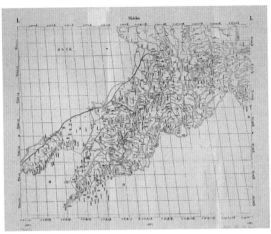

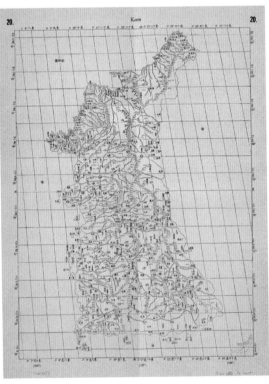

「황여전람도」 중 성경(위)과 조선(아래).
타이완 국가도서관 지리지도부 소장.

1685년 가을 강희제의 명을 받은 주방협령駐防協領 러추Lechu(勒楚)와 그의 일행은 장백산 탐사와 압록강 일대의 지도 제작에 착수했다.[1] 『대청일통지大淸一統志』 편찬이라는 야심찬 사업의 일환으로 지리 측량에 나선 러추 일행이 압록강 서안에 위치한 삼도구三道溝에 도착했을 무렵, 그들은 불법 도강해 인삼을 캐는 조선인 무리를 만났다. 이들은 한 조선인 지방관이 모은 31명의 "무뢰한과 부랑자"로 전원 함경도 출신이었다. 러추 일행은 범월자를 쫓아내기 위해 화살을 쏘았다. 화들짝 놀란 조선인 무리는 화승총으로 응사해 청의 관리 한 명과 말 12마리를 사살하고 두 명에게 부상을 입혔다. 이후 조선인 범월자들은 도망쳤고, 성경장군이 북경의 예부에 사건을 보고함에 따라 해당 사안은 곧 청과 조선 사이의 심각한 외교 문제가 되었다.[2]

　　이 사건에 대한 청과 조선 조정의 상이한 반응은 복잡한 양국 관계를 극적으로 드러낸다. 얼마 후 사건을 조사할 강희제의 사신이 한양에 도착하여 범월자와 관련 지방관을 전원 처형하라고 요구했다. 또한 조선 숙종肅宗(조선 19대 국왕, 재위 1674~1720)이 강희제에게 사죄의 친서를 올리고 2만 냥의 벌은罰銀을 바치라고 했다. 조선 조정은 월경과 불법 채삼을 막기 위해 입조 사행의 인삼 사무역을 금하고, 부산을 통한 일본과의 인삼 무역도 금지했다. 하지만 이것으로 끝이 아니었다. 강희제는 1711년 청과 조선의 경계를 가로지르는 장백산 일대를 조사하겠다고 통보했다.

　　　훈퉁강Huntung(混同江, 숭가리강)은 장백산 북쪽에서 시작해
　　　기린울라Girin ula[船廠]와 부트하울라Butha ula[打牲烏喇]를 지

나 북동쪽으로 흐른다. 그리고 흑룡강과 만나 (바다로) 흐른다. 이곳은 모두 중국의 강역[中國地方]이다. 압록강은 장백산 동남쪽에서 시작해 남서쪽에 있는 봉황성鳳凰城과 의주 사이로 흐른다. 압록강 북서부 또한 모두 중국의 강역이며, 남동쪽은 조선의 강역[朝鮮地方]이다. 두만강은 장백산 동쪽 둘레를 따라 흐르며 동남쪽 바다로 향한다. 두만강 남서쪽은 조선 강역이고, 동북쪽은 중국 강역이다. 이러한 경계는 이미 알려져 있는 바이나, 압록강과 두만강 사이의 강역은 여전히 명확하지 않다. … 짐은 부트하울라총관[烏喇總管] 묵덩을 보내 이곳을 조사하고자 한다. … 이 기회를 통해 경계를 이루는 해당 지역을 철저히 조사하여 알게 된 바를 보고하라[務將邊界查明來奏].[3]

황제의 의중은 명확했다. 그는 청과 조선이 공유하는 경계의 지세를 밝히고 양국의 강역을 확정하고자 했다. 이로써 중국과 한국, 양국의 오랜 역사 가운데 최초의 합동 국경 조사라 할 수 있는 장백산 탐사의 막이 올랐다.

본 장은 1712년 장백산 지리 측량을 세 가지 측면에서 분석한다. 첫째, 이 탐사가 청의 제국 건설empire building과 밀접하게 연관 있음을 밝힌다. 17세기 중반 명에서 귀부한 번왕들이 남중국에서 일으킨 삼번三藩의 난과 대만을 점령한 정씨 일가의 난을 성공적으로 진압한 강희제는 북방, 곧 만주로 손길을 뻗던 러시아에 주의를 기울이기 시작했다. 그는 군사 방비를 단단히 했을 뿐만 아니라 제국의 지리적 형세를 파악하고 그 강역을 지도에 담는 일련의 사업에 착수했다. 장백산 탐사는 이 대계의 일부였다.

둘째, 동북부의 지리 측량이 제국 내 만주인의 지위를 향상시키는 측면에서도 필요하고 유용한 조치였음을 규명한다. 만주인의 고토로서 장백산은 특별한 정치적 관심과 경외의 대상이 되었다. 더해서 황실의 재원인 인삼을 비롯한 이 일대의 자연 자원을 보호할 필요도 있었다. 황제의 입장에서 볼 때 이 지역의 지리 측량을 지시할 이유가 차고 넘쳤다.

셋째, 지리 측량의 경과와 결과를 통해 영토 및 주권을 둘러싼 양국 조정의 인식을 살펴본다. 또한 양국의 불균등한 조공 관계가 경계 교섭과 같은 중대한 논의에 어떠한 영향을 미쳤는지를 검토한다. '상국'인 청조는 장백산의 영유권이 자신에게 있다고 여긴 반면, 조선은 적어도 산맥의 일부는 자국에 속한다고 믿었다. 양국의 인식 차이는 명칭에도 반영되었다. 청 황제는 이 산을 골민 샹갼 알린Golmin šanggiyan alin 또는 장백산이라고 불렀고, 조선 왕은 백두산이라는 명칭을 사용했다. 국가적 차원의 의미 부여와는 별개로, 양국 모두 장백산/백두산의 지리에 대해 제한적인 지식만 가지고 있었다. 우거진 산림과 험한 지형으로 인해 접근이 어려웠기 때문이다. 이에 청의 황제들은 제국의 영토 경계, 특히 압록강과 두만강 일대의 경계를 명확히 파악하고자 했다. 하지만 조선 조정은 그들의 시도를 저지하기 위해 오랜 조공 관계의 수사를 동원했다. 본 장에서 살펴보겠지만, 조선의 전략은 청의 바람을 물리치고 두만강 상류의 경계가 모호하게 유지되는 것이었다. 이는 청과 조선의 국경지대가 형성되는 결과를 가져왔다.

청의 제국 건설

홍타이지는 청군이 산해관을 넘기 직전인 1643년에 사망했다. 따라서 명의 수도에 입성해 천명이 청으로 넘어왔음을 선포하는 일은 그의 아들 순치제의 몫이었다. 이로써 청조는 북경에 자리를 잡았지만, 아직 중국 전역을 온전히 복속한 것은 아니었다. 이자성을 비롯한 반란 세력이 남아 있었고, 북부의 주요 도시와 촌락 또한 명의 장군들이나 신사층이 장악하고 있었다. 아무도 1640년대에 청이 대업을 완수할 것이라고 확신할 수 없었다. 그러나 섭정왕 도르곤Dorgon(多爾袞, 1612~50)을 필두로 한 청의 황실 귀족과 팔기 관리들은 입관 직후의 정치적 위기를 극복하고, 궁극적으로 한인 관료 세력을 청제국에 통합하여 만주인의 통치권을 공고히 하는 데 성공했다.[4]

제국 내부의 통합과 변경의 군사적 안정은 "중화 제국의 역사상 가장 오래 지속되었을 뿐만 아니라 가장 역동적이고 다사다난했던 통치 시기"[5]인 강희 연간에 대부분 완수되었다. 청의 제국 통치를 반석에 올리기 위해서는 무엇보다 내부 반란 세력과 외부 경쟁 세력을 제압해야 했다. 가장 심각한 위협은 1640~50년대 청조의 중원 평정을 도운 공을 인정받아 남중국에 번부를 설치해 막대한 권력을 행사하던 삼번에 의해 제기되었다. 과거 명을 섬겼던 운남雲南, 귀주貴州, 광동廣東, 광서廣西, 복건福建의 번왕들은 북경의 통제 밖에서 사병을 운용하고, 세금을 징수하며, 무역을 관장했다. 1672년 강희제는 군사력을 갖춘 삼번이 제국의 안위를 위협한다고 판단했다. 이에 삼번 가운데 가장 위세를 떨친 오삼계吳三桂가 궐기했으나, 강희제는 그의 반란을 진압하고 남중국에 중앙

집권 체제를 확립하는 데 성공했다. 삼번의 난에 더해, 1661년 대만을 점령하며 명나라 부흥 운동의 기치를 세운 정성공鄭成功 세력도 청을 위협했다. 정씨 일가는 복건, 절강浙江, 광동 해안의 연안 무역을 방해하다가 1683년 청군에 항복했다. 이로써 대만이 청제국에 병합되었다.[6]

남중국의 반란이 진압되기 전, 동북방에서는 러시아 이주민들이 몽골 및 만주 지역의 주민들과 충돌하며 소요를 일으키고 있었다. 흑룡강 인근으로 이주한 러시아 농민들은 땅을 개간하고 네르친스크Nerchinsk와 알바진Albazin에서 현지 부족들을 회유하며 강희제의 신경을 긁었다. 황제는 알바진 인근 러시아 정착촌을 파괴하기 위해 군대를 보내기도 하였으나, 결국 러시아와 외교적 해결을 모색한 끝에 1689년 네르친스크조약을 체결했다. 청 황제와 러시아 차르가 맺은 이 중대한 합의로 인해 청은 러시아에 시장을 개방해야 했지만, 준가르Zunghar*와 러시아의 동맹을 사전에 차단하는 보다 중요한 전략적 이점을 확보했다. 당시 준가르의 지도자인 갈단Galdan은 5대 달라이 라마 아래에서 라마승으로 교육받아 준가르와 여타 몽골 부족들에게 영적 권위를 인정받았다. 초원에 또 다른 몽골제국을 세우려는 야망을 품은 그는 칼카Khalkas의 내부 경쟁에 개입했고, 그럼으로써 청제국의 몽골 지배에 도전장을 내밀었다. 네르친스크조약으로 러시아 방면의 문제를 해결한 강희제는 갈단의 야망도 분쇄하기로 결심했다. 1690년부터

---

* '마지막 유목 제국'으로 불리기도 하는 준가르는 티베트, 신강, 남카자흐스탄을 아우르는 중앙아시아의 대제국이었다. 17~18세기에 청과 준가르는 일진일퇴의 공방을 벌이며 대립했다.

1697년 사이 강희제는 갈단을 무찌르기 위해 여러 차례 친정에 나섰고, 결국 갈단은 청군에 쫓기다 최후를 맞았다. 강희제가 사망한 1722년 당시 청제국은 아직 최전성기의 강역에 이르지는 못했으나, 경계의 방비는 굳건했으며 제국의 통치 질서는 견고히 뿌리내렸다.[7]

청제국의 세력 확장 구상은 청 황제들이 준엄히 추진한 지리 측량과 지도 제작 사업을 통해 구체화되었다.[8] 청의 지도 제작 사업은 유라시아에 팽창주의적 제국들이 등장하며 주권이 영토권과 결부되기 시작한 17~18세기의 시대적 맥락 속에서 살펴보아야 한다. 17세기 이전에 유럽과 아시아의 통치자들은 영토 경계를 명확한 선으로 인식하지 않았다. 그러나 17세기 무렵 유라시아의 주요 국가들은 자국의 강역을 지키기 위해 경쟁국과 영토의 경계를 선으로 고정하는 협상을 했다. 나라 간의 국경이 점차 고정됨에 따라 통치권의 중복, 예컨대 소국이 인접한 복수의 국가에 조공을 바치는 식의 외교 관계는 자취를 감추었다. 청의 황제들은 프랑스나 러시아 같은 유럽 제국의 통치자들과 마찬가지로 영토 경계를 명확히 해야 할 필요성을 인지하고 있었으며, 지도를 그 수단으로 삼았다.[9]

강희 연간은 청제국의 '경계 세우기boundary-making'라는 제도 製圖적·영토적 과업 수행에서 결정적인 순간이다. 강희제 곁에 머문 예수회 선교사들의 회고를 통하여 황제가 인접국들의 잠재적인 위협, 특히 러시아의 위협을 명확히 인지하고 있었다는 사실을 알 수 있다.[10] 북쪽에서 내려오는 강력한 러시아를 피해 유목민들이 만주로 대거 이주하리라고 전망한 그는 시급히 제국의 영토 경계를 분명히 하고자 했다. 네르친스크조약은 양국의 충돌 원인으로 지목된 흑룡강 일대의 불분명한 경계를 명확히 하는 것이 체결의 선결 조건이었다. 조약 체결 이후 양국은 경계를 따라 주권을 확립해 월경 행위를 근절하고 국경 인근 부족들이 신속臣屬해야 할 대상을 분명히 했다.[11]

제국의 확장된 강역을 지도에 담겠다는 청 황제 강희제의 열망은 유럽에서 전해진 지도 제작 기술을 통해 실현되었다. 그가 지도의 필요성을 절감하고 있을 때 마침 지리 측량 기술을 보유한 예수회 선교사들이 제국으로 찾아왔다. 강희제는 그들을 준가르 원정에 동행시켰다. 그중 다수는 유럽에서 지도 제작을 선도하고 있던 프랑스 출신이었으며, 예수회 선교사들의 첫 번째 임무는 1707년 북경 근교를 실지 조사한 후 지도를 제작하는 것이었다. 강희제는 결과물에 몹시 만족했고, 1708년에는 만리장성 일부에 대한 지리 측량을 맡겼다.[12] 이후 1710년 직예 북부 전역의 실지 조사가 완료되자 황제는 마침내 제국 전역을 아우르는 전국 지도의 제작을 의뢰했다. 「황여전람도」로 명명된 이 지도는 목판으로 1717년, 1721년에 두 차례 각인되었고, 1719년에는 동판으로 각인되었다. 피터 퍼듀의 설명처럼 이 지도의 명칭은 제국 전역을 시선 아래 두려는 강희제의 열망을 내포하고 있다. "지도책의 편찬은 황제의 시공간에 대한 지식을 체계화하고 합리화하는 커다란 계획의 일부에 불과했다."[13] 예수회 선교사들은 묵던[瀋陽], 열하熱河, 그리고 우수리강과 흑룡강 인근 만주인의 고토를 탐사했다. 조선과의 접경 탐사에 나선 이들을 비롯한 청의 많은 관리들이 예수회 선교사와 협업하며 지리 측량 기술을 발전시켰다.[14]

지도 제작 사업은 황제의 권위를 드높이고 제국의 영토 경계를 명확히 했다. 지도는 제국 강역에 대한 이해를 제고했고, 부수적으로 정복과 반란 진압에도 도움이 되었다. "영토를 지도상에 올바르게 반영하는 것이 영유권을 주장하는 방식 가운데 하나였기에" 「황여전람도」는 세계에 중국의 강역을 공포하는 수단이기도 했다.[15] 더해서 강희제가 고토인 만주에서 지도 제작 사업을 추진한 바탕에는 한인의 법도와 구분되는 만주인의 법도를 지키려는 열망이 내재되어 있었다. "청제국의 경계를 확정하는 과정에서 만주의 장소를 기록함으로써 만주인의 정체성을 고취하고자"[16] 한 것이다. 건륭제 또한 18세기 중반 서북부 지역의 지도 제작에 착수하여 제국 강역에 대한 지리 지식을 체계화했다. 이는 새로운 영토를 병합하는 데 있어 군사적 정복이 전부가 아니었음을 말해준다. 제임스 밀워드James Millward는 "지도 제작과 지리학 연구는 이 지역(서북부)을 새로운, 확장된 중국으로 인식하는 데 결정적 역할을 했다"[17]라고 설명한다. 달리 표현하면 청의 동북방과 서북방에서 제국의 세력 확장을 완수한 것은 군대가 아니라 지도였다.

청의 동북방과 인삼

동북방은 청조에게 특별한 의미를 지닌 땅이다. 먼저 이곳은 만주 황실의 신성한 고토였다. "용이 하늘로 올라가는 땅[龍興之地]"이자 "만주인의 요람[發祥之地]"이며 "만주인의 근본을 이루는 땅[根本之地]"인 이곳은 무예 기량military prowess과 유목민적 활기nomadic resilience 같은 만주인 정체성을 보전하고 함양하는 장소

장백산.
『만주실록』(1779), 필사본, 고려대학교 도서관 소장.

로 중요했다. 이러한 특질은 만주인을 타 민족 집단과 차별화하는 요소일 뿐만 아니라 만주인의 제국 지배를 지탱한 원동력이다. 따라서 청조는 북경으로 천도한 이후에도 누르하치와 홍타이지가 머문 성경을 배도陪都로 삼고 동북방을 중시했다.[18] 더해서 동북방은 지정학적으로 러시아의 확장을 억제하며, 동몽골 부족들을 초무하고, 남쪽의 조선을 통제하는 핵심 지역이었다. 나아가 북경과 내지로 진입하는 관문이었다. 청의 제국 경략에서 동북방이 지닌 전략적 중요성은 강희제가 러시아와의 경계 교섭을 중시한 것을 통해서도 알 수 있다. 무엇보다 동북방은 청조가 중원에서 쫓겨날 경우 한인을 피해 돌아갈 최후의 보루였다.[19]

동북방에 대한 청조의 특별한 관심은 "황제의 만주 순행[東

巡]"을 통해 확인할 수 있다. 영지 순행은 고대부터 이어진 통치 방식이었으나, 청대에 이르러 절정에 달했다.[20] 특히 강희제는 이것을 황제의 통치권을 강화하는 수단으로 적극 활용했다. 강희제는 동북방을 1671년, 1682년, 1698년, 총 세 차례 방문했다.[21] 공식 목적은 "선조의 묘를 참배해 후손의 도리를 다하는 것"이었으나, 성경 일대로의 순행에는 더 중요한 동기가 존재했다. 청의 황제들에게 있어 기마는 활력과 힘을 드러내는 장치이자 내륙 아시아 민족들에 대한 강한 친근감을 드러내는 행위였다. 마이클 창Michael Chang의 표현을 빌리면, 청이 "민족 기반의 왕조 통치ethno-dynastic rule"를 실시했음을 보증하는 증거이기도 하다.[22] 만주와 몽골의 왕공, 귀족 및 팔기 병사들이 동행한 순행 중에 황제는 종종 수렵 행사를 열었다. 대규모 인원을 통솔하고 병참 계획을 세운다는 점에서 몰이사냥[圍獵]은 군사 작전과 유사한 측면이 있고, 그렇기에 기인들의 군사 대비와 기량을 점검하는 기회가 되었다.[23] 동순은 황제의 정치적 입장을 드러내는 수단이기도 했다. 강희제는 조정을 장악한 직후 성경으로 첫 순행을 떠났다. 만주 귀족들과 한인 관료들에게 제왕의 자격을 증명해야 하는 젊은 황제에게 만주 순행은 위엄을 내보일 기회, 이를테면 누르하치와 홍타이지의 묘를 참배할 기회였다. 강희제는 옛 수도에서 이와 같은 의례를 집도執導함으로써 자신이 선조들의 권위를 이어받은 청제국의 적법한 통치자라는 점을 확고히 다졌다.[24]

동북방은 정치적·군사적 측면뿐만 아니라 경제적 측면에서도 중요했다. 청 황실의 내탕금이 이곳에서 나왔다. 동북방의 풍부한 자연 자원은 여진이 국가를 이루기 시작하고, 나아가 만주인의 정치적 정체성을 형성하는 데 결정적인 요소로 작동했다. 내지에서 청조의 통치가 확립된 이후 동북방은 만주인의 법도를 보존하고 함양하는 문화적 거점이 되었다. 1644년 입관 이후 청의 만주 정책은 단순히 생계유지를 도모하는 것을 넘어 "제국의 수렵 채집" 정책을 실현하는 데 초점을 맞추었다. 데이비드 벨로는 이것을 만주를 만주족의 문화 정체성과 군사 역량을 고취시키는 고토로 보존하는 정책이라고 설명한다. 수렵과 채집이라는 문화 전통을 지키려면 한인과 만주인의 공간이 분리되어 있어야 했다. 이를 위해 동북 변경 전반에 봉금을 실시하고, 봉천奉天 동쪽과 길림 남서쪽에는 다수의 황실 사유지를 지정했다. 이처럼 만주의 봉금과 수렵 채집 정책은 한인의 동화 압박으로부터 만주인의 정체성을 지키기 위해 입관 이전의 공간적·문화적 분리 상태를 유지한 제국 차원의 전략이었다.[25]

만주인의 중원 지배가 확고해진 이후 청조는 인삼 전매제를 더욱 체계적으로 운영했다. 내무부內務府는 황실의 수요에 맞춰 인삼을 비롯한 다양한 자연 자원을 조달했다. 일반 관료 기구로부터 독립되어 황실의 재산을 전담한 내무부에는 황제의 명령을 직접 받는 상삼기上三旗, 즉 양황기·정황기·정백기 기인만 속할 수 있었다.[26] 내무부의 하위 기관 중에서 수렵과 채집을 담당한 도우사都虞司가 인삼, 진주, 꿀, 모피를 조달했다. 내무부는 인삼 전매를 위해 만주에 성경내무부盛京內務府와 부트하울라총관을 설치했다.[27] 성경내무부는 성경상삼기보오이좌령盛京上三旗包衣佐領의 후신으로 황실 사유지와 일대의 삼산을 관리했다.[28] 1667년 인삼 전매를 책임진 성경내무부는 각 기에서 50명을 차출해 매해 인삼을 채취하고 관인과 병사들이 채취 과정을 감시하도록 했다.[29] 부트하울라총관은 조직 체계상 길림장군 아래에 있었으나, 실질적으로는 북경내무부의 직할 부서였다. 17세기 중반 부트하울라총관의 관등은 6품에 불과했으나, 1698년에 이르면 황제가 직접 발탁하고 세습이 허용되는 3품 고위직으로 상향되었다.[30] 강희 연간 만주에서 수렵 채집의 관리가 중요해짐에 따라 부트하울라총관의 역할이 늘어났다. 숭가리강과 무단강 사이 일대의 모든 삼산과 위장圍場*을 부트하울라총관이 관할했다.[31] 부트하울라에서 바치는 인삼은 북경의 내무부로 직송되어 엄격한 품질 검사를 거쳤으며, 용도에 맞춰 등급이 분류되었다.[32] 부트하울라의 인삼 관리 책무는 1745년 청조가 인삼 전매를 강화하기 위해 성경, 길림, 닝구타의 인삼 관리를 총괄하는 기구를 신설한 뒤 이관되었다.[33]

내무부와 더불어 팔기 또한 채삼에 오랫동안 참여했다. 입관 이전에 진주, 초피, 인삼의 생산권은 황실 일가와 팔기의 몫이었다. 청조는 인삼을 채집할 권리를 팔기에 동등하게 배분했고, 다른 기에 배정된 삼산을 침범하는 것을 금했다. 홍타이지는 채삼 구역을 나눌 때 팔가균분八家均分의 원칙을 지키고자 했다.[34] 입관 이후 순치제는 삼산을 각 기에 계속 배정했고, 왕공의 지위에 있는 이들에게만 정해진 인원을 정해진 구역에 파견해 정해진 양의 인삼을 캐도록 허락했다. 허가받지 않은 기인 혹은 민인이 채삼을 하다 적발될 경우 처벌되었다.[35] 충페이위안叢佩遠은 팔기의 채삼 방식은 부트하울라총관의 방식과 다르다고 설명한다. 팔기가 많

* 황실과 기인의 대규모 수렵 행사를 위해 관리한 사냥터를 일컫는다.

지위	허용된 채삼 인원 (명)	허용된 채삼 양 (근)
친왕親王	140	70
세자世子	120	60
군왕郡王	100	50
장자長子	90	45
버일러貝勒	80	40
버이서貝子	60	30
진국공鎭國公	45	22
보국공輔國公	35	17
호국장군護國將軍	25	12
보국장군輔國將軍	20	10
봉국장군奉國將軍	18	9
봉은장군奉恩將軍	15	7

황실 귀족의 채삼 권리.
출처: 이마무라 도모, 『인삼사』(경성: 조선총독부전매국, 1935), 2권, 224쪽.

은 수의 병사들을 비정기적으로 파견했다면, 부트하울라에는 조정에 정기적으로 정해진 양의 인삼을 바치는 일정한 인원의 부트하장정[打牲壯丁]이 있었다. 팔기와 부트하울라에서 인삼 채취를 위해 파견한 인원은 그 수요에 따라 매해 달랐다.[36]

강희 연간에는 점점 더 체계적인 인삼 관리가 중요해졌다. 1684년 황제는 팔기에 삼산을 배정하던 관행을 중단하여 기인에게 주어진 채삼 특권을 축소했다. 황족과 귀족들에게 허용하는 채삼 인원과 수량도 감축했다. 할당량을 초과 생산할 경우 산해관에서 초과분에 대한 세금을 내게 했다.[37] 1709년에는 팔기에 남아 있던 채삼 특권마저 폐지했다. 팔기제 아래 인삼 전매를 실시하던 기존 방식이 무분별한 채취로 이어져 야생삼이 급속히 감소했고, 불법 채삼을 규제하려는 관의 노력 또한 효과를 거두지 못했기 때문이다.[38] 청조는 임시로 성경과 길림 경계의 남획이 횡행하던 삼산들을 폐쇄하고, 길림 북부와 우수리강 동쪽에서 새로운 인삼 산지를 찾으려 했다. 하지만 성경의 얼민과 할민 일대는 여전히 채삼이 허락되었다.[39] 무엇보다 기인의 채삼권을 폐지한 후에도 청조는 한인의 봉금지 접근과 채삼 규제를 완화하지 않았다. 1709년 강희제는 "인삼은 황실에 쓰임이 있으니 부족해서는 안 된다. 채삼을 만주 병사들에게만 허가하니 (불법 한인 채삼꾼들은) 체포하라"[40]라고 강력히 경고했다. 강희제는 그의 조부인 홍타이지와 마찬가지로 만주의 인삼을 만주인의 배타적 소유물로 간주했다.

장백산과 백두산

조선과 청의 접경에 위치한 청 황실의 발상지는 다양한 이름으로 불렸다. 그 산의 이름이 만주인에게는 '긴 흰 산'이라는 뜻의 골민 샹간 알린, 한인에게는 장백산, 조선인에게는 백두산이었다. 부르는 방식은 다르나 모두 산 정상이 눈에 덮여 사시사철 하얗게 보인다는 사실에 착안한 이름이다. "흰 옷을 입은 보살이 산에 살고 있다", "산에 사는 짐승들은 모두 하얗다", "산에는 하얀 꽃만 자란다" 등 민간 설화에서도 비슷한 심상을 확인할 수 있다. 장백산이라는 지명이 중국 사료에 처음 등장한 것은 요나라

인삼과 국경

(907~1125)와 금나라(1115~1234) 때이다. 백두산이라는 지명은 고려(918~1392) 초기 사료에 등장한다.[41]

요동의 패권을 장악한 직후 청의 통치자들은 장백산에 지대한 관심을 가졌다. 그들이 장백산을 존숭했음은 『만주실록Manju i yargiyan kooli(滿洲實錄)』의 첫 장에서부터 확인할 수 있다.

청 태조 아이신 기오로(누르하치)의 조상들은 장백산 출신이다. 장백산은 높이 200리, 둘레 1000리에 달한다. 나무가 매우 울창하다. 산 정상에는 둘레가 80리인 타문Tamun(闥門)이라는 작은 호수가 있는데, 깊으면서도 넓다. 얄루(압록), 훈퉁(숭가리), 아이후愛滹(두만),[42] 세 강이 이곳에서 발원한다. 얄루강은 산 남쪽에서 시작해 요동 남쪽에 있는 서해로 흐른다. 훈퉁강은 산 북쪽에서 시작해 북해로 흐른다. 아이후강은 동쪽으로 흐르고 동해로 들어선다. 세 강은 기이한 기운을 담고 있어, 이곳에서 나는 진주는 세월이 흘러도 귀한 가치를 유지한다. … 장백산 동쪽 부쿠리Bukūri산에는 불후리Bulhūri호수*가 있는데, 하늘에서 세 자매가 내려와 이곳에서 몸을 씻었다. … 막내인 퍼쿨런Fekulen은 신성한 까치가 물고 온 붉은 열매를 먹고 아이를 잉태했다. 이후 그녀는 아이를 낳았는데, 그의 성은 아이신 기오로Aisin Gioro이며 이름은 부쿠리 융숀

* 청대 만주인은 부쿠리산을 장백산맥 중 하나로, 불후리호수를 백두산 천지로 여겼다. 그러나 실제 위치는 흑룡강 인근이다. 후르하 부족에 전래된 구전 설화가 만주인의 시조 설화에 차용되는 과정에서 서로 다른 지명들이 섞인 것으로 추정된다.

Bukūri Yongšon이다.[43]

위 구절은 장백산이 만주인의 근원이라고 분명히 말하고 있다. 이를 통해 장백산과 만주인의 발흥을 연결해서 설명하는 영산 설화가 입관 이전부터 존재했음을 알 수 있다.[44] 따라서 이후 청의 통치자들에게 장백산은 의심할 여지가 없는 만주인의 강역이었다.

강희제도 이 영산에 각별한 관심을 보였다. 1677년 그는 우머너Umene(吳木訥 또는 武穆訥, ?~1690)를 파견해 장백산을 탐사하고 산에 제를 올리게 했다.[45] 이 제의는 후대에 정례화되었다. 강희제는 영산에 손수 헌시를 지어 올리기도 했다. 심지어 그는 중국 제일의 산인 태산泰山의 용맥이 장백산에서 비롯되었다고 말할 만큼 장백산의 풍수지리적 위상을 드높였다. 장백산이 만주 황실의 발상지인 만큼 중국 내 모든 산 가운데 최고여야 한다고 여긴 것이다. 영산에 대한 강희제의 관심은 장백산 주변의 지세에 대한 관심으로 이어졌다. 이로써 추진된 장백산 탐사는 황실의 위엄을 드높일 기회이자, 탐사 과정에서 획득한 지리 정보로 변방의 방비를 강화할 수단이었다.[46]

하지만 제국의 변방을 지도에 담기 위해서는 먼저 인접국과의 관계를 새로 정립해야 했다. 장백산 일대에서는 역시 이 산의 영유권을 주장하는 조선이 그 대상이었다. 조선의 풍수지리에서 백두산은 모든 산맥의 시작점인 '조종산祖宗山'으로 간주되었다. 백두산이 만주의 기를 축적해 한반도 전체에 내려보낸다고 생각한 것이다.[47] 백두산의 풍수지리적 위상은 백두산의 신비화로 이어져 한반도의 고대 왕조들의 발흥을 설명하는 장치로 곧잘 활용되었다. 예컨대 고려의 승려 일연一然(1206~89)은 『삼국유사』에서 고조선과 발해, 고구려를 비롯한 모든 한국 고대 왕조의 여러 창건자가 백두산 일대에서 탄생했다고 기록한다.[48]

조선 왕조가 들어선 이후 백두산과 북방이 이전 시기보다 더 중요해졌다. 앞선 장에서 논의했듯, 조선의 창시자들은 두만강 일대 출신이다. 『용비어천가』는 이성계의 고조부가 전주에서 이곳으로 이주했다고 설명한다. 백두산과 두만강이 위치한 함경도는 이성계 본인이 여진 정벌을 통해 왕업의 기반을 닦은 장소이기도 했다. 그렇기에 함경도는 "나라의 북문北門"이자 "흥왕興王의 땅"이었다. 청의 통치자들이 동북방을 귀히 여겼듯, 조선의 왕들도 함경도를 왕조의 신성한 발상지로 간주했다.

하지만 흥미롭게도 백두산은 18세기 중반까지 조선 왕조의 공식적인 국가 제의 장소에 포함되지 않았다. 1414년 조선 예조가 제사를 지낼 주요 산천을 선정했을 때, 백두산은 왕이 아닌 지방관들이 제사를 지내는 산에 불과했다.[49] 1437년 예조는 "백두산은 조선 경내에 있지 않다[白頭山非本國境內]"면서 제의를 중단하자고 건의했다.[50] 세종 때 편찬한 『세종실록지리지世宗實錄地理志』도 백두산을 함길(함경)도의 명산에 포함하지 않았다. 다만 "백두산에서 시작된 산맥은 철령까지 남하한다"라고 덧붙여 백두산이 한반도 모든 산의 정점이자 기원임을 시사했다. 백두산을 둘러싼 모호한 태도는 한참 뒤 현종顯宗(조선 18대 국왕, 재위 1659~74)과 조정 신료 사이의 대화에서도 확인할 수 있다. 현종이 백두산이 조선 강역에 있는지 묻자, 대신들은 "호지胡地에 있습니다"라고 답했다. 그러나 곧바로 "실상 우리 산천의 조종이기도 합니다"라고 덧붙였다.[51] 이상의 기록들은 조선 조정이 북방 지역, 특히 백두산과 두만강 일대를 조선의 통제 밖에 있는 여진의 땅으로 간주하였음을 보여준다.[52] 백두산이 조선 산천의 조종이라는 인식이 백두산은 조선의 강역이라는 주장으로 확장된 것은 한참 뒤인 18세기 중반 때이다.

실제로도 조선 초에는 백두산과 함경도에 통치권이 온전히 미치지 않았다. 조선 초에 북방으로 팽창을 시도했으나 이는 명과 합의하지 않은 독자 행동이었다. 1605년 양국은 압록강 인근에 석비를 세웠으나, 경계의 일부만을 확정했기에 북방 경계는 모호한 상태였다.[53] 산맥으로 둘러싸인 두만강 일대의 육진은 접근이 매우 제한적인 데다가 여진 강역을 향해 북쪽으로 돌출했기 때문에 조선의 군사적 통제가 거의 불가능했다. 함경도의 거친 자연환경과 제한된 접근 여건은 인구의 유입과 정착도 어렵게 했다. 이로 인해 조선 조정은 사실상 북방 영토를 포기하기에 이르렀다.[54] 함경도가 중앙 정치로부터 고립된 또 다른 이유는 여진과의 문화적 동질성에서 찾을 수 있다. 오랫동안 함경도에 거주하는 여진인은 이웃한 조선인과 통혼하며 섞였다. 그 때문에 한양의 관료들은 함경도를 문명 밖 야인의 땅으로 경시했다. 이처럼 함경도는 지리적 외지였을 뿐 아니라 문화적 외지였다.[55]

16세기 이래 조선 북방의 안정은 여진·만주인에 달려 있었다. 1592~98년 왜란과 이후 재건 시기에 조선 조정은 북방에 신경을 기울이지 못했다. 홍타이지가 일으킨 1627년, 1637년 두 차례의 전쟁에서 만주인의 진군 경로에 있던 평안도는 약탈의 대상이 되어 황폐해졌다. 위태로운 건 함경도도 마찬가지였다. 두만강 인근에 거주하며 수 세대에 걸쳐 조선에 신속했던 와르카 등 여진 부족이 요동으로 끌려가 팔기에 편입되었다. 누르하치와 홍타이지 시기 내내 두만강 인근 부족을 병탄해 만주 중심부로 흡수하는 일이 꾸준히 시행되었고, 그 결과 조선의 동북 변방은 인적이 더욱 드물어졌다.[56] 조선 조정은 북방 재건에 착수하고자 했으나, 이를 위해서는 먼저 청의 의심을 지우고 상국과의 관계를 정상화해야 했다. 청과의 관계가 경색된 상태에서는 함경도 개척이라는 위험을 감수할 수 없었다.

17세기 말 남중국에서 삼번의 난이 일어나고, 몽골에서는 차하르 릭단칸의 후손인 부르니Burni가 청의 지배에 불만을 품고 묵던을 공격했다. 청의 중원 평정 과업은 일대 위기를 맞이한 듯 보였다. 내란 소식을 들은 조선은 청조의 멸망을 고대했다. 그러나 동시에 중원의 정치적 혼란으로 인해 청이 만주로 후퇴할 경우 뒤따를 위협을 우려했다. 당시 조선에서는 정복자인 만주인이 중원을 한 세기 이상 다스리지 못할 것이라는 견해가 일반적이었다. 역사적 선례들을 토대로 한 예측은 삼번의 난을 통해 증명되는 것 같았고, 이에 조선은 청의 몰락이 임박했다고 확신했다. 또한 청조가 무너지면 만주인이 동북방의 본거지로 돌아와 조선 강역을 다시 유린할 것이라고 걱정했다.[57]

삼번의 난을 접한 직후 조선 조정에서는 만주인에 대한 적의가 불타올랐다. 반란 소식에 상기된 일부 대신은 이를 복수의 기회로 삼고 공세 조치를 취해야 한다고 주장했다. "오삼계의 난은 의로우니 우리 또한 이를 기회로 삼아 삼전도의 치욕을 갚아야 할 것입니다. 그러니 어찌 우리가 (삼번의 난을) 진압할 군대를 보내 (청을) 도울 수 있겠습니까!"[58] 북경과 성경을 방문한 조공 사행은 청의 형세를 파악해 알려왔다. 1682년 사행을 마치고 돌아온 윤이 제尹以濟(1628~1701)는 숙종에게 다음과 같이 보고했다.

성경에는 방벽이 굳건하며 지키는 이가 많습니다. 하지만 북경의 성문과 태화전太和殿은 무너진 채 아직 복구되지 않았습니다. 신이 볼 때, 그들(만주인)은 후퇴를 준비하고 있기에 (산해)관내의 문제를 신경 쓰기보다 근거지인 성경과 닝구타 주변을 신경 쓰는 것으로 사료됩니다. 그렇기에 남부를 평정하겠다는 그들의 주장은 믿을 바가 못 되옵니다. … 들은 바에 따르면 황제(강희제)는 친왕의 만류에도 불구하고 희봉구喜峰口에서 큰 수렵 행사를 준비하고 있다 하옵니다. 몽골 부족들에게 청의 군사력을 과시하려는 심산인 듯합니다.[59]

나아가 그는 청의 역관 이일선李一善을 인용해 "매우 어려운 형세가 곧 닥칠 것"이라고 고했다. 숙종은 당시의 상황을 보며 다음과 같이 근심했다. "몽골이 창궐하면 천하가 크게 어지러워질 것이다. 조선만 해를 입지 않으리라는 보장이 있겠는가?"[60]

이처럼 청의 중원 경영이 혼란을 빚는 상황에서 조선 조정은 북방으로 나아가지 못했다. 평안도나 함경도의 개척과 개발을 둘러싼 논의는 중원에서 청의 지배가 확고해지고 조청 관계가 본궤도에 이르고 나서야 본격적으로 이루어졌다.[61] 사실 조선 조정에도 북방 개척과 수호의 중요성을 주장하는 목소리가 존재했다. 함경도관찰사를 지낸 남구만南九萬(1629~1711)은 북방 변지邊地를 지키는 것이 한양에 방어 시설을 구축하는 것보다 더 나은 전략이라고 주장했다. 그는 만주인이 중원에서 밀려나면 조선의 북방을 거쳐 본거지로 돌아갈 것이라는 '영고탑 회귀설'에 반대했다. 그가 볼 때 만주인은 외국의 낯선 길 대신 성경에서 닝구타로 가는 익숙한 길을 택할 가능성이 컸다. 따라서 그는 조선은 북방 개척에 힘써야 한다고 주장했다.

> (청의 「성경도盛京圖」가) 우리의 땅으로 여기는 곳에조차[以爲我界者] 진을 설치할 엄두도 내지 못한 채, 그곳을 내버려두고 사람이 살지 않는 수풀이 우거진 곳으로 만들었습니다. 그리하여 인삼을 캐는 백성들이 들락날락 오가며 국경을 범하더라도 그들을 어찌하지 못하게 되었습니다. 지금 이 일을 논하는 자는 단지 백성의 범월죄만 염려할 뿐, 땅을 버려두는 것이 더 심한 잘못인지 모르니, 참으로 통탄할 따름입니다.[62]

조선 조정은 북방을 개척해 방비에 힘써야 한다는 남구만의 주장을 받아들여 1670년대에 압록강의 군영을 복설復設하고 개간을 장려했다. 하지만 이는 곧 중단되고 말았다. 대신들 대다수가 북방 개척이 야기할 문제를 우려했기 때문이다. 구체적으로 그들은 북방에 길을 내면 적의 침입이 쉬워지고, 압록강과 두만강 일대를 개간하면 방비가 허술해져 더 많은 범월을 유발할 것이라고 염려했다. 결국 1685년 변방의 백성들이 압록강을 몰래 건너고 있다는 보고가 당도하자, 조정은 북방의 도로와 진을 즉각 폐쇄했다. 이로써 조선의 북방 개척은 청과의 관계가 새로 정립될 때까지 유예되었다.

장백산 탐사

강희제가 청-조선 국경지대의 지리 측량을 착수한 데는 장백산에 대한 정치적·역사적 관심 외에 또 다른 동기가 있었다. 바로 지속적으로 경계를 넘어오는 조선인들이다. 조선 조정은 무수한 범월 사건과 뒤이은 청 당국과의 범월자 송환 논의를 기록으로 남겼다. 청 황제는 범월 문제를 처리하기 위해 조선에 빈번히 사신을 보냈으며, 경계를 철저히 단속하라는 자문咨文을 수시로 보냈다. 심지어 조선 국왕과 신하들이 범법자들을 신문하고 처벌을 결정하는 자리에 청의 사신이 참석하기도 했다. 조선 측은 처벌 수위를 재가받기 위해 청 조정에 보고했다.[63] 조청 관계는 1660년대부터 점차 안정되었고, 북경에서 한양으로 파견되는 사신도 이전보다 줄었다. 이제 범월한 인원이 적을 경우에 한해서는 조선이 독자적으로 사건을 조사한 후 보고하게 했다. 관할 지방관의 처벌도 경감되었다. 1647년 청의 사신은 조선 조정에 범월 관리를 소홀히 한 지방관을 처형하라고 요구했는데,[64] 이후 처벌은 점차 강등이나 해임으로 대체되었다. 범월자 처벌도 종종 황제의 사면으로 경감되었다.[65]

조선 조정은 범월 문제로 인한 충돌을 가능한 한 피하려 했다. 청의 태도가 얼마나 관대해졌든 범월 문제는 언제나 조선을 골치 아프게 만들었다. 조선 조정은 특히 청의 사신이 오는 일만큼은 피하고자 했다. 사신의 방문을 통해 군사 시설과 전략적 요충지가 노출될 수 있기 때문이다. 이러한 상황에서 조선 조정이 할 수 있는 최선의 조치는 범월자를 엄벌해 청조의 비난을 예방하는 것이었다. 1672년 조선 조정은 세 차례 범월을 저지른 이들을 효수하기로 했고, 1686년에는 처벌을 강화해 초범이라 할지라도 압록강변에서 효수했다. 또한 범월을 막기 위해 채삼 금지령을 내렸다. 해당 법령은 1746년 편찬된 『속대전續大典』에 포함되었다.[66]

많은 범월 사건 가운데 1685년의 삼도구 사건은 특히 강희제가 조선과의 관계를 어떻게 이해했는지를 잘 보여준다. 월경 단속에 태만한 것을 문제 삼아 2만 냥의 벌은을 요구한 데서 알 수 있듯 황제는 조선을 의심했다. 과거에 명조도 벌은을 부과했지만 내지의 봉신들에게만 적용했을 뿐 번국인 조선에 요구한 적은 없다.[67] 강희제가 유례없이 엄벌한 배경에는 삼번의 난 이후 팽배해진 조선의 반청 정서가 있었다. 강희제와 만주 관료들은 조선이 청조의 쇠락을 바라고 있으며, 심지어 대만의 정씨왕국 같은 반청 세력과 협력을 도모하고 있을지 모른다고 여겼다. 조선에 대한 청의 의심과 불신은 1679년의 사건을 통해서도 확인할 수 있다. 당시 황제는 조선 사행이 가져온 국서가 예를 지키지 않았다고 비판했다.[68] 삼번의 난을 진압한 직후 청조는 이를 빌미 삼아 1만 냥의 벌은을 매겨서 조선 조정에 경거망동하지 말라고 경고했다.[69] 이후 1683년과 1685년 강희제는 중강, 회령, 경원의 시장을 일시 폐쇄해달라는 조선의 요청마저 거절했다. 황제의 의중은 확고했다. "외국을 다스릴 때는 엄격함과 타이름이 균형을 이루어야 한다. 조선인들은 타고난 성정이 교활하여 종종 거짓을 말한다. 우리가 그들의 청을 들어준다면, 그들은 이후로 끊임없이 조르기만 할 것이다."[70]

삼도구 사건 이후 강희제는 장백산과 인근 강역에 대한 지리 측량을 결심했다. 이를 위해서는 현지 지리에 익숙한 조선인 길잡이가 필요했기에 그는 1691년 조선 조정에 공동 탐사를 제안했다. 조선 왕에게 보낸 국서에서 황제는 『대청일통지』를 편찬하려 하나 성경과 닝구타에 있는 자료들이 모두 부정확하다고 설명했다. 그리고 "의주와 두만강 남부는 모두 조선의 강역 안에 있으므로 접경 지역[接壤地方]에 익숙한 백성이 필히 있을 것이니 … (조선 조정은) 이들을 찾아 대국의 사신을 영접할 수 있도록 역참에 대기시키라"[71]라고 명했다. 강희제의 유지諭旨를 받은 조선은 의주에서 장백산까지의 길이 모두 폐쇄되어서 인마人馬가 접근하기 어렵다고 답했다. 그러자 황제는 조선의 소극적인 태도를 힐난했다. "나의 신하들이 장백산 일대를 순시하다 순찰 나온 조선 병사들을 보았거늘, 일대의 지리에 익숙한 조선 백성이 없다는 것이 가당키나 한가?"[72]

1710년 조선 조정을 압박할 기회가 다시 찾아왔다. 평안도 위원 출신의 조선인 이만지가 몰래 강을 넘어가 청의 상인들을 죽이고 상해한 뒤 인삼을 가로채는 사건이 발생했다. 강희제는 즉각 북경에 와 있던 조선 사신을 불러서 해당 사건이 일어난 지역에 대해 물었고, 위원과 청 사이의 거리도 확인했다. 그리고 이듬해에 장백산과 그 일대를 탐사할 사신을 파견하며 다음과 같이 명했다.

조선의 관료들과 함께 강을 거슬러 올라 (장백산) 일대를 조

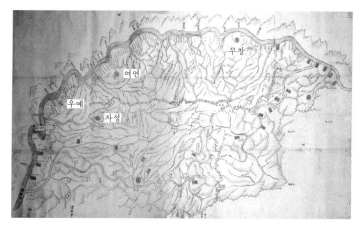

사하라. 중국에 속한 땅[中國所屬地方]을 경유해 가며, 조선
관료들이 청의 경내에서 합류한다면 그들도 지날 수 있도록
하라. 길이 지나기에 험하다면 조선의 경내에 들어서도록 하
라. 이번 기회를 통해 일대를 철저히 측량하고 경계를 살펴,
알게 된 바를 고하라.[73]

조선 조정은 강희제의 제안을 반기지 않았다. 조선이 보기에
거듭된 장백산 방문과 지세 조사는 유사시 만주인이 이곳으로 후
퇴하는 상황을 예고하는 것처럼 보였다. 여기에 대한 조선의 의구
심은 일찍이 1680년에도 피력되었다.

효종께서는 일찍이 만주인이 성경을 통해 후퇴할 경우 반드
시 몽골에 의해 저지당할 것이기에 우리 조선의 땅인 의주,

양덕陽德, 맹산孟山, 함경도를 경유해 그 본토로 향할 것이라고 말씀하셨습니다. … (만주족은) 본거지로 돌아갈 때 우리의 강역을 지나갈 것입니다. 그들이 산에 제의를 올린다[致祭]는 핑계로 일대를 살피고, 우리에게 길을 넓히라고 요구하고, 백두산 남쪽도 자신들의 땅이라 주장하는 것은 이 때문입니다. 만약 패한다면, 그들은 필히 우리의 강역을 거쳐 그들의 본토로 돌아갈 것입니다.[74]

조선 조정의 분위기를 고려할 때, 1691년 강희제의 공동 탐사 제안이 환영받지 못한 것은 당연하다. 조선 조정은 경계의 지세를 조사하자는 청의 요구를 거부했을 뿐만 아니라 자국의 정보가 유출되지 않도록 만반을 다했다. 1698년 닝구타의 청 관료가 경원과 회령 인근을 조사해 촌락들의 지리 정보를 지도에 담아 가자, 조선 조정은 청 관료에 협력한 조선 역관 두 명을 효수했다. 이후 이를 국법으로 정하고 누구라도 조선의 길을 외부인에 알리면 처형했다.[75]
조선 대신들은 강희제가 합동 탐사를 제안한 동기를 의심했다. 찬선 이현일李玄逸은 숙종에게 다음과 같이 불만을 토로했다. "그들이 『일통지』 찬수를 위해 산하의 지형을 알고자 한다면, 우리에게 측량과 지도 제작을 분부하면 될 일입니다. 번거롭게 여러 사자를 보내 외국의 강토를 두루 다니게 할 것이 있겠습니까? … 그들이 우리를 말로 속이는 것입니다."[76] 그런데 사실 청조는 지리 측량 과정에서 조선의 강역을 침범하지 않을 것이라고 분명히 설명했다. 1712년 강희제는 조선 조정에 국서를 보내 자국 경계의 지세만을 살필 것이며, 청 경내의 길이 아주 험할 경우에만 조선의 도움을 구한다고 말했다.[77] 그러나 황제의 보증에도 불구하고 조선의 의구심은 가라앉지 않았다. 조선 조정은 경계의 지형을 살피기 위해 황제가 파견한 사절을 영접하되 북방에 관해서는 어떠한 정보도 제공하지 않기로 했다. 대신 사절과 청 황제에게 압록강과 두만강이 양국의 경계이며 "그 이남 모든 땅이 조선에 속한다"는 사실을 납득시키고자 했다.[78]

묵덩의 파견

예수회 선교사들은 청조가 추진한 다른 지도 제작 사업에는 관여했으나 장백산 탐사에는 참여하지 못했다. 조선의 분위기를 알고 있던 강희제는 조선이 서양인의 출입을 허용하지 않으리라는 것을 인지했다. 그렇기에 조선과의 경계를 다룬 지도는 부트하울라총관인 묵덩과 한인 수학자, 그리고 예수회 선교사들에게 훈련받은 지리 측량조가 맡게 되었다.[79] 1711년 이루어진 묵덩의 첫 번째 장백산 탐사는 조선 조정과 지방관들의 조직적인 훼방에 가로막혔다. 묵덩을 상대한 조선인들은 산행의 위험성을 강조하며 그를 만류했다. 설득이 실패하자, 탐사대를 부러 위험한 길로 인도하고 정확한 정보를 제공하지 않는 등 비협조적인 태도를 보였다. 결국 묵덩은 첫 번째 탐사에서 목표를 이루는 대신 앞니만 부러지고 말았다.[80]

1712년 두 번째 탐사에 나선 묵덩은 의주로 가서 자신이 황제의 뜻[聖旨]을 받들고 왔다고 분명히 했다. 더해서 탐사의 목적은 청과 조선의 경계를 정해 "간악한 이들이 경계를 어지럽히는 일을 방지하는 것"[81]이라고 설명했다. 그는 조선의 접반사 박권 朴權(1658~1715)에게 경계를 알 수 있는 문서나 정보가 있는지, 또한 장백산 남쪽에 조선의 군영이 있는지 물었다. 박권은 그런 것은 없다고 답변했다.[82] 탐사를 시작한 직후 박권은 묵덩에게 자신은 수풀이 무성한 가파른 산을 오르기 힘드니 역관과 안내인을 대신 보내자고 제안했다. 하지만 묵덩은 직접 가겠다고 주장했다.[83] 조선인 역관의 도움을 받아 강줄기를 거슬러 오른 끝에 묵덩은 압록강의 물길을 지도에 담는 데 성공했다. 하구는 강폭이 매우 넓었지만 수원지인 산 정상으로 갈수록 강폭이 좁아지면서 손쉽게 강줄기를 쫓아 오를 수 있었다. 하지만 산의 맞은편은 상황이 달랐다. 산 동편의 물줄기는 지하로 사라지거나 여러 갈래로 갈라졌다. 장백산 정상에서 두만강 탐사를 시작한 묵덩은 수원을 확정하는 데 어려움을 겪었다. 그는 결국 동쪽으로 흐르는 물줄기 한 곳에 두만강의 분수령을 표시하는 석비를 세우고 이렇게 적었다.

대청의 울라총관 묵덩은 황명에 따라 경계를 조사했다. 여기로부터 서로는 압록강이 있고, 동으로는 두만강이 있다. 그렇기에 1712년 6월 18일(강희51년 5월 15일) 이곳에 석비를 세워 글을 새긴다.[84]

정계비를 세운 것과 별개로 묵덩은 조선 관료에게 경계를 알아볼 수 있는 울타리 설치를 요구했다. 그런데 두만강은 수원에서 수십 리를 지하로 흐르다, 넓지만 옅은 개울로 다시 약 100리가량

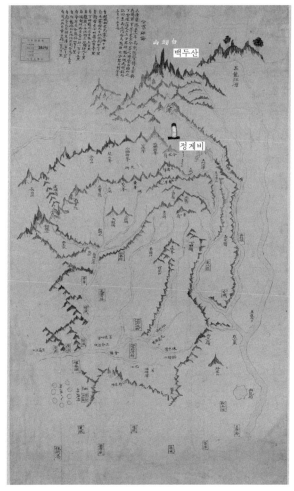

「백두산정계비 지도」.

연도 미상, 필사본, 서울대학교 규장각한국학연구원 소장(청구기호: 奎26676).

이어진다. 이로 인한 혼란과 범월을 방지하기 위해 목덩은 조선 측에 경계를 지킬 방안을 고심하라고 당부했다.[85] 그다음 달 길림으로 떠나기 전 그는 장백산 지도 사본을 조선 숙종에게 보냈다.

지도를 받은 숙종은 강희제의 공덕을 기리는 표문을 바쳤다. "지난여름 대국의 사신이 외국(조선)을 번거롭게 하지 않으면서도 변경의 경계를 바로잡아 주었습니다. 황덕으로 간악한 백성들이 경계를 어지럽히는 근심을 없앨 수 있게 되었으니 저희 소국의 군신은 머리를 모아 감송感頌할 뿐입니다. ··· 강을 경계로 삼아 산의 남북을 표시하게 했습니다."[86]

이듬해인 1713년에는 묵덩이 직접 한양으로 왔다. 그는 자신의 지도를 보완할 목적으로 숙종에게 장백산의 지도와 조선 전역의 지도를 요구했다.[87] 숙종과 신료들은 조선의 지세와 관련된 자세한 정보를 공개하지 않으면서도, 황명을 따라야 했다. 영의정 이유李濡는 숙종에게 "비국備局*의 지도는 너무 자세하므로 내보일 수가 없습니다. 근래에 얻은 한 지도가 상세하지도 않고 간략하지도 않지만 백두산의 물줄기를 잘못 나타내고 있으니, 마땅히 이 지도를 내보여야 합니다"[88]라고 고했다. 묵덩은 해당 지도의 사본을 만든 뒤 "하나는 가져가고, 하나는 남겨 우리의 명성이 이곳에 퍼지도록 하겠소"[89]라고 말했다. 이상 총 세 번에 걸친 조선 방문 끝에 묵덩은 임무를 완수했다.

묵덩의 길고 험난했던 여정이 청과 조선 사이의 경계 문제를 모두 해결한 것은 아니다. 오히려 논쟁의 새로운 국면을 열어젖혔다. 핵심은 두만강 수원의 위치였다. 묵덩이 떠난 이후 두만강을 따라 목책을 세운 조선 관리들의 보고를 통해 비석을 세운 곳이 수원지가 아니라는 사실을 인지한 조선 조정은 진퇴양난에 빠졌

* 조선 중·후기 군국의 사무를 맡아 처리한 비변사의 약칭이다.

다. 묵덩의 지침을 따른다면 목책이 청국 영내에 잘못 설치될 것이고, 그의 소견을 무시하고 자의적으로 목책을 세운다면 청과의 관계에서 문제가 발생할 터였다. 그렇다고 황제에게 묵덩의 조사가 틀렸다는 사실을 알리면 그가 곤경에 처할 것이 자명했다. 또한 청조가 다시 관리를 파견해 재조사하면 자국 영토를 상실하게 될지도 모를 일이었다.[90] 심사숙고 끝에 조선 조정은 청 황제가 아닌 묵덩에게 경계에 목책을 두르는 일의 어려움을 알렸다.[91] 청 황제의 화를 돋우지 않고 묵덩을 납득시켜서 자국의 강역을 지키려 한 것이다.

조선이 묵덩의 탐사 결과에 민감하게 반응한 것과 달리 청조는 별다른 반응을 보이지 않았다. 강희제와 후대 황제들이 묵덩이 세운 석비의 위치를 검토한 기록조차 보이지 않는다. 이 사실이 19세기 말 국경 교섭 과정에서 알려지면서 정계비가 설정한 국경의 정당성을 약화시켰다. 한편 묵덩 또한 자신이 두만강의 수원을 착각했다는 사실을 크게 개의치 않았다. 조선인 역관 김지남金指南이 장백산 지도의 사본을 요구했을 때 묵덩은 관대하게 "만약 (산이) 대국의 강역이라면 (사본을 건네는 것이) 불가했을 것이나, 조선의 영내에 있기에 (사본을 주는 데) 어려울 것이 없다"[92]라고 답했다. 더해서 두만강 수원을 확정한 이후 묵덩은 "이곳은 당신 조선인들이 본래 생각한 곳보다 10리 더 북쪽에 위치해 있으니, 실로 조선이 영토를 얻게 된 것이다"라고 말했다. 묵덩과 함께한 조선인들은 이를 듣고 기뻐하며 그의 결정을 더 이상 의심치 않았다.[93]

이후 묵덩은 조선에 정계비의 위치에 대해서는 걱정할 필요가 없으며, 자신은 다시 조사하지 않을 것이라고 분명히 말했다. 또한 농번기에는 변경민들로 하여금 목책을 치게 하지 않아도 된다고 덧붙였다.[94] 이듬해에 조선에 와서도 정계비에 관해 일언반구 언급하지 않았다. 이로써 조선 조정도 청이 정계비 위치를 신경 쓰고 있지 않음을 알게 되었다. 당시 조선의 관료 홍치중洪致中이 묵덩이 세운 비석이 매우 작아 견고하지 않고 심지어 새긴 글자도 정밀하지 못함을 두고 "황제의 행신幸臣인 묵덩이 공력功力을 다하지 않았음을 알 수 있다"[95]라고 보고했다. 그러나 청이 무심한 태도를 보이자 조선도 이 문제를 더 이상 거론하지 않았다. 그 결과 조사와 논의가 끝난 뒤에도 두만강의 수원, 즉 청과 조선의 경계는 불명확했다.

장백산 탐사와 모호하게 남은 두만강 수원을 "묵덩의 무지와 강희제의 무관심"[96]이라는 관점에서만 접근한다면 그 내막을 온전히 파악하기 어렵다. 보다 중요하게 고려해야 할 것은 두 나라 사이 조공 관계의 특수성이다. 종래의 해석에서는 조공국을 자결권이 결여된 수동적 객체로 여긴다. 하지만 조선 조정은 강희제의 장백산 탐사 제안을 무비판적으로 수용하지 않았다. 오히려 황제가 조선의 영토를 잠식하려는 것이 아닌지 의심했다. 이러한 조선의 우려는 반청 정서와 밀접한 연관이 있었다. 조선은 '만주인 오랑캐'의 중원 정복으로 중화 문명이 상실되거나, 적어도 크게 손상되었다고 여겼다. 그렇기에 조선이 그 맥을 이어 중화를 오랑캐로부터 보호해야 한다고 믿었다. 그리하여 청의 조공국으로서 의무를 다하면서도 온전히 청을 상국으로 받들지 않았다.[97] 장백산 탐사 당시 조선의 관료들이 유순한 번국의 신하처럼 행동하지 않고 오히려 묵덩의 임무를 방해했던 것도 같은 맥락이다. 앙드레 슈미드의 설명처럼 "조선 조정은 강희제의 요청에 '억압된 반항심subdued defiance'을 표출"했고, 이는 "조선이 종속적이고 충성스러운 속국이라는 중국 중심적 관념"[98]에 대한 훌륭한 반례이다.

한편 청조는 자국의 영토 경계와 조선과의 정치적 관계를 설정하는 과정에서 상이한 태도를 취했다. 강희제와 그가 조선에 파견한 사신들에게 두만강 수원의 정확한 위치, 즉 제국의 정확한 영토 경계는 핵심 사안이 아니었다. 장백산 탐사는 그 자체로 청이 조선의 상국임을 드러냈다는 데 그 의미가 크다. 번국과의 관계를 올바로 세우고 경계를 명확히 하는 일은 그 자체로 천조의 권위를 내보이는 일이다. 즉 이들에게는 황제의 덕과 위엄을 드러내는 것이 국경선을 긋는 일보다 중요했다. 이런 관점에서 볼 때 대국이 이웃한 소국과 고작 십수 리에 불과한 땅을 두고 다툴 필요는 없다. 두만강 상류의 경계가 분명하지 않다고 해서 황제의 권위가 손상되지 않는다. 조선 조정은 이러한 청의 태도를 자신의 목적에 맞게 해석하고 십분 활용했다. 상국의 요구에 따라 조사에 참여한 것으로 청의 명분에 응했다면, 조사 과정에서 청의 관료들에게 부정확하고 모호한 정보를 제공하여 강역 수호라는 실리를 얻었다. 양국의 서로 다른 입장이 맞물림에 따라 묵덩의 장백산 탐사는 양국 사이에 국경지대를 형성하는 것으로 마무리되었다. 중요한 점은 조공 관계가 유지되는 한 양국 모두 이 국경지대를 용인할 의사가 충분했다는 사실이다.

공유된 상징, 분리된 경계

1712년의 탐사는 청 황실과 장백산의 결합을 강화했다. 강희제의 손자인 건륭제는 조부의 발자취를 따라 만주를 순행하고 예를 표했다. 1743년 첫 번째 동순을 마친 그는 묵던의 장대함을 찬양하는 「성경부盛京賦」라는 제목의 시를 지었는데, 거기에 장백산에 대한 경외도 담았다. "우리 위대한 청조는 장백산에서 발상했다. 기이한 기운들이 모인 그곳은 가장 빛나며 길한 곳이다."[99] 묵던과 장백산을 직접 연결함으로써 건륭제는 만주어의 상실과 상무 정신의 감소 등 기인의 한인 문화로의 급진적 동화에 맞서 "만주인의 민족 자부심에 다시 불을 붙이고 전통 법도를 지키는 일을 고무하고자 했다."[100] 그의 치세 말기인 1783년 발간한 『만주원류고滿洲源流考』에는 만주인과 장백산 사이의 불가분성이 더욱 강조되었다. 황제는 만주인의 역사와 문화를 다룬 책의 첫 장에 "금나라의 선조는 백산과 흑수가 있는 완안부의 땅에 거주했다"라고 썼다. 나아가 그는 청조가 받은 천명을 설명하기 위해 퍼쿨런의 일화를 소개한다. 골자는 하늘의 선녀인 퍼쿨런이 장백산에 있는 불후리호수에 내려와 먹은 붉은 열매의 축복을 받아서 청조의 혈통이 시작되었다는 것이다.[101] 패멀라 크로슬리의 지적처럼 아이신 기오로 가문이 실제 장백산에서 기원했을 가능성은 낮다. 그러나 건륭제는 동북방에서 오랫동안 존숭된 장백산의 신화를 조상 설화에 덧입히길 원했다.[102] 18세기 전반에 걸쳐 장백산은 청제국의 상징이자 권위의 원천으로 간주되었다.

청조가 예견하거나 원하지는 않았으나 1712년의 장백산 탐사는 조선에 매우 중요한 변화를 가져왔다. 탐사는 백두산에 대한 조선인들의 관심을 고취시켰다. 18세기 이전의 조선인은 백두산을 한반도 산천의 조종으로 여기기는 했으나 조선의 강역이라고 생각하지는 않다. 백두산에 대한 모호한 입장이 1712년의 탐사를 계기로 '백두산은 조선의 땅'이라는 확신으로 변모했다. 공동 탐사와 정계비 건립을 통해 조선인들은 청조가 압록강과 두만강 이남의 땅을 조선의 강역으로 인정했고, 따라서 영토 주권을 더 강력히 주장해야 한다고 여기게 되었다. 영토성에 대한 조선의 확신은 백두산과 북방에 대해 고취된 관심을 통해 가장 명확히 표출되었다.

1761년 조선 조정에서 나라의 악독嶽瀆*을 살피고자 했을 때 예조판서 한익모韓翼謩는 백두산을 북악北岳으로 부르자고 제안했다. "우리의 북방 강토는 왕조의 발상지입니다. … 백두산으로부터 비롯되지 않은 산천이 없습니다. 이 산은 나라의 조종임이 틀림없습니다."[103] 그의 주장은 백두산과 왕실의 발상지인 함흥의 지위를 격상시켜서 왕권을 강화하려 한 영조의 의중과 일치했다. 강희제가 동순과 장백산 제의를 황제의 권위를 과시하는 기회로 삼았듯, 영조도 백두산 제의와 함흥본궁**의 제향을 통해 왕권 강화를 꾀했다. 하지만 청의 관료들과 달리 조선의 대소 신료는 왕의 뜻을 따르지 않았다. 그들은 외국 영토[胡界]에 가까운, 게다가 오르기 힘든 산 정상에서 제를 치르기 어렵다고 반대했다. 또한 청 황제의 봉신인 조선 왕이 봉역 밖에서 의식을 치르는 행위

* 국가적 차원에서 제사를 지낸 큰 산과 강을 지칭한다.
** 이성계가 즉위 후 조상이 살던 집터에 세운 사당이다. 훗날 퇴위 후 자신도 이곳을 거처로 삼았다.

는 예에 맞지 않는다고 덧붙였다.[104] 이 논쟁은 네 달간 결론을 내지 못한 채 지속되었고, 영조는 이 문제를 다시 거론하기 위해 6년을 기다려야 했다.

1767년 백두산 제의 논의가 다시 점화되었다. 영조는 자신의 견해를 전보다 더 강하게 주장했다. 그는 원로대신에게 백두산을 흥왕의 땅으로 묘사한 『용비어천가』의 대목을 읽게 하여 왕권 강화에 대한 자신의 결심을 드러냈다. 그러나 반대 목소리도 만만치 않았다. 그중 예조판서 홍중효洪重孝(1708~1772)는 다음과 같이 의견을 밝혔다.

> 백두산이 우리나라 산맥의 근간이기에 제를 올려야 한다는 논의가 이루어지고 있습니다. 하오나 『예기禮記』는 "제후는 자신의 봉역 안에서 산천에 제를 올려야 한다"라고 규정하고 있습니다. 신은 이 산이 과연 나라 안에 있는지 모르겠습니다. 묵덩이 일전에 분수령에 비석을 세워 경계로 삼았는데, 그곳에서 백두산까지의 거리가 거의 하루 길이나 되니 (그 산이) 우리 경내에 있다고 얘기하기 어렵습니다.[105]

그의 발언은 1760년대 말 조선의 관료들이 여전히 백두산을 조선 강역으로 간주하지 않았음을 보여준다. 그러나 영조도 이번에는 뜻을 굽힐 마음이 없었다.

> 과인이 경에게 읽힌 『용비어천가』의 첫 장에 "우리 시조의 본향은 경흥이다"라고 나와 있다. 이는 백두산이 조선 강역 안

에 있음을 보여주는 명백한 증거다. 설령 우리 땅이 아니더라
도 (시조에 대한) 존숭을 보이기 위해 마땅히 제사를 지내야
할진대, 우리 땅에 있으니 두말할 필요가 무엇 있겠는가.[106]

이후 영조는 신하들에게 백두산에 제사를 올리고 제문을 작
성하라고 명했다. 마침내 1768년 백두산에서 조선 왕실이 주관하
는 첫 번째 제의가 이루어졌고, 산의 공식적인 이름도 북악이 되
었다.[107]

백두산에 대한 조선 조정의 관심은 곧 북방 전반으로 확대되
었다. 이것이 1712년 탐사가 불러일으킨 두 번째 변화라고 할 수
있다. 조선 조정은 범월을 막기 위해 한때 사군을 설치했다 폐쇄
한 폐사군의 출입을 오랜 기간 금하며 압록강 상류 지역을 공한지
로 만들었다. 하지만 영조 연간에 이르러 압록강 상류를 개간하자
는 논의가 재개되었다. 영조는 북방 개척으로 변방의 안정을 강화
할 수 있다는 주장에 동조했다. 그러나 대다수 조정 신료는 경계
에 인파가 몰릴수록 더 많은 범월이 발생할 것이라고 반대했다. 결
국 범월과 이에 따른 청과의 분쟁을 피하기 위해 압록강과 두만
강 인근 지역을 공한지로 두어야 한다는 원론이 유지되었다.[108] 경
계의 완충지가 조선 강역을 보호해줄 것이라는 믿음은 이후 19세
기가 끝날 때까지 유지된다.

압록강 상류 일대를 개간하는 문제는 정조正祖(조선 22대 국왕,
재위 1776~1800) 치세에 재차 거론되었다. 무산茂山의 선비 남재흥
南再興이 폐사군을 비롯해 북방의 비옥한 땅을 방치했던 상황을
혹평하는 긴 상소를 올렸다.

폐사군은 … 땅이 광활하고 비옥합니다. 지세는 평평하고, 기후는 온화하며, 오곡은 잘 익으니 낙토樂土와 같습니다. 하지만 고려 말부터 (조선) 초까지 그 맞은편을 여진야인이 점거했고, 그로 인해 사군도 버려진 채 개척되지 않았습니다. 청이 웅비한 이후 (압록)강 인근에 살던 호인은 모두 떠났습니다. 그로부터 140~150년 동안 넓게는 1000리에 이르는 압록강 이북 땅이 비어 있고 호인의 흔적은 찾아볼 수 없습니다. 강 이남은 우리의 비옥한 땅인데 공연히 버려져 있으니 진실로 애석한 일입니다.[109]

이 시기 북방에 대한 관심을 군주와 조정 신료뿐만 아니라 사대부 전반에서 찾을 수 있다. 18세기 말에는 사대부들이 국왕보다 더 북방과 영토 경계에 몰두해 있었다. 이익李瀷(1681~1763), 신경준申景濬(1712~81), 홍양호洪良浩(1724~1802) 등 실학을 주도한 일부 학자들은 1712년 장백산 탐사와 정계비 건립으로 청과 조선의 경계가 그어졌고, 그로써 조선이 강역을 상실했다고 여겼다. 영토 상실에 대한 관념은 청과 조선 경계는 두만강이 아닌 더 북쪽을 기준으로 삼아야 한다는 전제 위에서 일종의 고토 회복주의 사상으로 발전했다. 일부는 흑룡강이, 어떤 이는 두만강 이북 700리가 경계의 기준이라고 주장했다. 두만강을 경계로 수용한 이들조차 조선이 두만강 이북 수백 리를 상실했다고 믿었다. 그들은 실지를 회복하기 위해 압록강 상류의 폐사군과 두만강의 육진을 복설하고 군의 방비를 단단히 해야 한다고 주장했다.[110]

조선의 북방 영토에 대한 주권을 주장한 유학자와 문신들 가운데 가장 잘 알려진 인물은 정약용丁若鏞(1762~1836)이다. 그는 『아방강역고我邦疆域考』에서 조선이 14세기 말부터 북방을 자국의 강역으로 다스려 왔다고 주장했다. 그에게 영토성은 곧 국가의 본질이며, 따라서 북방 영토를 회복하는 것보다 중요한 일은 없었다. 또한 압록강과 폐사군의 방치는 안보적 측면에서 끔찍한 실수였다. 그는 18세기 조선의 국왕들이 여진을 정벌하고 두만강을 지키기 위해 군사를 일으켰던 15세기 선대 국왕들을 본받아 북방 영토를 지키는 데 힘을 쏟기를 바랐다.[111]

1793년 조선 조정은 마침내 압록강 유역을 개척하기로 결정했고, 곧 폐사군의 일부에 고을을 설치했다. 평안도의 지방관들은 인구 이주와 토지 개간이 군영 설치보다 더 효과적임을 인정했다. 이곳으로 온 개척민에게는 3년간 세금을 면제하고 채삼을 허가했다. 그러자 북방으로의 이주가 증가했다.[112] 인구가 계속해서 증가하자 1823년 조선 조정은 마침내 이곳에 지방관을 새로 배정했다.[113] 오랜 기간 조선 강역 밖 호인의 땅으로 여겼던 백두산과 압록강, 두만강 일대가 19세기 초에 이르러 조선의 행정적 통치 아래 병합되었다. 1712년 탐사 이후 한 세기가 지난 시점에 조선은 북방에 대한 주권을 온전히 행사하게 되었다.

*

조선인의 범월과 불법 채삼이 유발한 1712년 장백산 탐사에서 청조는 두 가지 목표를 추구했다. 하나는 조선에 대한 청의 우위를 드러내는 것이고, 다른 하나는 조선과의 영토 경계를 명확히 하는 것이다. 전자의 본질이 조공 관계라면, 후자의 본질은 영토성과 주권이다. 두 목표를 이루기 위해 청의 주도 아래 장백산 탐사가 실시되었다. 여기에서 청은 신성한 고토의 지리 정보를 수집하는 데 성공했다. 하지만 조선과의 경계를 명확히 정하지 못했고, 두만강 수원의 위치와 청 강역의 경계는 모호한 상태로 남았다. 그 결과 양국 사이에 국경지대가 형성되었고, 이 국경지대는 조공의 틀 안에서 허용되고 규정되었다.

흥미롭게도 청이 주도한 장백산 탐사를 통해 영토성과 주권에 대한 인식이 확장된 쪽은 조선이다. 의도였든 아니든 조선은 압록강과 두만강 이남이 조선의 강역에 속함을 확인했고, 그로 인해 방치하고 있던 북방 영토에 관심을 갖게 되었다. 백두산 제의에 대한 긴 논쟁과 폐사군 복설은 북방을 호지胡地가 아닌 내지內地로 간주하게 된 조선 조정의 영토 인식 변화를 보여준다. 청제국이 세력 확장을 목표로 착수하고 조공 관계의 수사 아래 진행한 장백산 탐사가 결과적으로는 조선의 독자적 영토 인식을 강화시킨 것이다. 일견 상호 모순적인, 조공 관계와 독자적 영토성이라는 두 인식 체계는 19세기 말까지 큰 문제없이 공존했는데, 그 상세한 내용을 다음 장에서 다룰 것이다.

국경지대의
관리

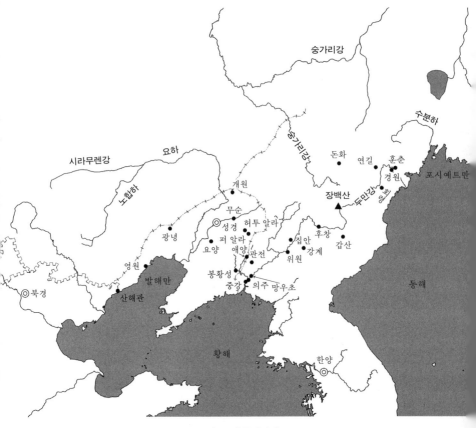

3장

청-조선 국경지대

1727년 6월 10일(옹정5년 4월 21일) 의주부윤 이성룡李聖龍은 한양에 파발을 띄워 청인들이 조선 영내에 침범했다고 고했다.[1] 그가 보낸 장계에 따르면 청의 경내에서 몰려온 수백의 인파는 배를 타고 압록강을 건너와 강가에 시장을 열었다. 이성룡은 병사들을 보내 상황을 조사하고 봉황성 성수위城守衛에게도 사람을 보내 사안을 알렸다.

> 그날 밤 저는 월경인들이 무수히 많은 배를 이끌고 강기슭에 정박해 불을 피우는 것을 보았습니다. 그들은 말로 돌려보낼 수 있는 기세가 아니었습니다. 봉황성에서는 이들을 나포하기 위해 관병 60명을 보냈습니다. 이에 범인들은 자신들의 죄가 무거운 것을 알고 흉포하게 저항하며 살길을 찾았습니다. 그로 인해 우리 측 병사 다섯이 다치거나 물에 빠져 죽었습니다. 체포한 자는 29명이고, 나머지는 도망쳤습니다. … 그들이 버린 배와 짐을 살펴보니 산동山東과 산서에서 온 밀수꾼, 잠채꾼이었습니다.[2]

조선 조정은 즉각 사건을 북경에 알리며 다음과 같이 따졌다. "저희 소국[小邦]은 상국과 인접해 있기에 언제나 범월을 염려했습니다. 이제껏 규율을 엄히 다스렸음에도 범월은 오히려 늘어나 작금에 이르렀습니다." 그리고 청조의 명확한 답을 요구했다. "범월은 전에도 일어났으나, 이번과 같이 기백 명이 수십 척의 배를 이끌고 와 상국과 소국의 병사들을 해하는 일은 없었습니다. 작금의 상황을 바로 잡지 않는다면 훗날의 근심은 이루 말할 바가 없을 것입니다."[3]

이 사건은 범인 아홉 명을 교수 및 효수하는 것으로 일단락되었다. 범월자 중 한 명은 청의 기인 곽연진(郭連進)이었다. 그러나 곽연진 일행이 이 지역에서 일어난 범월 사건의 마지막 주인공은 아니었다. 이후에도 기인과 민인의 범월이 끊이지 않았다. 옹정제 雍正帝(청 5대 황제, 재위 1722~35)는 범월을 막기 위해 성경에 특사를 파견하고 그와 수시로 소통했다. 황제와 지방관 사이를 오간 수많은 상소와 칙지는 청의 대조선 정책이 동북방의 안보와 밀접하게 연관되어 있었음을 보여준다.

본 장은 청조의 만주 정책과 대조선 정책을 세 측면에서 다룬다. 첫째, 봉금으로 알려진 동북방의 출입 제한 정책을 살펴본다. 입관 이후 청조는 만주 내 한인, 만주인, 몽골인의 거주지를 구분하고 상호 간의 이동을 제한했다. 이러한 민족 분리 정책은 인구의 다수를 이루는 한인으로부터 만주인 본연의 문화와 법도를 보호하기 위해 고안되었다. 청조는 북경 천도 이후 내지와 만주를 분리하는 물리적 장벽인 유조변을 개축하고 일정한 간격마다 인파의 왕래를 감시하는 변문邊門을 세워 만주의 봉금을 유지했다.

둘째, 만주의 봉금 정책과 청조의 자연 자원, 특히 인삼 사이의 연관성을 검토한다. 1745년 청조는 인삼 전매를 더욱 효율적이고 체계적으로 관리하기 위해 만주에 관삼국官蔘局을 설치했다. 이 기관을 통해 청조는 인삼 할당량을 확보하고, 만주 내 불법 채삼을 억제하고자 했다.

마지막으로 청의 만주 봉금 정책이 청과 조선의 국경지대 형성에 어떻게 기여했으며, 그 가운데 조공 관계의 수사는 어떠한 방식으로 조선의 이익을 증진시켰는지 살펴본다. 청 황제와 지방 관들이 조선과 접경한 지역의 방비를 강화하려 하자 조선 조정은 조공의 규범을 들먹이며 반발했다. 대국인 청과 소국인 조선의 차이를 강조하면서 압록강에 군사 시설을 건설하려는 청의 시도를 막아선 것이다. 상국의 자애로운 통치자를 표방한 청 황제는 경계의 공한지를 유지하자는 조선의 요청을 수용했다. 이처럼 청과 조선 양국의 영토관은 불균등한 조공 관계에 기초해 있었기에 두 나라의 경계 인식은 근대 국가들의 국경관과 결을 달리했다. 두 나라의 경계는 "수평으로 넓게 퍼진 두꺼운 선"[4]에 가까웠다. 조선이 청의 제국 질서에 순응하는 한 국경지대, 곧 압록강변의 공한지와 두만강변의 모호한 경계는 크게 문제되지 않았다.

유조변

1644년 입관 이후 만주인은 중원으로 거점을 옮겼다. 명나라와의 오랜 전쟁으로 토지가 황폐화되고 인구가 감소한 동북방의 상황은 북경 천도로 인해 더욱 불안정해졌다.[5] 1653년 순치제는 요동의 인구 감소에 대응하기 위해 요동초민개간령遼東招民開墾令을 내려 한인의 이주를 장려했다. 이주민들에게는 관직과 땅, 농기구를 보상하고 세금 또한 면제했다. 요동의 개간은 강희 연간에도 계속되었는데, 인구 충당을 위해 정치범을 비롯한 범죄자들까지 요동으로 보냈다.[6] 이주 정책은 성공하여 17세기 말까지 요동내 한인 인구가 계속해서 증가했다. 하지만 잠채군을 필두로 산해관의 단속을 피해 이 일대를 오가는 이들이 대거 증가하자, 만주인의 특권이 침해될 수 있음을 우려한 강희제는 동북방이 안정기에 접어든 1668년에 이주 장려 정책을 중단했다.[7]

청의 만주 정책은 행정 기구의 재편을 수반했다. 동북방은 군정장관이 관할하는 세 구역으로 구분되었는데, 성경장군은 인구가 조밀한 성경 일대를 담당했고, 닝구타장군과 흑룡강장군은 각각 기린울라와 치치하얼Qiqihar(齊齊哈爾)에 장군부를 두고 그 근방을 관리했다. 청대 전반에 걸쳐 세 장군의 관할 구역은 '동삼성東三省'으로 알려졌다.[8] 동삼성 장군들 가운데서는 성경장군이 가장 많은 책무를 졌다. 그는 불법 이주를 방지해야 했고, 조선과의 접경도 관리해야 했다. 『성경통지盛京通志』에 수록된 지도에 소개된 성경장군의 관할 구역은 동으로는 허투 알라Hetu Ala[興京], 서로는 산해관, 남으로는 영해寧海, 북으로는 개원, 동남으로는 진강鎮江, 남서로는 발해만渤海灣, 북동으로는 위원保威遠堡, 북서로는 몽골 부족들에 인접한 구관대九官臺에 이른다. 압록강 일대의 목초지와 위장 또한 그의 관할이었다.[9] 성경부에 속한 기구 가운데 대조선 사무는 압록강 일대를 감독한 웅악熊岳의 부도통副都統과 조선과의 접경을 감독하는 봉황성 성수위가 담당했다.[10]

군정장관에 더해 청의 동북방 통치가 지닌 독특한 성격을 보여주는 또 다른 요소는 유조변이다. 인구 이동을 관리하기 위해 세운 물리적 장벽인 유조변은 명대 요동변장의 후신이다. 중원 정복 이후 청조는 동부선, 서부선, 북부선으로 이루어진 요동변장을 개보수했다. 1661년 강희제의 보정대신輔政大臣들은 서부선을 따라 살고 있던 주민들의 거주지를 조정해 서쪽에는 유목 생활을 하는 몽골인이, 동쪽에는 농경 생활을 하는 만주인과 한인이 살게

인삼과 국경

유조변.

『성경통지』, 1789 (선양: 랴오허출판사, 1997), 성경전도: 1.

했다.[11] 친정을 시작한 강희제 또한 계속 변장을 확장시켰다. 동부선은 무순, 청원清原, 퍼 알라, 허투 알라와 같은 옛 도시들과 초기 황제들의 묘역을 포괄하도록 확장했는데, 위원보에서 산해관으로 이어진 서부선과 위원보에서 봉황성으로 이어진 동부선의 총합이 1950리에 달했다. 신변新邊으로 불리기도 한 북부선은 1670년에서 1681년 사이에 위원보 북쪽에 건설되었다. 1697년 완공된 유조변장은 산해관, 위원보, 봉황성, 파트하Fatha(法特哈)를 이으며 사람 '인人' 모양을 취했다.[12]

리처드 에드먼즈Richard Edmonds의 연구에 따르면 유조변장에는 총 34개의 변문이 존재했으며, 그 위치는 시기에 따라 달랐다.[13] 1748년 편찬된 『성경통지』에는 동부선에 여섯 개, 서부선에 10개의 변문이 명시되어 있다.[14] 각 변문에는 일정 수의 관리와 병사들이 지키는 돈대墩臺가 존재했다. 유조변의 관리는 변문과 카룬karun*에 주둔하는 팔기 관병들이 담당했다. 유조변을 따라 세워진 변문들과 달리 카룬은 유조변 안팎에 세워졌으며, 유조변 완공 이후에 추가되었다. 이는 유조변만으로는 봉금을 유지하기 어려웠음을 의미한다. 카룬의 병사들은 밀렵과 잠채, 변장 밖 불법 경작을 단속했다.[15]

유조변과 변문, 카룬의 주요 임무는 인구의 이동을 제한하는 것이다. 더 정확히는 한인의 거주지를 중원과 성경 일대로 제한함으로써 타 민족 집단을 보호하는 도구였다. 유조변을 통해 구획된 동삼성의 행정구역이 그 목적을 잘 보여준다. 청조는 유조변 중앙에 해당하는 성경 일대는 한인, 서부는 몽골인, 북부는 수렵 생활을 하는 솔론Solon, 다우르dagur, 오로촌orochon 등의 거주 구역으로 구분함으로써 한인을 만주인 및 몽골인, 그리고 길림과 흑룡강 일대에 거주하는 군소 부족들과 분리했다.[16] 더해서 유조변은 만주의 풍부한 자연 자원을 보호하는 역할도 수행했다. 청의 황제들은 유조변 밖에 수많은 묘역, 목초지, 위장, 삼산 등을 운영했는데, 이들은 모두 황실 재산으로 보호되었다. "봉황성에서 산해관까지, 개원에서 파트하까지 유조변을 설치하고 사사로운 출입을 금했다."[17]

1644년 입관 이후 압록강과 두만강 북안, 그리고 장백산 일대에는 특히 엄격한 규제가 실시되었다. 강희제는 장백산을 신성한 고토[發祥重地]로 공표하고 일대에서 거주와 경작을 금지했다.[18]

* 만주어로 초소를 뜻한다.

유조변 동부선 너머 지역으로의 출입 제한은 성경과 변외邊外를 구분하는 동시에 조선인 무리가 월경해 인삼, 모피, 진주를 채취해 가는 것을 막기 위한 조치이기도 했다. 동부선의 변문은 황제의 동순이나 수렵 행사, 인삼 채취, 조선 사행의 방문 등과 같은 특별한 경우에만 개방되었다.[19] 1682년 동순에 나선 강희제를 호종扈從한 고사기高士奇는 동부선을 다음과 같이 묘사했다. "유조변은 몽골의 땅을 (내지로부터) 구분한다. 남으로는 조선에 이르고 서로는 산해관에 이른다. (변장) 너머를 범하는 이들은 엄히 처벌된다. … 금지 내에 황량한 산들이 왕래를 저해하니 길들은 쇠한 채 폐쇄되어 있다."[20]

신성한 고토의 인삼

1722년 황제로 등극한 옹정제는 변문과 카룬의 관리가 동북방의 방위는 물론 인삼 전매제의 핵심임을 인지하게 되었다. 18세기 초 청의 인삼 정책은 팔기 배정제와 상인 위탁제 사이를 오갔다. 황실은 1714년 인삼 채취를 상인에게 위임했다가 1724년에는 기인에게 맡겼고, 1730년에 다시 상인에게 허가를 내주었다. 이러한 정책 변화는 인삼 채취량의 감소로 채삼인을 구하기 어려워지자 국가 차원에서 대안을 고심한 결과였다. 기인을 통해서든 상인을 통해서든 청조는 정해진 수량의 인삼을 안정적으로 확보하길 원했다. 한편 인삼 전매 정책의 변화는 옹정제가 치세 전반에 걸쳐 추진한 행정과 재정 개혁의 일환이었을 가능성도 크다.[21]

채삼 할당량은 자연적 요건이 아니라 국가의 필요에 따라 정해졌다. 성경장군 탕보오주Tangbooju(唐保住)는 "인삼 생산은 나라 재정에 매우 중요하며, 따라서 (채삼) 할당량은 (채취 이전에) 미리 결정되어야 합니다"[22]라고 말했다. 1730년 청조는 채삼 허가증이라 할 수 있는 삼표 1만 장을 부유한 상인들에게 나눠주고, 그들로 하여금 채삼꾼들을 고용해 삼표 한 장당 16량의 인삼을 캐도록 했다. 상인들은 그중 여섯 량을 자신의 몫으로 가져갈 수 있었다.[23] 새 제도는 황실이 정한 인삼 할당량을 확보하기 위한 조치였다. 동시에 상인들과 채삼꾼들은 초과 생산분으로 이윤을 가질 수 있었다. 왕페이환王佩環의 분석에 따르면, 1740년 청조는 삼표 4562장을 발부해 인삼 4만 5620량을 채취했다. 상인들은 2만 138량의 인삼을 남겼는데, 그 가치는 북경의 시장가로 은 40만 2760냥에 필적했다.[24]

하지만 얼마 지나지 않아 상인들은 나라에서 정한 할당량을 채우지 못하게 되었다. 그러자 1736년 성경의 호부는 관이 인삼 전매를 직접 관리해야 한다고 제안했다. "불법 채삼꾼들은 나날이 늘고 있습니다. 지엄한 국법을 몰라서가 아니라, 큰 이윤을 남기기에 처벌을 두려워하지 않는 탓입니다. 상인들에게 위임하는 대신 관에서 직접 삼표를 발부하고 채삼꾼들을 고용하여 생산을 관리해야 합니다."[25] 1745년 수년간의 논의 끝에 건륭제는 성경과 길림, 닝구타에 관삼국을 신설하고 인삼 전매 정책을 개혁했다. 관삼국은 인삼의 생산과 품질 검사 및 북경내무부로의 유통을 담당하며 인삼 전매 사업을 도맡았다.[26] 관삼국은 만주에 있었음에도 동삼성 장군이 아니라 북경호부의 통제를 받았다. 하지만 성경장군과 길림장군 또한 채삼꾼의 이동 경로가 관할 구역을 지났기에 인삼 전매 사업에 관여했다.[27] 모든 채삼꾼과 그들을 호송하는 관병은 입산 허가증temgetu bithe[進山照票]을 지참해야 했다.[28] 초과 생산된 인삼을 사러 산해관을 통해 만주로 온 상인들도 인삼의 질과 등급, 수량을 기입한 증명서를 지녀야 하며, 내지에서 인삼을 판매하려면 해당 증서를 북경호부에 제출해야 했다.[29]

이러한 관의 노력에도 불구하고 다양한 불법 행위가 계속 자행되었다. 일부 채삼꾼은 입산 허가증에 명시되지 않은 지역, 심지어 장백산이나 조선 영내 같은 출입이 전면 금지된 곳으로 갔다. 어떤 이들은 채취한 인삼을 가지고 도망가거나 검사를 피하기 위해 지정된 제출 장소를 지나치기도 했다. 또 일부는 농사를 짓거나 인삼을 재배하기 위해 입산한 곳에 그대로 머물렀다. 이러한 행위는 모두 처벌 대상이었다. 잠채와 밀수를 단속한 관료와 병사들은 보상을 받았다.[30] 1723년 옹정제는 동북 변경의 인삼 전매 정책을 유지하기 위해 만주인 관료 용푸Yongfu(永福)를 성경에 파견해 유조변 동단에 위치한 여섯 변문을 조사했다. 용푸는 황제에게 성경의 상황을 다음과 같이 보고했다.

위원보의 변문은 길림, 닝구타, 흑룡강으로 이어집니다. 봉황성의 변문은 조선과 인접해 있습니다. 영액英額, 왕청旺淸, 감창鹼廠, 애양의 변문 밖에는 황실의 위장과 산삼 채취장이 있습니다. 따라서 이 변문들은 매우 중요합니다. (하지만) 많은 수의 일꾼, 기인, 민인, 사냥꾼들이 관문 근처에 살기에 경계를 벗어나 불법 채삼하는 일을 막는 것은 사실상 불가합니다.[31]

성경장군 탕보오주도 관할 구역 내에서 불법 채삼이 지속되고 있음을 고했다.

불법 채삼꾼들이 무리를 지어 산에 오르나, 종종 실종되거나 굶어 죽고, 산짐승의 공격을 받아 상처 입기도 합니다. 또 인삼의 이윤을 놓고 싸움을 벌이다 서로를 해하기도 합니다. 이러한 상황이 인명에 영향을 미치기에 (조정은) 이미 산의 출입을 금했습니다. 그러나 관병의 순찰에도 불구하고 불법 채삼은 종식되지 않았습니다. … 철저히 순찰하고 엄히 단속하지만 인삼의 큰 이윤을 노리는 이들이 여전히 많습니다. 천진과 산동에서 배를 타고 오거나 산해관을 거쳐 성경과 길림으로 가니 이들을 일일이 추적하기가 매우 어렵습니다.[32]

옹정제에게 민인의 월경과 채삼보다 더 큰 문제가 있었으니, 바로 만주의 법도를 체화해 지배층의 위엄을 보여야 할 기인의 일탈이다. 치세 첫해, 그는 수십 명의 기인이 불법 채삼에 관여하고 있다는 보고를 받았다. 성경의 형부시랑 마진타이Majintai의 보고에 따르면 불법 채삼으로 나포된 무리 가운데 32명이 기인[gūsai niyalma]이었고 62명은 내지 출신의 민인[dorgi ba i irgen]이었다. 금지 구역을 침범한 대가는 가혹했다. 민인이든 기인이든, 주동자는 양쪽 발뒤꿈치를 자르고 공모자는 한쪽을 잘랐다. 그리고 기인들은 소속된 기로, 민인들은 등록된 거주지로 송환되었다.[33] 이후 민인에 대한 처벌은 더 강화되어 1771년 인삼을 불법으로 캐다가 [私採] 적발되면 장형杖刑 100대와 도형徒刑 3년에 처했다. 기인의 경우 처벌이 다소 경감되어 목에 칼을 차는 가호형枷號刑 2개월과 채찍으로 맞는 편책형鞭策刑 100대에 처했다.[34]

기인 관병들이 불법 채삼에 가담하고 있다는 소식이 끊임없이 북경으로 전달되었다. 용푸는 좌령佐領과 영최領催가 잠채꾼들로부터 인삼을 몰수해 사사로이 매매한 사건, 영최가 직접 불법 채삼에 가담한 사건, 수렵을 나간 기인이 상인들과 공모해 인삼과 초피를 변문 밖으로 밀수한 사건 등을 황제에게 알렸다.[35] 유조변에서 발생한 소란에 옹정제는 단호히 반응했다. "우리 만주인은 한군팔기나 한인보다 모든 일에 갑절로 노력하되 보상을 바라서는 안 된다. (범월과 같은 범죄는) 실로 그릇된 악습이다."[36] 하지만 옹정제의 골머리를 앓게 한 것은 불법에 종사하며 의무를 다하지 않는 기인들뿐만이 아니었다. 불법 채삼을 목적으로 한 월경 사건의 상당수는 인접한 조선과 관련 있었다. 이것이 옹정제의 머릿속을, 나아가 청의 동북 변경 관리를 더욱 복잡하게 만들었다.

제국 내 복수의 경계

기인이 연루된 수많은 동북방의 범월 사건들 가운데 1727년 곽연진의 사건은 옹정제와 청 조정의 이목을 끌었다. 수백 명의 무리가 조선 강역을 침범해 조선 병사들을 살해했다는 소식이 봉황성 성수위 백석둔(伯席屯)을 통해 성경장군 연타이Yentai(尹泰)에게 당도했다. 연타이는 곽연진의 공모자인 손광종孫光宗과 봉황성민 한 명이 무리를 모은 뒤 압록강을 경계하는 관병을 매수하였고, 끝내 조선 강역에 들어가 인삼을 캐다 사람까지 죽였다고 황제에게 고했다. 통행을 감시하는 관병이 수년간 뇌물을 받았고 범법자들이 변문을 지나 조선 땅에서 문제를 일으키도록 도왔음이 밝혀졌다.

보고를 받은 청조의 관료들은 "이 사안은 외국 백성이 붙잡혀 죽은 것"으로 용납할 수 없는 일이라는 데 동의했다. "조선은 중국中國에 가까우며, 우리(청) 조정이 그들을 청의 백성[內地臣民]과 동등하게 여기며 관대함으로 다스렸기에 충성을 다했다." 청의 대신들은 범죄자를 추포하기 위해 관료를 파견하고, 뇌물을 받은 병사는 조사해야 한다고 입을 모았다. 또한 조선 영내에서 청인이 사람을 상해하거나 인삼을 불법 채취할 경우 조선 관병이 직접 그들을 추포할 수 있도록 황제가 조선 국왕에게 힘을 실어주는 것도 필요하다고 판단했다. 일부는 조선 병사들이 저항하는 청인 범법자를 죽일 수 있게 해야 한다고 주장했다. 이들은 "청의 백성이 범월하는 것을 막고 조선을 황제의 은덕으로 보듬기 위해"서는 이런 조치가 불가피하다고 여겼다.[37]

옹정제는 곽연진 사건의 범월자를 모두 성경으로 송치해 조사하라고 명했다. 신문 과정에서 봉황성 성수위 백석둔의 부패와 뇌물 수수가 드러났다. "변경을 지켜야할 요직[封疆要員]"에 있음에도 불구하고 그는 은 1000냥을 받고 잠채꾼들이 관문을 통과할 수 있게 도왔다. 그는 사실이 아니라고 부인했지만, 그에게 뇌물을 주고 전달한 이들이 죄를 자백했다.[38] 손광종도 자신이 백석둔을 매수했다고 인정했다.[39] 조정에는 범월을 방조한 관병에 대한 비난이 쏟아졌다. "범월자들은 무리를 지어 악행을 하고 법도를 어김이 심합니다. 그 이유는 모두 변문을 지키는 관병들이 일을 소홀히 하며 뇌물을 받고, 상관들은 이를 알아차리지 못했기 때문입니다. 뇌물을 받은 관병과 이를 제지하지 못한 관리들은 이미 혁직되었으니 성경장군에게 보내 엄중히 조사받게 하십시오."[40]

신임 성경장군 기오로 일리부Gioro Ilibu(覺羅伊禮布)는 본래 산해위山海衛에 살던 곽연진이 1726년 봉황성으로 이주한 사실을 파악했다. 그는 이웃과 인삼 사채를 공모했고, 거기에서 손광종이 재정 지원을 담당했다. 이후 곽연진과 공모자들은 변문 밖 양하陽河에서 인삼을 불법 채취했고, 곽연진은 손광종에게 그중 일부를 건네 빚을 갚았다. 이듬해 곽연진과 200여 명의 일당이 다시 양하로 갔다. 관병 두 사람은 밀입의 대가로 은 100냥의 '통행료'를 요구했다. 곽연진 일당은 이를 건넸고, 변문을 통과해 망우초로 갔다. 그곳에서 그들은 조선 병사들에게 체포되었다.[41] 공모한 인원수에 더해 기인 병사의 만연한 부패가 만천하에 드러나며 조정을 충격에 빠트렸다. 영최 왕정좌王廷佐는 손광종에게 은 400냥을 받고 삼표를 구해주겠다고 약속했다. 그러나 삼표를 얻는 데 실패하자 손광종 일행이 잠채를 위해 관문을 나가는 것을 허락했다. 왕정좌의 일탈을 들은 상관(좌령)은 한술 더 떠서 뇌물 가운데 일부를 자신의 몫으로 달라고 요구했다.[42] 손광종과 그 일행은 관문 밖에서 또 다른 영최에게 발각되었지만 이번에도 관병은 그들을 체포하지 않고 뇌물을 요구했다. 손광종은 그에게 은 500냥을 주었고, 해당 영최는 관문에 근무하는 아홉 명의 병사들과 은을 나누어 가졌다.[43] 부패의 사슬이 유조변을 따라 세워진 변문에 넓게 퍼져 있었다.

1728년 옹정제는 곽연진 사건에 대한 최종 판결을 내렸다. 곽연진은 참수형, 주동자 여덟 명은 교수형, 다른 공모자들은 죄질에 따라 추방되거나 장을 맞았다. 기인인 왕정좌도 죄질이 무겁고 수수한 뇌물 액수가 크기에 처벌을 피하지 못했다. 그러나 곽연진 사건에 관여된 관병 대다수는 신분이 "기인旗人이었기에"[44] 특혜를 받아 처벌이 경감되었다. 한편 옹정제는 청의 관병과 민인이 공모하여 변계를 이탈하고 조선 병사의 인명을 해친 사건의 책임이 조선에도 있다고 꾸짖었다. 비난의 근거는 조선이 청의 번방으로서 역할을 다하지 못했다는 것이다.

일전에 성조인황제(강희제)께서 조선 국왕에게 유지를 내려 "도적이 너희 나라를 침범하거든, 즉시 추포해 죽이고 남은 무리를 (청에) 압송하라"고 하명하셨다. 황위를 계승한 짐 또한 국왕에게 수차례 유지를 내려 허가받지 않은 도적의 무리가 (조선 강역에서) 문제를 일으키거든, 국왕이 조선의 법대로 범인들을 징계하게 하였다. 지금 내지內地의 도적 무리는 금법을 피해 외국外國으로 도망쳐 연명하려 한다. 조선 국왕은 번봉藩封 가운데 하나로서 이들을 추포해 백성을 평안히 다스려 (청) 조정을 섬겨야 한다. 한데 성조인황제와 짐이 수차례 유지를 내렸음에도 국왕은 유약해 이를 따르지 못했다. 그로 인해 중원의 도적들이 조선을 도피처로 여기게 되었다. 이러한 악행이 지속되어서는 안 된다. 이제부터 조선의 관원들이 월경한 도적 무리를 처벌하는 데 실패한다면 국왕이 그들을 처벌해야 할 것이며, (청의) 예부는 국왕이 번국의 왕으로서 도적을 체포해 백성을 안녕케 하라는 황명을 따르지 못한 바를 훈계할 것이다.[45]

흥미롭게도 해당 국서에서 조선은 '외국'이자 '번방'으로 언급된다. 이 두 호칭은 청제국 안에서도 지역과 지위에 따라 조선과의 경계를 상이하게 인식했음을 보여준다. 금령을 어기고 불법을 자행하는 변방의 "도적"들에게 조선은 국가의 법망을 피할 수 있는 외국이었다. 반면 제국의 통치를 위해 변경을 안정시켜야 할 중앙의 황제에게 조선은 조정을 보좌해야 할 번방이었다. 다시 말해 곽연진 같은 변경민들에게 조선은 청과 분리된 외국이었지만, 제국을 경영하는 옹정제에게 조선은 황제의 은덕이 미치는 천하의 일부분이었다. 조선은 변경에서 보면 외국이었지만 중앙에서 보면 번방, 즉 제국의 일부였다.

칙서는 청의 황제가 제국의 영토성을 어떻게 인식했는지도 보여준다. 옹정제는 유조변을 제국의 내외를 나누는 경계로 생각했으나, 변내邊內든 변외든 모두 제국의 통치 아래 있다고 여겼다. 이는 번국인 조선에도 해당된다. 조선 국왕이 자국의 신민을 자국의 법도로 다스린다 할지라도 본질적으로는 그는 황제의 봉신이다. 따라서 유조변이 제국의 경계이듯 조선과의 국경인 압록강 또한 제국의 경계였다. 이처럼 옹정제는 청제국 내부에 복수의 경계가 공존하며, 각각의 의미나 위상은 상이하더라도 모두 제국의 통치 질서를 대변하고 있다고 여겼다. 그리고 황제는 천하의 중심이기에 그 권위가 모든 경계 너머로 뻗어나가 번국에까지 미친다고 생각했다.

용푸는 이러한 옹정제의 인식을 공유한 것으로 보인다. 곽연진 사건이 종결된 이후, 그는 황제에게 청의 백성들이 계속해서 조선 강역을 오가고 있음을 보고했다. 그는 조선 땅을 침범한 이

들의 죄가 유조변 밖에서 불법 채삼을 한 이들의 죄보다 더 크다
고 역설했다.

> 곽연진과 그 무리는 조선 강역을 침범해 엄히 처벌받았습니
> 다. 그럼에도 또다시 인삼을 캐기 위해 (조선으로) 월경한 무
> 리가 나타났습니다. 그들의 죄는 위중하기에 단순한 인삼 사
> 채 문제로 다루어서는 안 됩니다. 이들을 성경으로 압송해 심
> 문한 뒤 엄히 처벌해야 하며, 그로써 경계를 넘어 법을 어기
> 는 이들에게 경고로 삼아야 합니다.[46]

옹정제와 그의 신하 용푸에게 내외의 구분은 고정되지 않고
맥락에 따라 달라지는 유동적인 성격이었다.[47] 산해관을 기점으
로 볼 경우 서쪽은 내지, 곧 내경內境에 해당하고 동쪽은 외경外境
에 해당한다. 산해관 밖 '외경'은 유조변을 중심으로 다시 변내와
변외로 나뉘었다. 변외는 또다시 압록강과 두만강을 중심으로 나
뉘어 두 강의 이북은 제국의 내경으로, 이남은 번방 조선이 위치
한 제국의 외경으로 간주되었다.
　이처럼 그들은 황제권이 모든 경계를 넘어 천하 만방에 미친
다고 생각했다. 물론 각각의 경계는 서로 다른 위상과 의미를 가
진다. 산해관과 유조변이 만주인, 한인, 몽골인 등 민족 집단 사이
의 경계로 작동했다면, 압록강과 두만강은 제국과 번방의 경계다.
산해관 혹은 유조변을 사사로이 넘나드는 것이 민족 간의 분리를
도모하고 황실의 재산을 보호하는 제국의 법도를 어기는 죄라면,
압록강과 두만강을 넘나드는 것은 천조의 보호 아래 있는 번방을

어지럽히는 죄이다. 그렇다면 청 황제와 조선 국왕은 제국과 번방 사이의 영토 경계를 어떻게 받아들였을까? 과연 양측의 생각이 똑같았을까? 청제국과 조선의 영토 및 주권 인식은 압록강의 초소 신설을 두고 벌어진 옹정·건륭 연간의 논쟁을 통해 확인할 수 있다.

지속된 범월

17세기 말까지 청과 조선 사이에서 주된 문제는 조선인이 국 경을 넘어 청으로 가는 일이었다. 하지만 18세기에 접어들면서 청 인이 조선의 강역을 침범하는 일이 잦아졌는데, 대개 불법 채삼이 그 목적이었다. 1707년 청인 채삼꾼 무리가 평안도로 건너와 조 선인 병사 한 명을 붙잡고 군량을 갈취했다.[48] 이듬해 함경도관찰 사 이선부李善溥는 최소 10명의 청인 채삼꾼이 갑산甲山 인근에 장 막을 설치했으며, 수차례 인근 민가를 약탈했다고 상주했다. 조 선 병사들에게 붙잡혀 신문받은 청인 범월자들은 성경에서 발행 한 삼표를 내보이면서 "우리는 삼을 캐다 길을 잃었고, 장백산 일 대를 헤매다 이곳에 이르렀다"라고 주장했다.[49] 이런 무리가 점점 늘어나고 있었지만 조선 측에서 이들이 실제 채삼 허가를 받았는 지 여부를 확인하기는 쉽지 않았다. 1711년 갑산 일대에서 또다시 범월 사건이 발생했다. 이번에도 청인 10명이 불법으로 인삼을 캐 고 민가에 접근한 죄로 체포되었다. 조선 조정은 논의 끝에 이 사 안도 의도적 범월이 아닌 단순 사건으로 청에 보고했다.[50]

하지만 1714년 청인 수렵꾼들이 평안도 이산理山에 침입하자,

조선 조정은 마침내 북경에 범월 문제를 제기하고 적극적인 방지
책 마련을 요구했다.

> 상국인上國人 수십, 수백이 사냥과 채삼을 위해 무리를 지어
> (경계를) 오갑니다. 그들은 장막을 친 채 겨울에는 사냥하고
> 여름에는 인삼을 캐며 오랫동안 머뭅니다. 이들이 소방의 변
> 민들과 사사로이 왕래하면서 일전의 범월 사건과 같은 일이
> 발생했습니다. 오늘 또다시 금령을 어기고 멋대로 경계를 넘
> 어와 파수꾼을 잡아갔으니, 이러한 죄를 지금 다스리지 않으
> 면 장차 어떤 일이 일어날지 알 수 없습니다. … 상국인의 범
> 월은 소국이 간섭할 수 있는 일이 아니나, 감히 주문을 올리
> 는 바입니다. … 원컨대 월강한 자들을 단속하시어 함부로 곡
> 식을 약탈하고 소방의 변민들을 근심케 하는 일이 없도록 하
> 여 주십시오.[51]

조선 조정의 주문을 받은 강희제는 범월자와 지방관을 엄히
다스리라고 지시했다. 아울러 조선에 청인 범월자를 체포할 수 있
는 권한을 부여했다. "조선 병사들이 월강한 자를 사로잡아 (청에)
돌려보내면 철저히 심의해 엄히 죄를 다스릴 것이다. 그러니 조선
에 자문을 보내 경계의 순찰을 강화하도록 하며, 강을 넘어온 자
를 발견할 경우 체포해 청에 압송케 하라."[52]
　사실 강희제는 이 사건이 있기 2년 전(1712년)에도 조선에 청
인을 체포할 권한을 허락한 바 있다. "(범인들이 조선 강역을) 침범
해 약탈한다면 조선 백성은 생각하기를 '천조의 백성을 어찌하겠

는가' 할 것이다. 이는 내가 허하지 않는 바이다." 황제는 성경장
군에게 조선 강역 인근에서 불법으로 어로하는 이들을 엄히 다스
리라고 명하고 조선 조정에도 범월자를 '천조의 백성'이라 하여
사면하지 말고 잡아서 처벌하라고 명했다.[53] 청인이 허락받지 않
고 어로하거나 조선 강역에서 문제를 일으킨 경우 조선의 법률로
처벌할 수 있게 한 것이다. 다만 황제는 청국 백성을 조선이 마음
대로 처벌하라는 것은 아니라고 분명히 했다. "(이 권한은) 조선이
성심을 다해 아국我國을 섬기도록 주어진 것이다."[54]

강희제의 조치는 18세기 초에 이르러 청과 조선의 관계가 크
게 달라졌음을 시사한다. 강희 연간 초기에는 조선인의 범월을 빌
미삼아 조선에 벌은을 부과했다. 그런데 치세 말기에 이르러서는
조선 조정에 청인 범월자를 처벌할 권한을 준 것이다. 청의 제국
통치가 안정화되자 강희제는 자신감을 갖게 되었고, 이 자신감이
곧 번방인 조선에 대한 관대함으로 이어졌다. 청의 제국 질서가
공고해질수록 조선은 경계 문제에서 더 많은 권한을 얻게 되었다
고 할 수 있다.

1714년 11월 숙종은 함경도관찰사 이광좌李光佐와 절도사 조
상주趙相周로부터 경원 인근에서 청인들이 집을 짓고 토지를 경작
하고 있다는 보고를 접했다. 청인들은 "우리는 닝구타 사람들이
이곳으로 옮겨 오려고 한다기에 먼저 와서 비옥한 땅을 차지하려
고 했습니다"[55]라고 말했는데, 이어진 신문을 통해 닝구타장군이
병사들을 경원 맞은편 훈춘Huncun[琿春]에 주둔시키고 일대에 초
소를 세우려 계획한 사실이 드러났다.[56] 이를 안 조선 조정의 반
응은 대청 인식과 경계에 대한 인식을 동시에 보여준다.

명대에는 구련성九連城과 인근의 군영이 우리의 경계에 너무 가까이 있어 병아리 우는 소리와 개 짖는 소리까지 들렸습니다. 요동 사람들이 우리 땅을 경작하기 위해 오면 우리는 이를 (명의) 요동도사에 알려 방지했고, 비석을 세워 경계를 정했습니다. 천하는 한 집안과 같았고 우리 백성과 중국 백성은 서로를 이웃처럼 여겼습니다. 그런데도 경계를 방비하지 않는 것을 염려하였는데, 오늘날에 (경계의 중요성은) 두말할 것이 있겠습니까? 청인들의 복심을 알 수는 없으나, 좁은 강을 사이에 두고 왕래하면 폐단이 있을 터이니 심히 염려스럽습니다.[57]

경계 설정은 명대에도 중요한 문제였으며, 지금은 더욱 중요하다는 뜻이다. 또한 조선이 한인의 명나라보다 만주인의 청나라를 더 위협적인 존재라고 여겼음을 알 수 있다.

조선 조정은 북경에 닝구타장군의 계획을 중단해달라는 자문을 보냈다. 명보다 청이 더 위험하다는 암묵적 판단과 별개로 조선은 강희제에게 정중하게 두만강 유역의 개간이 기존 정책과 상충하는 이유를 설명했다. "(폐하께서는) 봉황성에 책문柵門을 세우고 출입을 감찰하셨습니다. 그로 인해 책문 밖에는 거주하는 이가 없었습니다. 또한 (상국과) 소국의 경계를 명백히 해 서로 섞이지 않도록 하셨으니, 성조聖朝의 깊은 뜻으로 인해 일대의 강역은 그간 평안했습니다."[58] 강희제는 국경지대를 공한지로 두어야만 범월을 예방할 수 있다는 조선의 논리를 수용해 자국 백성을 두만강 인근에서 철수시켰다. 1715년 10월 청의 예부는 경원 인근의

인삼과 국경

청인 거주지를 철거했으며, 닝구타 소속 관병의 둔전 또한 재배치했다고 조선에 알렸다. 더해서 앞으로 청인의 월강, 거주 및 경작을 더 강력히 금할 것이며, 재발할 경우 관리를 태만히 한 청의 관원들을 처벌하겠다고 약속했다.[59]

사실 청조는 조선의 반대와 항의에도 불구하고 1714년 경원 맞은편 훈춘에 군영을 설치한 상태였다. 닝구타장군이 관할하는 훈춘 군영에는 세 개 니루niru*에 배속된 150명의 쿠야라Kūyara(庫雅喇) 병사와 40명의 기인 병사가 주둔했고, 이들을 지휘하는 협령協領이 임명되었다.[60] 같은 해 조선 조정은 역관을 보내 우려 사항을 전달했다.[61] 이 과정에서 청이 경원에서 지근거리에 있는 훈춘에 세운 군영을 조선에 어떻게 설명했는지는 기록이 남아 있지 않다. 결과적으로 조선 조정은 청의 관병 주둔을 막는 데 실패했다. 하지만 주둔 병사들의 둔전을 강에서 멀리 떨어진 곳으로 옮기게 함으로써 적어도 청이 두만강 인근을 개간하는 것만큼은 막았다.

이화자는 두만강변의 개간을 중단한 강희제의 결정으로 인해 국경지대에 대한 청조의 군사 장악력이 약화되고, 그로 인해 궁극적으로 19세기 말 조선인의 이주 행렬을 막을 수 없었다고 설명한다. 반면 청이 변방에서 군사적·행정적 통제를 구축하지 못하도록 설득한 조선 조정은 외교적 승리를 거두었다고 평가한다.[62] 조선 조정은 강희제의 결정을 이끌어내기 위해 '충성스러운

---

* 화살이라는 단어에서 유래한 명칭으로 여진의 수렵 조직이었으며, 팔기제 정착 이후에는 팔기의 기본 단위가 되었다. 한어로 좌령左領이라고 했다.

번국에 대한 황제의 신뢰' 같은 조공 관계의 수사를 동원했다. 그에 더해 당대의 경계 인식이 최종 결정에 큰 영향을 미쳤다. 18세기에 양국은 이웃과의 분쟁을 예방하기 위해서는 완충 지대가 필요하다고 여겼기에 두만강 일대의 모호한 경계를 문제 삼지 않았다. 당시 청은 국경지대를 관리하는 데 필요한 통제력을 충분히 갖추고 있었다. 양국의 모호한 경계가 문제시된 것은 양국의 국경 통제력이 약화되어 국경지대로의 이주를 막지 못하게 된 19세기 말의 일이다. 그 전까지 양국은 모호한 경계를 오히려 바람직한 것으로 받아들이고 이를 유지해오고 있었다.

망우초 초소

조선에게 청인의 범월을 단속할 수 있는 권한을 허가한 강희제의 정책은 아들인 옹정제에게도 계승되었다. 1728년 옹정제는 황명[雍正皇旨]을 내려 조선 강역에 침입한 청인을 체포하고, 반항할 경우 사살하는 것을 허락했다.[63] 국가적 차원에서 청인의 범월을 단속할 방안을 강구한 가운데, 성경장군 나수투Nasutu(那蘇圖)는 압록강 입구에 수로 초소를 세워 경계의 방비를 단단히 하자고 제안했다. 그가 특별히 주목한 장소는 초하와 애하가 합류해 압록강으로 흐르는 지점에 위치한 작은 모래섬, 망우초였다. 당시 불법 채삼꾼과 범월자들은 이곳을 물자를 실어 나르는 보급 기지이자 항구로 활용하고 있었다. 문제는 섬의 서안은 봉황성의 관할인 반면, 동안은 조선의 영토라는 점이다. 나수투는 황제에게 조선과 접하는 경계에 망우초가 위치해 있어 청의 관병들이 이들을 쉽사리 체포하지 못한다고 고했다.[64] 이어 그는 범월을 근절하려면 망우초에 수로 초소를 신설해 군선과 병사들을 주둔시켜야 한다고 상주했다. 옹정제는 이 사안을 먼저 조선과 협의하라고 지시했다. 외국이자 번방인 조선과의 경계는 황제라고 해서 마음대로 처리할 수 있는 사안이 아니었기 때문이다.

망우초 수로 초소 신설에 관한 국서를 받은 조선 조정은 청조의 뜻이 "압록강 일대의 땅을 개척하는 데" 있다고 판단했다. 좌의정 조문명趙文命은 다음과 같이 고했다.

> 순치 연간 이후 (봉황성) 책문 밖 땅은 버려두고 피차 접하지 못하게 했으니, 그 뜻이 심원深遠했습니다. 한데 아국의 백성들이 근래 상국의 경계를 침범해 문제를 일으키니 죄를 얻을까 매우 염려스럽습니다. 그렇기에 경계 인근에는 초소를 세우지 못하도록 해야 합니다.[65]

그가 수로 초소 신설에 반대한 논거는 1714년 조선 조정이 두만강 유역의 개척을 반대하며 든 논거와 동일하다. 즉 국경지대의 개척을 허용한다면 사람들이 출입하게 되어 범월이 늘어난다는 것이다. 1731년 조선 왕 영조는 청조에 자문을 보내 그동안 황제가 조선에 은덕을 베푼 전례를 언급했다.

> 과거 태종문황제(홍타이지)는 … 유조변을 세워 일대를 순검하게 하셨으며, 땅의 출입을 금해 거주하지 못하게 하셨으니 그 뜻이 참으로 깊고 비범했습니다. 성조인황제(강희제)가 다

스릴 적에는 닝구타장군이 경원 맞은편 소국의 북방에 군사를 주둔시켜 막사를 짓고 농토를 개간한 적도 있습니다. 하나 소국이 보낸 자문을 본 황제께서 이를 물리셨으니, 그 심원한 뜻이 한결같았습니다. 이에 힘입어 소국은 변경을 경계하는 짐을 잠시나마 덜 수 있었습니다.[66]

조선의 불만을 접한 옹정제는 성경장군 대신 조선 국왕의 손을 들어주었다. 1731년 같은 해 청의 예부는 조선 조정에 망우초 초소 계획을 중단한다는 황제의 뜻을 전했다.

(짐은) 초하와 애하 두 지류가 조선과 접하고 있음을 알기에 조선이 (제안과 관련해) 불편한 바가 있는지 물었다. 조선 왕이 구례를 좇을 것을 간청하니, 군사 초소를 세우려는 계획은 중단될 것이다. 병부가 이를 다시 의논하는 것도 필요치 않다.[67]

옹정제가 망우초에 군사를 주둔시키자는 자국 관료의 제안 대신 경계의 완충 지대를 유지하자는 조선 국왕의 의견을 채택한 것은 단순히 외교적 차원의 양보가 아니었다. 그는 청과 조선의 경계가 면의 형태로 되어 있음을 인식했으며, 범월을 방지하려면 접경 지역을 비워둔 채 모호하게 유지하는 것이 더 낫다고 판단했다.

하지만 이 결정으로 인해 새로운 인삼 산지를 찾으려던 청의 시도도 제동이 걸렸다. 1738년 성경의 병부시랑이 된 용푸는 유조변 동부선 밖에 있는 본두本頭와 황구黃溝 지역에서 인삼을 캘 수 있도록 물길을 개방하자는 의견을 상주했다. 이 지역은 성경의 오

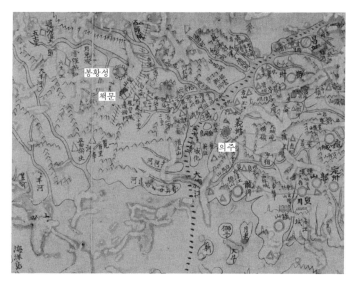

의주—압록강—봉황성 책문.
「서북계도」, 1777~91, 필사본, 서울대학교 규장각한국학연구원 소장(청구기호: 古4709-89).

래된 인삼 산지인 얼민과 할민 동남쪽에 있다. 그런데 용푸의 제
안을 접한 북경의 조정은 인삼 생산량보다 국경지대의 접촉을 최
소화하길 바라는 조선의 반응을 먼저 고려했다. 결국 조정은 다음
과 같은 이유를 들며 용푸의 제안을 거절했다.

> 우리가 조선 강역에 인접한 본두와 황구로 향하는 수로를 개
> 방한다면, 무법한 이들이 조선 백성을 난처하게 하여 소국을
> 품으려는 황조의 뜻에 반할 것이다. 그렇기에 수로를 통해 본
> 두와 황구의 인삼을 캐는 것을 허할 수 없다. 인삼을 캐려거
> 든 인접한 감창과 애양의 변문을 지나가라.[68]

이처럼 조선이 황조의 은덕을 요청하자 청조는 경계 문제를 매우 조심스럽게 다루었으며, 심지어 자국 영내의 인삼 생산량을 늘릴 기회마저 일부 포기했다.

건륭제는 1735년 즉위 직후 동북 변경의 문제들을 마주하게 되었다. 나수투의 계획이 좌초된 뒤 망우초는 계속해서 잠채꾼들의 기지로 활용되었으며, 유조변은 만주로 향하는 한인 유민과 잠채꾼의 행렬을 막는 방책 역할을 제대로 수행하지 못했다. 기인의 한인 문화 동화 현상도 심각했다. 기인들은 기사騎射와 같은 군사 역량, 만주어 능력, 전통 생활방식 같은 만주인의 법도를 상실했다.[69] '만주인다움'을 지키고자 한 건륭제는 1740년 민인이 성경으로 이동하는 것을 제한하고, 불법적으로 이주한 이들을 내지로 돌려보내게 했다. 해당 조치는 이후 길림과 흑룡강 일대로 확대되었다.[70] 그러나 규제에도 불구하고 동북방에는 생계를 찾는 유민의 행렬이 이어졌으니 그 수가 수만에 달했다. 결국 청조는 한인 이주민들로부터 고토를 지켜내는 데 실패했다. 하지만 동북방은 만주인의 정체성을 구성하는 핵심 지역이자 청제국의 근간을 이루는 곳이기에 청조는 19세기 말까지 봉금을 철회하지 않았다. 오히려 동북방에서 한인 인구가 증가할수록 만주인의 발상지라는 상징적인 위상을 선전하는 노력을 배가했다. 그 결과 건륭 연간부터 성경 지방은 "만주인의 근본을 이루는 땅[盛京係我滿洲根本之地]"으로 불리게 되었고, 만주의 물리적 장소성은 만주인의 민족적 정체성과 직접 연결되었다.[71]

건륭제가 해결해야 할 문제 가운데 '팔기 생계 문제'도 시급했다. 18세기 이래 기인 인구는 증가한 반면 기인 가호를 부양하기 위해 지급할 토지[旗地]는 여러 이유로 유실되었다. 그로 인해 많은 기인이 곤궁에 처하게 됐는데, 청조는 이들을 구제할 방안을 찾기 위해 다방면으로 노력했다.[72] 그 대안 중 하나가 북경의 기인을 고토인 동북방으로 이주시켜 토지를 경작하게 하는 것이다. 그런데 선대 황제들이 만주 정책에서 인삼을 중시했듯, 경사팔기의 만주 이주에도 인삼이 큰 영향을 미쳤다. 1741년에 적합한 이주 장소를 검토하던 호부시랑 양시정梁詩正은 훈춘 일대와 두만강의 지류인 부르하퉁Burhatung, 하일란Hailan 일대가 "인삼 산지이기에" 기인의 거주지로 삼기엔 부적합하다고 지적했다. 그는 농사에 익숙하지 않은 기인들이 한인을 고용해 땅을 소작할 터인데, 한인들은 반드시 불법 채삼에 나설 것이라면서 인삼 산지로 기인을 이주시켜서는 안 된다고 강조했다.[73] 청조의 만주 정책에 있어 모든 조치는, 설령 기인의 이익을 도모하는 일일지라도 인삼 전매제 다음이었다.

이러한 분위기 속에서 망우초 초소 계획이 만주 정책의 일부로 재차 논의되기 시작했다. 나수투의 제안으로부터 15년이 흐른 시점인 1745년, 신임 성경장군 달당가는 건륭제에게 상소를 올려 망우초 초소의 필요성을 거론했다. 전임자인 나수투가 옹정제를 설득하는 데 실패한 사실을 유념하고 있던 그는 이전과 다른 접근 방식을 취했다. 먼저 망우초를 언급하기에 앞서 유조변을 보수하고 봉황성과 위원보 사이의 지대를 개척해야 한다고 말했다.[74] 그렇게 하여 망우초 초소 계획이 대조선 정책보다는 동북 변경, 특히 성경의 방비를 도모하는 안보 정책의 일부로 보이게 했다. 더해서 그는 건륭제에게 망우초 인근의 지리적 특징을 상세히 설명하며 초소를 만주인다움을 보호하는 일과 결부했다. 망우초에서 만나는 초하와 애하가 청 황실의 신성한 고토인 장백산에서 기원한 점과 황실의 주요 자산인 인삼이 풍부하게 자라고 있음을 강조한 그는, 이미 이를 지키는 초소가 여럿 있고 관병이 순찰을 돌고 있음에도 "무도한 이들이 배를 지어 식량을 나르고, 망우초를 통해 금지로 몰래 들어가고 있습니다"[75]라는 말로 황제의 경각심을 일깨웠다. 그리고 그들을 막기 위해서는 항해 경험이 있는 숙련된 기인 병사 100명을 선발해서 망우초에 파견해야 하며, 아울러 병사들이 초소 인근의 땅을 경작하고 집을 지을 수 있게 해야 한다고 심중의 뜻을 밝혔다.[76]

달당가는 옹정 연간 전임장군 나수투가 망우초에 초소를 설치하자는 제안을 하였으나 받아들여지지 않은 것이 조선의 주청 때문이었음을 잘 알고 있었다. 그러나 달당가가 보기에 조선의 반론은 "눈이 있어도 그 일을 보지 못해 일을 보전保全하지 못하는 것"과 같은 어리석은 행동이었다. 국경지대의 방어를 강화하는 것은 범월을 방지하여 결국 조선에게도 유익한 일이기 때문이다.

지금 병사들을 주둔시켜 요충지를 방어하지 않는다면, 시간이 지날수록 (경계에서) 이익을 추구하는 무리가 늘어날 것입니다. 또한 (청이이) 조선의 백성들과 시사로이 교류하며 경계를 어지럽혀 사달을 일으키는 일이 끊이지 않을 것입니다. … (망우초 초소는) 무법한 이들이 불법으로 인삼을 캐는 것을 방지할 뿐만 아니라 조선과의 경계를 안녕케 할 것입니다.[77]

그는 망우초를 관할하는 웅악부도통의 보고를 토대로 초소는 조선 강역 밖에 설치될 것이라고 분명히 했다. 모든 청의 관병과 군선이 영내에 주둔할 것이며, 조선의 영역을 침범하지 않으리라는 점 또한 강조했다. 뿐만 아니라 청인 잠채꾼이 조선 강역으로 도망가면 조선 관병과 공조해 체포하겠다고 말했다.[78]

성경의 지방관들과 북경의 예부 관료들은 달당가의 제안에 적극 찬성했다. 그들은 옹정제가 조선의 청을 수용한 전례가 있기는 하나 "경계의 요충지를 철저히 사수하는 것은 마땅히 해야 할 일"이라고 강조했다. 또한 초소의 위치가 청의 강역 안에 있으며 "내지에 초소를 설치하는 것은 해당 영토를 관장하는 장군이 처리할 일이니, 조선 국왕과 필히 논의할 까닭이 없습니다"[79]라고 주장했다. 강역의 구분이 어지러워질까 두려워 변강의 관리를 소홀히 해서는 안 된다고 중론을 모은 건륭제의 중신들은 선대 황제 시절의 결정이 번복되길 바랐다.

변경에서 제국의 권위

망우초 초소를 둘러싼 논의가 재개되었다는 소식은 곧 조선 조정에 당도했다. 입조 사행과 봉황성의 역관 등 여러 경로를 통해 입수한 정보를 바탕으로 조선은 청조가 유조변의 책문을 조선에 더 가까운 위치로 옮기려 한다고 결론 내렸다.[80] 이는 성경장군과 청인들이 압록강 유역을 점거하고, 종국에는 의주를 비롯한 조선 북방에 있는 뭇 고을의 영유권을 주장하리라는 의심으로 이어졌다. 영조 역시 조선이 "매일 5리 내지 10리의 강역을 잃게 될 것"이라고 우려했다. 그는 책문을 옮기는 일을 "집 문 앞에 다른 사람이 담을 쌓는" 행동에 비유하며 책문의 이동을 반드시 저지해야 한다는 입장을 밝혔다.[81]

청조의 진의를 파악하지 못해 불안해하던 조선 조정은 웅악 부도통이 이미 압록강을 방문했다는 소식을 접하고 건륭제에게 직접 사정을 질문하기로 했다.[82] 그동안 조선의 자문이 주로 북경 또는 성경의 예부로 전달되었음을 고려할 때, 황제에게 직접 접촉하는 일은 "천자의 위엄[天威]에 대한 침해"로 여겨질 위험이 있었다. 이를 통해 당시 조선 조정이 이 사안을 얼마나 심각하게 여겼는지를 확인할 수 있다.

> 황조가 천하를 다스린 이래 내외內外의 경계가 바로 세워져
> 왔습니다. 간악한 무리가 사사로이 경계를 넘나드는 우환이
> 염려되어, 책문을 세우고 기찰譏察을 실시했습니다. (청의) 책
> 문에서부터 압록강까지 100여 리에 이르는 땅은 모두 비워둔
> 채 거주와 경작을 금지했습니다. 그로써 (어느 쪽에서든) 서로
> 를 보거나 들을 수 없게 하셨으니, 이는 만세를 이롭게 할 심
> 대한 조처였습니다.[83]

영조는 강희제와 옹정제가 조신과의 경계에 군사 주둔과 경작을 허락하지 않은 전례를 설명했다. 또한 청과 조선 조정 사이의 특별한 관계도 언급했다. "소방은 황조의 외번이나 스스로를 내복內服과 다름없이 여깁니다. 그렇기에 청할 바를 모두 아뢰었고 (청조는) 이를 베풀어주었으니, (황조로부터) 소방은 이루 비할

바 없는 은혜를 입었습니다."[84] 조선은 대대로 청을 섬겼으며, 청은 조선을 관대히 대했다는 수사에 담긴 진의는 망우초 초소 건설 계획을 중단해달라는 것이었다.

상국을 '사대事大'하는 조선과 번방을 '자소字小'하는 청이라는 조공 관계의 전형적인 수사는 맥락에 따라 그 의미가 달라졌다. 17세기 초에는 홍타이지가 인조에게 조선인 범월자들을 처벌하라고 요구하고 조선의 사대 의무를 강조하기 위해 조공의 수사를 활용했다. 18세기 중반의 영조는 동일한 표현에서 '사대'보다 '자소'의 의무에 더 무게를 실었다. 홍타이지가 자신의 권위 아래 조선을 굴복시키기 위해 휘두른 말이, 건륭제에게 조선 조정의 청을 담은 말이 되어 돌아온 것이다. 또 다른 흥미로운 점은 조선이 청의 황제들을 유교적 이상을 추구하는 중화의 통치자로 묘사했다는 사실이다. 조선은 속으로 만주인을 경멸했으나 청의 황제에게 성군이라는 칭송을 바침으로써 자국의 주장을 관철시키려 했다. 이처럼 조선은 조공 관계의 수사를 사용해 자국의 이익을 도모하는 데 매우 능숙했다.

청의 동북 정책에 대한 조선의 반대는 당연히 건륭제의 심기를 건드렸다. 성경장군이 누차에 걸쳐 망우초 초소가 조선에도 이익이라고 설명했으며, 예부, 공부, 병부 모두 여기에 찬성했다. 게다가 황제가 이미 그 계획을 윤허한 후였다. 그럼에도 불구하고 조선이 이의를 제기하자 건륭제는 신하들에게 "조선 국왕이 상주한 것을 보니 조선 백성 가운데도 범월하여 채삼하는 자들이 있어 왔다. 만약 우리가 군사를 두어 순찰할 경우 그들이 마음대로 왕래할 수 없게 될 것이니, 그 상주한 것이 또한 비루하다. 소국의 백성은 대의를 알지 못한 채 이익만을 찾으며, 변강의 안정을 경시한다"라고 불편한 심기를 드러냈다.[85] 그러나 조선의 거듭된 상주를 무시하고 무조건 달당가와 대신들의 의견을 따를 수는 없었다. 조선은 청제국의 가장 오래된 번방 가운데 하나이며 그간 황조가 베푼 은혜가 두터웠다. 영조의 주문에 적힌 것처럼, 이상적 성군이라면 조선의 주청을 가납하는 것이 마땅함을 건륭제도 알고 있었다.

조선 조정의 강한 반대에 더해 청 조정 내부에서도 이론이 제기되었다. 군기처의 반디Bandi(班第)는 망우초 일대를 순시한 이후 건륭제에게 비밀리에 글을 올려 망우초가 범월자의 유일한 경로가 아니기에 초소를 설치하더라도 실질적으로 변경의 안정을 제고하지 못할 것이라고 고했다. 더해서 초소를 세우면 보급의 부담이 늘어나며, 조선과 외교 갈등도 생길 것이라고 덧붙였다.[86] 1746년 건륭제는 국경지대의 토지 개간을 중단하기로 결정했다. 이로써 달당가의 계획은 어그러졌고, 조선은 큰 시름을 덜 수 있었다.

성경장군이 상주한 (압록강) 일대의 토지를 개간하는 안건에 대해, 조선 국왕은 책문 밖 100리를 빈 땅으로 두어 경계를 구분해 왔기에 사사로이 왕래해 문제를 일으키는 것을 막을 수 있었다고 하였다. 그 주문은 시행함이 합당하니, 조선 왕이 청한 바를 참조해 책문을 늘리는 일을 중지하라. (예부는) 이를 조선 왕에게 알리도록 하라.[87]

이로써 달당가의 국경지대 관리 계획에 제동이 걸렸다. 봉황성부터 위원보까지 유조변을 확장하고 압록강변에 관병들을 주둔시켜 방비를 강화하려 한 그의 계획은 일대를 개간하지 않고는 성사되기 어려웠다. 병부는 망우초 초소의 필요성을 재차 강조하며 성심을 돌리고자 했다. "변강을 염려하는" 이들이 보기에 달당가의 의중은 "간악한 비적들로부터 변방을 지키는"데 있으며, 망우초 초소는 "변계邊界의 문제를 영원토록 해결하여 외번(조선)에도 유익한 일이 될 것"이기 때문이다. 그들은 조선의 주장을 진중히 고려할 필요가 없으며, 달당가의 주청이 이루어져야 한다고 호소했다.[88]

국경지대의 방어를 강화하기 위해 초소를 설치해야 한다는 청 관리들의 주장과 국경지대의 혼란을 막기 위해 사람들의 접근을 차단해야 한다는 조선의 주장 사이에서 건륭제는 결국 부친 옹정제와 마찬가지로 조선의 손을 들어주었다.

초소를 설치하려는 곳은 청의 강역이기에 조선과는 상관이 없다. 다만 대대로 황조에 충성을 다한 조선 국왕은 그의 무지한 백성이 금령을 어겨 죄를 얻을까 염려하여 초소를 세우지 말아달라고 주청하고 있다. … 짐은 조선 국왕이 백성의 잘못으로 죄를 얻는 것을 원치 않으니 그가 청한 바에 따라 망우초 초소의 건설을 중단하도록 하라. (예부는) 조선 왕이 그의 백성을 엄히 단속하도록 하라.[89]

망우초에 초소를 설치하여 범월과 인삼 사채를 단속하는 것이 아무리 합리적이고 필요한 일이라 할지라도 번방이 반대하는 한 천조의 황제는 이를 윤허할 수 없었다. 천하 만방을 살피며 약소한 이들을 보듬는 유교의 이상적 군주를 자처한 옹정제와 건륭제는 조선과의 관계를 위해 변방에서의 이익을 포기했다. 이는 17세기 초 두 차례 군사 정벌을 통해 형성된 청과 조선 관계의 양상이 한 세기 동안 크게 달라졌음을 보여준다. 양국의 관계는 여전히 상국과 번국 사이의 위계를 전제로 했으나, 이제 타협과 조율의 가능성을 내포하고 있었다. 양국 사이에 유지된 완충 지대는 사대의 틀 안에서 양국의 관계가 유연하게 유지되었음을 보여주는 증거이다. 상국은 이를 통해 천조의 위엄을 드러냈고, 번국은 실익을 지킬 수 있었다. 이처럼 양국의 조공 관계가 유연하게 유지되는 한 그 사이에 국경선을 그을 필요가 없었다.

청대 전반에 걸쳐 유조변 동부선과 압록강 사이의 변문과 초소는 성경장군의 관할 아래 있었다. 1770년대에 동부선 안팎으로 총 37개의 초소가 존재했다. 각 초소에는 장교 한 명과 병사 10명이 주둔했다. 변내의 병사들은 겨울부터 다음 봄까지 근무한 후, 여름부터 가을까지는 변외 초소로 이동했다. 순환 근무는 명백히 유조변 동부선 밖에서 이루어진 채삼 일정과 관련 있다. 건륭 말기, 동부선의 초소는 변외에 12개, 변내에 22개로 수가 달라졌다.[90] 하지만 청의 군사적 존재감은 동북방에서 가시적이지 않았다. 리처드 에드먼즈의 설명처럼 유조변은 "청-조선 경계보다는 내부의 경계로" 작동했다. 청의 관병이 불법 채삼과 벌목을 방지하기 위해 정기적으로 순검을 돌았다고는 하나, 완충 지대의 공한지는 "청이 조선과의 경계를 명확히 할 전략적·정치적 이유가 없

었음"을 보여준다.[91]

　건륭제 또한 번국인 조선에 대한 우위를 확신했기에 조선과 경계선을 긋는 일에 큰 관심이 없었던 듯하다. 그가 청제국의 영토 경계를 어떻게 생각했는지를 1754년, 망우초 논쟁이 있은 지 채 10년이 지나지 않은 시점에 작성한 시에서 엿볼 수 있다. 열하에서 내몽골을 지나 길림으로 몰이사냥을 떠난 건륭제는 시를 통해 유조변의 가치가 전처럼 크지 않다고 밝혔다.

> (유조변을) 세웠지만 세우지 않은 것과 마찬가지다.
>
> 뜻은 통제하는 데 있으나 세밀하지 않아
>
> 전인前人의 법을 후인後人이 지키는 것이니,
>
> 견고한 성과 해자를 지닌 만년萬年의 청나라가
>
> 어찌 구구한 이 버드나무에 달려 있겠는가.[92]

　시를 지을 당시 건륭제는 "유조변의 쇠락을 치세의 공덕을 드러내는 상징으로 여겼다. 진정한 성군이 다스린다면 더 이상 사람들의 이동을 제한할 장벽은 필요없기 때문이다."[93] 건륭제의 자신감이 청의 패권에 대한 현실 인식에 기초했는지, 혹은 근거 없는 희망에 불과했는지는 논쟁의 여지가 있다. 하지만 치세에 대한 자신감이 청의 강역에 한정되지 않고 조선과의 국경지대로 뻗어나갔음은 분명하다. 그에게 청제국의 권위는 유조변 같은 장벽으로 가둘 수 있는 것이 아니었다. 황제의 탁월함 또한 상국과 번국을 나누는 작은 강들에 제약받지 않았다. 강희제가 1712년 장백산 지리 측량에서 국경 확정보다 제국의 권위를 드러내는 것을 우선

했듯이, 건륭제 또한 망우초 초소 문제에서 제국의 권위를 드러내는 것을 경계선을 긋는 일보다 중요하게 여겼다.

*

망우초 초소를 둘러싼 논쟁은 청과 조선 국경지대가 청의 만주 정책과 대조선 정책이라는 이중의 원칙 아래 관리되었음을 보여준다. 청이 만주의 봉금을 실시한 주요한 이유 가운데 하나는 내지의 한인으로부터 만주의 인삼을 보호하는 것이었다. 동시에 조선인들의 월경을 방지하는 목적도 있었다. 만주를 보호하려는 청의 의도가 분쟁을 피하려는 조선의 의도와 맞물렸다. 그 결과 양국의 접경에는 출입이 제한된 완충 지대가 조성되었고, 이는 곧 국경지대의 형성으로 이어졌다. 한편 망우초 사건은 양국 관계의 성격 변화를 이해하는 데도 도움이 된다. 조선인의 범월은 누르하치 시절부터 건륭 연간까지 지속적으로 이루어졌다. 그러나 이에 대한 청의 대응은 시기에 따라 달랐다. 초기 만주인 통치자들은 조선인 범법자를 엄히 처벌하여 조선이 청의 권위에 복종하게 했다. 반면 18세기 청의 황제들은 보다 관대한 처벌을 내렸다. 선대보다 더 넓은 강역을 통치하고 만주인·한인·몽골인·위구르인·티베트인 등 다양한 민족 집단을 통치하게 된 그들은 스스로 천하 만민을 다스리는 '보편 군주'를 표방했다.[94]

제국 내부를 넘어 강역 밖 온 천하를 아우르는 천자를 자임한 이상, 황제는 조선 같은 오랜 번방의 요청을 어느 정도 수용해야 했다. 망우초 초소 계획을 중단한 까닭이 바로 이것이다. 황제의 입장에서 볼 때 조선이 군사적으로 청에 위협이 될 가능성은 극미한 반면 조선의 충성은 제국 통치에 당위성을 제공한다. 그렇기에 일정 수준의 양보를 용납할 수 있다. 조선 국왕은 바로 이 점을 활용해 자국의 영토와 주권을 보호했다. 양국의 조공 관계가 지닌 특수성에서 형성되고 유지된 국경지대는 원칙적으로 군사 초소 설립마저 불허하는 무인 지대여야 했다. 하지만 바로 그 조공 관계로 인해 국경지대에 사람과 재화의 흐름이 등장했다. 국경지대가 사람과 재화를 끌어모으며 문전성시를 이루게 된 구체적인 양상을 다음 장에서 살펴보겠다.

사람과 재화의
이동

4장

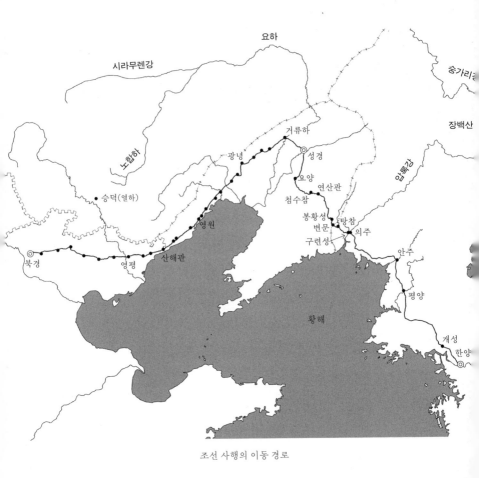

시라무렌강

요하

숭가리강

노합하

거류하

성경

광녕

장백산

승덕(열하)

요양

연산관

첨수참

압록강

봉황성

변문

탕참

영원

구련성

의주

북경

산해관

영평

안주

평양

황해

개성

한양

조선 사행의 이동 경로

1748년 1월 8일(건륭12년 12월 7일) 성경장군 달당가는 요양을 지나던 조선 사행단이 짐을 도둑맞았다는 보고를 받았다.[1] 조선 역관들이 올린 최초 보고에 따르면 피해자는 말몰이꾼 사환士還으로, 그는 사행의 물품 관리를 맡은 압물관押物官 윤창리尹昌履의 노복이었다. 사환은 자신이 목격한 바를 다음과 같이 진술했다.

> 만보교萬寶橋 인근에 이르렀을 때, 말을 탄 남자가 갑작스럽게 나타나 크게 고함을 질렀습니다. 이에 깜짝 놀란 제 말이 달아나고 말았습니다. 저는 황급히 말을 쫓았고, 한 집 앞에서 말을 찾았습니다. 그런데 (말에 실려 있던) 은화 꾸러미 하나는 땅에 떨어져 있고, 다른 하나는 사라졌습니다. … (그 집에 사람이 있기에) 은에 대해 물으니 그들은 모른다고 답했습니다. 이후 제 일행이 집을 뒤져서 수수 더미 속에서 은화 꾸러미를 찾았습니다.[2]

사환이 용의자로 지목한 이는 만보교에 거주하는 청인 송이달자宋二達子였다. 하지만 사건에 대한 송이달자의 변론은 사환의 진술과 사뭇 달랐다.

> 새벽녘 집에 불을 때고 있을 때 … 조선인들이 문 앞에 나타나 담뱃불을 얻을 수 있겠느냐고 물었습니다. 문 근처에 장작 더미가 있고 바람이 많이 불던 터라 그들의 요청을 거절했습니다. 그들이 다시 길을 묻기에 이번에는 문을 열어주었습니다. 집에 들어온 그들은 짐을 잃어버렸다면서 저를 묶고는 집

을 샅샅이 뒤졌습니다. … 날이 밝자 조선인들이 다시 몰려와 은 꾸러미를 집 안 수수 더미에서 찾아냈다며 저를 또 포박했 습니다.[3]

이른바 '조선인 사환의 무고 사건'으로 알려진 이 사건은 달 당가에 의해 북경의 예부에 보고되고, 조선 조정에도 통보되었다. 해당 사건은 이후 수년간 두 나라의 분란과 갈등을 유발했다.

본 장은 사환 사건의 배경이 된 조선 사행의 무역을 살펴보 고, 이를 둘러싼 성경장군과 조선 조정의 논쟁을 검토한다. 그중 두 가지 문제를 특히 주목한다. 첫째, 청과 조선이 맺은 조공 관계 의 경제적 측면이다. 청은 정치적 위계질서를 드러내기 위해 조공 국에 정기적인 입조를 허가했다. 이는 청과 조선의 상인들에게 다 양한 교역의 기회를 제공했는데, 그 양상은 본 의도와 달리 예기 치 못한 방향으로 흘러가곤 했다. 둘째, 국경지대에서 이루어진 접촉이다. 양국의 국경지대는 사사로이 왕래하는 것과 그로 인해 분란이 발생하는 것을 막고자 상호 합의 아래 조성되었다. 하지만 봉황성에서 성경으로 향하는 조선 사행은 청의 변경민들과 정기 적으로 빈번하게 교류했고, 그 결과 국경지대는 성시를 이루게 되 었다.

조선과 에도 막부 사이의 교역을 분석한 제임스 루이스James Lewis는 "(쓰시마와 부산과 같은) 변경은 … 접촉이 실제 이루어진 장소"로서 문화적 인식과 역사 기억의 형성에 있어 국가의 중심 부만큼 중요했다고 설명한 바 있다.[4] 쓰시마와 부산이 조선과 일 본이 만나는 곳이었다면, 청과 조선이 접촉한 곳은 봉황성과 성경

인삼과 국경

이다. 이곳에서 이루어진 여러 형태의 접촉은 청-조선 관계의 또 다른 일면을 드러낸다. 조공 사행을 나라 대 나라의 외교 교류로 여긴 중앙의 시각에서 볼 때 주변부에서 이루어진 다양한 접촉은 사소하고, 무가치하며, 심지어 비정상적인 것으로 치부된다. 예컨대 의례를 통해 이상적인 조공 관계를 유지하고자 한 청과 조선 조정에게 사환과 송이달자의 사건은 골칫거리에 불과했다. 반면 주변의 시각에서 볼 때 조공 사행은 양국의 정치적 위계질서를 드러내는 수단이었을 뿐만 아니라 양국의 물리적 접촉과 상업적 교류를 활성화하는 장치였다. 사행은 조선인들에게 합법적으로 압록강을 건너 청국 영내에 들어갈 기회를 제공했다. 마찬가지로 청의 상인들과 변경민 또한 조선 사행과의 교역을 통해 큰 이익을 얻을 수 있었다.

　　본 장에서는 양국의 국경지대와 청제국의 동북 변경이 조공 관계를 통해 상업화되는 양상을 심도 있게 다룬다. 18세기 봉황성과 성경 일대는 조선 사행으로 인해 교통이 개선되고 교역이 활발해졌다. 청의 변경민들과 조선의 상인들은 국경지대에서 다양한 교역 기회를 마련했다. 한편 양측의 빈번한 접촉은 갈등으로 이어지기도 했다. 대개 금전 문제였는데, 이따금 양국 사이의 외교 분쟁으로 비화한 경우도 있다. 이처럼 조공 관계는 국경지대로 사람과 재화를 이끌어냈으며, 그로 인한 접촉과 분쟁의 규모가 커지자 중앙 차원의 규제가 가해졌다. 양국의 국경지대와 청의 동북 변경은 조공 관계로 말미암아 상업화되었으나, 마찬가지로 조공 관계로 인해 그 발전이 제한되고 통제되었다.

조선 사행단

1637년 청과 조선이 맺은 조약의 결과, 조선은 동지에 맞춰 동지사冬至使를, 신년에 정조사正朝使를, 황제의 생일에는 성절사聖節使를, 그리고 연례 공물을 바치는 세폐사歲幣使를 청에 정기적으로 보내야 했다. 1645년부터는 청이 성경에서 북경으로 천도하며 길어진 이동 경로를 고려해 정기 사행을 동지사로 통합했다. 이후 정기 사행을 연공사年貢使 또는 연행사燕行使*라고 불렀다.[5] 그 밖에 다양한 형태의 임시 사행이 이루어졌다.[6] 사행단의 구성은 사행의 세부 이유와 목적에 따라 달랐다. 사행의 대표는 세 명의 정관正官, 즉 정사正使와 부사副使, 그리고 서장관書狀官으로 구성되었다. 조선 국왕을 대리해 청 황제를 알현하는 정사는 왕실 일원이나 고위 관료 중에서 임명되었다. 부사는 사행단의 문서 업무를 책임졌고, 서장관은 사행 전반을 규찰하고 밀무역을 단속하는 일을 맡았다.[7] 그러나 이들 세 사람이 사행의 업무를 직접 관장한 것은 아니다. 조선의 관리들은 언어 문제로 인해 청의 관리들과 자유롭게 의견을 주고받을 수 없었고, 모든 의논은 오직 문서를 통해서만 가능했다. 따라서 사행의 실무는 청인과 말로 대화할 수 있는 사역원司譯院 역관들의 몫이었다. 여행 중에 청인들을 상대하는 사소한 일부터 황실 의례와 관련된 주요 사항에 이르기까지 실무는 역관의 수장인 수역이 담당했다. 이처럼 고위 관료들은 명목상의 대표에 불과했고, 역관들이 사행의 실제 살림을 도맡았다.[8]

---

* 청나라의 도읍인 '연경'에 간 사신이라고 해서 연행사라고 불렀다.

산해관 동라성東羅城.
1784년경, 「연행도」 중 제5폭, 숭실대학교 한국기독교박물관 소장.

　　사행에는 군관을 비롯한 하위 관료도 다수 포함되었다. 이들
은 공물의 수목을 기록하고, 북경까지 운반할 짐꾼과 수레를 고용
하고, 사행을 보조하는 외부인들이 공물을 훔치고 약탈하는 것을
감시하는 임무를 맡았다. 그 외에도 많은 수의 종복이 동행했다.
조선은 지나치게 많은 사람이 압록강을 건너는 것을 통제하려 했
지만, 마부나 노자는 그 수가 고정되어 있지 않았기 때문에 확인
되지 않은 자들도 쉽게 사행에 끼어들 수 있었다.[9] 더해서 화공과
천문관, 의관, 그리고 사행단원과 개인적인 친분이 있는 이들도
함께했다. 이외에도 공물과 짐을 운반하는 이들, 말을 모는 이들
도 수두룩했다. 그 결과 사행의 규모는 종종 300명을 초과했다.[10]
18세기 초가 되면 그 수가 더욱 증가해, 1712년에는 무려 687명에

달하는 인원이 압록강을 건넜다.[11]

북경 사행의 여정은 멀고 길었다. 압록강에서 성경을 거쳐 북경까지는 한 달 거리였다.[12] 한양에서 압록강까지의 1070리를 더하면, 가는 데만 6주가 걸렸다. 통상적으로 북경에서 한 달간 체류했던 것을 고려하면 사행의 전체 여정은 적어도 4개월, 혹은 5~6개월까지 늘어나기도 했다.[13] 육로와 해로 중에서는 상대적으로 덜 위험한 육로를 선호했다. 입관 이전 만주인이 요동에 머무르던 시기에는 조선 사행이 해로를 통해 북경으로 가기도 했는데, 청이 중원을 장악한 뒤로는 육로가 공도로 지정되었다. 조선에서의 마지막 수검搜檢, 즉 출국 조사는 압록강 인근 도시인 의주에서 이루어졌다. 늘 명단에 이름을 올린 사람보다 청으로 잠입하려는 사람이 더 많았기 때문에 의주의 분위기는 매우 삼엄했다. 모든 공물, 사람, 그리고 말까지 검사했다. 연행에 참가하는 사람은 반드시 명목名目에 이름이 등록되어 있어야 했고, 없으면 도강을 금지했다. 이름을 올리지 않은 자가 도강하려다가 발각되면 사행의 서장관뿐 아니라 의주의 수검관까지 처벌했다.[14] 하지만 아무리 세심히 단속해도, 검문을 피할 방법은 많았다. 1780년 건륭제의 70세 성절을 축하하기 위해 북경에 다녀온 박지원朴趾源(1737~1805)은 압록강변에서 본 충격적인 광경을 상세히 묘사하였는데,[15] 특히 밀수 방지를 위해 짐을 수색하는 과정에서 겪은 큰 소요에 놀라움을 금치 못했다.

의주 관아의 관리들은 이름, 거주지, 나이, 얼굴 윤곽, 키 등을 묻는다. 또한 금, 은, 진주, 인삼, 모피, 무기 등 밀수품을 찾기 위해 짐 하나하나를 빠짐없이 검사한다. 사행단원과 종복들은 윗옷과 하의를 벗고, 수검관에게 짐을 보여주어야 한다. 이불 보따리와 옷 꾸러미, 여러 종류의 궤들이 강변에 흩어져 있다. 짐을 검색하지 않으면 간사한 짓을 막을 수 없고 뒤지자니 체통을 손상시키기 마련이다. 그러나 이런 검색도 실상은 부질없는 겉치레일 뿐이다. 의주의 상인들이 강을 건너는 날짜보다 먼저 몰래 넘어간다면, 누가 이를 막을 수 있으랴.[16]

박지원은 강을 건넌 이후 또 한 번 놀라운 광경을 목격했다. 청국 영내에서의 첫날 밤, 그는 노지에서 야영을 준비하는 사행단의 모습을 보았다. 천막을 치는 이들과 요리를 준비하는 이들과 말을 먹이는 이들이 있었는데, 이 광경은 옹정제와 건륭제가 기대했던 '훼손되지 않은 봉금지'가 아니라 보통의 촌락을 떠올리게 했다.[17] 청의 동북방은 황실의 특별한 지역이자 만주인의 발상지로서 산해관 너머 내지의 한인과 압록강 너머 조선인의 출입이 엄격히 금지되어야 한다. 그러나 박지원이 목격한 실상은 달랐다. 그날 사행단은 스스로 밤을 맞이할 준비를 했고, 다음 날까지 그 어떤 청의 관료도 만나지 못했다.

압록강을 건넌 후 조선 사행은 봉황산 산자락의 지정된 관문을 통과했다. 조선인들이 책문이라고 부른 유조변장의 첫 번째 변문은 봉황성에서 30리 거리에 있었다. 조선 가장 가까이에 있던 관청인 책문은 압록강에서는 90리, 의주에서는 120리 떨어져 있었다.[18] 압록강과 봉황성 책문 사이에는 역참이 없었기에, 사행단은 봉황성에 도착할 때까지 이틀간 노숙을 해야 했다. 북경으로의 입조 여정을 기록한 조선의 기록들은 압록강에서부터 책문까지를 종종 사람 없는 땅으로 묘사했다. 박지원 또한 압록강 너머의 땅에 대해 비슷한 소감을 밝혔다.

구련성 인근의 땅은 ⋯ 산수가 청명하고 바둑판처럼 펼쳐진 평평하고 너른 들판에 수목이 하늘까지 마주 닿아 있다. 언뜻 언뜻 보이는 큰 촌락이 있어서 마치 개와 닭 소리가 들려오는 듯하고, 토지는 비옥하여 개간하고 경작할 수 있어 보였다. ⋯ 마땅히 큰 고을과 웅장한 관청이 들어설 수 있는 땅이지만, 우리(조선)와 그들(청) 모두 이곳을 빈 땅[閑區]으로 내버려 두고 있다.[19]

박지원의 서술은 "의주 국경은 압록강, 미개척지wilderness, 그리고 유조변 책문의 세 형태로 구성되었다"[20]라고 한 마리온 에거트Marion Eggert의 설명과 일치한다. 박지원이 목격한 것은 양국의 정치적 합의 아래 조성된 면 내지 굵은 선으로 이루어진 국경지대였다. 하지만 조선인 연행사들이 보기에 다소 혼란스러운 광경이 펼쳐지기도 했다. 박지원은 장백산에서 벌목을 마친 후 봉황성으로 돌아가기 위해 압록강을 건너는 청인들과 마주쳤다.[21] 청의 영산인 장백산을 침범하는 것은 중죄에 해당했으나, 그들은 조선 사행단이 지켜보는 앞에서 버젓이 강을 건넜다. 박지원은 순찰 나온 봉황성의 관병들을 보고 "모두 작은 나귀를 탔는데 모자와 옷차림이 볼품없이 남루하고 얼굴은 피곤하고 쇠잔해 보였다. ⋯ 우리나라에는 이런 염려는 없지만, 중국 변방의 수비는 가히 허술하다고 말할 만하다"[22]라고 토로했다. 그곳에서는 북경의 황제가 내린 준엄한 명령이 제대로 지켜지지 않고 있었다.

　미개척지를 지난 조선 사행단은 봉황성 관청으로 향했다. 조선의 역관이 사행의 목적, 인원의 명단, 인마의 수를 기록한 증명서[入柵報單]를 제출하면 봉황성의 성수위가 변문으로 나와 사행을 영접했다. 청의 관리는 전달받은 증명서를 토대로 사행의 인원과 방물을 확인했다. 명단에 이름이 없는 자는 변문을 통과하지 못했다.[23] 하지만 이곳에도 검문을 회피할 방법이 아주 많았다. 예를 들어 1806년 봉황성 관리들은 의주에서 온 조선인을 사행에 음식과 물자를 보급한다는 명목으로 통과시켰다. 이를 남용하지 말라는 청 조정의 경고에도 불구하고, 조선의 상인들은 해당 조치를 청의 변문을 통과하는 수단으로 적극 활용했다.[24]

　봉황성 관리들에게 선물을 바치는 것도 변문을 지나는 방법 가운데 하나였다. 사행단은 세폐와 방물을 가지고 봉황성을 통과할 때, 관례적으로 일정한 양을 선물로 바쳤다. 이러한 관행은 종국에 '입장료' 징수의 형태로 변질되었고, 봉황성 관리들은 예단禮單의 명목으로 점점 더 많은 양의 선물을 요구했다. 변문에서의 선물 수수는 조선인 역관과 청의 관병 및 짐꾼들 사이의 주먹다짐으로 번지기도 했다.[25] 봉황성 관리들의 부정이 심각해질 대로 심각해져서, 1811년에는 북경의 관리들이 이들을 뇌물 수수로 고발하는 지경에 이르렀다.[26] 하지만 2년 만에 또다시 봉황성 관리의 뇌물과 입장료 강요가 도마 위에 올랐다.[27] 이처럼 국경지대 관리들의 부정이 만연한 것은 그만큼 국경을 넘으려는 조선 측의 열망이 컸기 때문이다. 허가받지 않은 수많은 조선인이 부패한 지방관들을 발판으로 삼고 청 영내로 들어갔다.

교역의 기회

조선 사행단은 북경에 이르는 동안 무역에 종사할 수 있는 합법적인 권리를 갖고 있었다. 사행의 일원은 공식적으로 80근의 인삼, 혹은 그에 상응하는 은이나 물품을 소지할 수 있었는데, 인삼은 10근마다 한 꾸러미(包)로 포장되었기 때문에 80근은 여덟 포[八包]에 해당했다. 후에 이 '팔포'라는 일반명사가 사행에게 주어진 무역권을 가리키는 고유명사로 바뀌었다.[28] 팔포 교역권은 사행 인원 가운데 정사와 부사, 서장관, 군관, 역관에게 주어졌다. 교역권은 고위 관료보다 역관들에게 더 중요했다. 전자에게는 이것이 왕실 봉사에 대한 보상을 의미했으나, 후자에게는 녹봉을 대체하는 생계 수단이었다.

조선 상인들이 주로 원한 상품은 비단이다. 조선인들의 중국산 비단에 대한 기호는 북경 상인인 정세태鄭世泰의 일화에서 잘 드러난다. 거상인 그는 조선인 고객에게 납품하기 위해 매해 은 10만 냥에 달하는 비단을 강소성과 절강성에서 주문했는데, 때로 비단이 시간 내에 도착하지 않아서 조선 사행의 귀국 일정을 미룰 정도였다.[29] 산해관 근처 마을인 중후소中後所에서 만든 털모자도 인기 상품 가운데 하나였다. 홍대용洪大容(1731~83)은 중후소의 모자 상점을 방문해 "조선의 모자는 전부 이곳에서 왔다"[30]라고 말했다. 15년 후 박지원은 조선인이 아직도 중후소에서 털모자를 대량으로 구매한다면서 "우리가 동지사를 (비롯한 사행들을) 통해 중

지위 (해당 인원)		1인당 팔포은 (냥)	팔포은 총액 (냥)
삼사 및 군관	정사 (1)	3,000	3,000
	부사 (1)	3,000	3,000
	서장관 (1)	2,000	2,000
	군관 (7)	2,000	14,000
소계	10명		22,000
역관 (체아직)	당상관 (2)	3,000	6,000
	상통사 (2)	2,000	4,000
	질문종사관 (1)	2,000	2,000
	압물종사관 (8)	2,000	16,000
	압폐종사관 (3)	2,000	6,000
	압미종사관 (2)	2,000	4,000
	청학신체아 (1)	2,000	2,000
	우어별차 (1)	2,000	2,000
	만상군관 (2)	2,000	4,000
소계	22명		46,000
잡직체아	의원 (1)	2,000	2,000
	사자관 (1)	2,000	2,000
	화원 (1)	2,000	2,000
소계	3명		6,000
총계	35명		74,000

팔포 무역의 규모.
출처: 유승주·이철성, 『조선 후기 중국과의 무역사』, 경인문화사, 1999, 57쪽.

국에 가져오는 은을 세어본다면 … 10만 냥보다 적지 않다. 10년이면 100만 냥에 달한다"[31]라고 덧붙였다. 중국 상품을 구입할 때 사용한 통화는 대개 은이었으나, 때로 종이나 부채, 가죽, 면포, 모피로 대금을 지불하기도 했다. 조선 사행단은 면직물, 염료, 후추, 과일, 도기 등도 구입했는데 대부분 봉황성에서 매매했다.[32]

압록강에서부터 봉황성까지의 여정에서 조선 사행은 다양한 무역 기회를 맞이했다.[33] 의주에서 봉황성 책문까지는 방물을 직접 운반해야 했다. 그런데 불편해 보이는 이 상황이 오히려 조선 상인들에게 큰돈을 벌 기회를 제공했다. 의주부윤은 사행 중 예기치 못한 사고에 대비하여 관례적으로 필요보다 더 많은 여벌의 말[餘馬]을 보냈다. 상인들은 이 '여마'에 자신들의 물건을 싣고 책문을 통과하여 청의 상인들과 거래했다. 이들은 여마로 운송한 상품을 변문에서 매매했다. 해가 지날수록 여마의 수가 늘어났고, 여마를 활용한 사무역의 규모도 증가했다. 공식적으로 상인들은 12필의 말만 끌고 갈 수 있었지만, 1686년 조선의 한 조정 관료는 "요사이 사상私商과 사행 인원이 많게는 말 천 필을 끌고 간다"[34]라고 적었다.

봉황성 변문을 나와 성경을 향하는 길에서도 무역이 이루어졌다. 그중 하나가 단련사團練使의 후시後市이다. 조선에서 청에 올리는 세폐와 방물은 성경에 도착하면 일부가 성경의 호부로 전달되었다. 물건을 전달한 후 조선 사행의 일부는 성경에서 의주로 되돌아갔는데, 이들을 인솔하는 책임자가 바로 단련사이다. 이들이 임무를 마친 예비 말을 활용해 성경에서 구매한 상품을 가지고 돌아왔다. 1705년까지는 단련사를 의주의 군관 중에서 선발했으

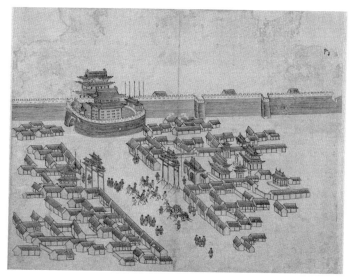

연경성 조양문朝陽門.
1784년경, 「연행도」 중 제7폭, 숭실대학교 한국기독교박물관 소장.

나, 나중에는 의주의 상인들이 그 자리를 차지했다. 단련사가 성경을 출발할 때가 되면 사들인 물품을 조선의 인마로 모두 운반하지 못하는 지경에 이르렀다. 이런 경우 청의 지역민을 고용하여 물화를 책문까지 운반한 다음, 의주에 있는 조선인들을 책문으로 불러들여 짐을 옮겼다. 단련사를 영접하기 위해 책문에서 대기하던 조선인들 또한 빈손으로 오는 경우가 없었기에, 봉황성은 문전성시를 이루었다.[35]

이처럼 조선 상인들은 사행의 마필과 특권을 조직적으로 활용해 청의 변경 지역에서 후시 무역을 활발하게 전개했다. 1715년경 조선 역관들은 책문의 상황을 다음과 같이 묘사했다.

지난 10년간 (봉황성) 도시는 장이 발전하고 더 많은 인파가 몰리면서 성장했다. 장이 열릴 때 도시는 수레와 말로 가득했다. 금주金州, 복주復州, 해주海州, 개주蓋州에서 온 면화, 심양과 산동에서 온 면포, 중후소와 요양에서 온 모자를 싣고 왔다. 남중국에서 온 배들도 우장牛莊의 항구에 정박했다. 북경의 상인들도 비단 등을 싣고 봉황성 책문에 다다랐다. 저잣거리의 점포들은 관내 어느 도시 못지않았다. (봉황성의) 상인들이 착용한 옷과 장신구는 고위 관료들의 그것처럼 화려하고 사치스러웠다.[36]

봉황성에서 무역할 시간을 벌기 위해 사행에 참여한 역관들은 종종 사상과 협력했다. 심지어 이들이 책문에서 압록강으로 향하는 사행의 귀환 일정을 의도적으로 늦추기도 했다. 이에 봉황성 책문에 만연한 밀수와 광적인 교역 행태를 꼬집는 비판이 쏟아졌다.

조선으로 돌아오는 길에 사행의 고위 관료들은 서둘러 압록강을 건너고자 했다. 그들은 황조의 회사품을 (운반하기 위해 뒤처진 종복들을) 기다리길 원치 않아, 가장 먼저 강을 건넜다. 그들은 (봉황성 책문에) 역관들과 수행원들을 남겨두었고, 남은 일행은 책문과 의주 사이를 자유롭게 오갔다. 청인과 교역할 시간은 충분했다.[37]

사행의 고위 관료들이 먼저 귀국하면 남은 인원은 별다른 제재 없이 사무역에 매진했다. 이처럼 청과 조선의 조공 관계는 조선의 상인들에게 국경지대를 널리 개방했다.

운송 사업

조선 측 무역 담당자들이 주로 역관과 의주 상인이었다면, 청 측 담당자는 봉황성과 성경의 상인들이었다. 청의 변경민들은 조선 사행의 방물과 물자를 압록강에서 봉황성과 성경으로 나르는 일을 맡았다. 운송업자들은 대개 봉황성과 성경 사이에 거주했는데, 그 길에 늘어선 여덟 곳의 역참을 동팔참東八站이라고 불렀다.[38] 성경에 도착한 조선의 방물은 호부에 전해졌다. 그중 일부만 성경에 남기고 나머지는 북경 조정으로 전달했다. 북경까지 방물을 옮기는 일은 청의 관료들이 책임졌다.[39] 그들도 방물만 나른 것은 아니다. 조선 사행 인원 가운데 더 편히 여행하고자 하는 이들은 변경민을 고용해 성경까지 혹은 심지어 북경까지 가마를 타고 이동했다. 19세기에는 역관과 상인도 봉황성에서 가마를 빌리는 일이 일반화되어 "말을 타는 일을 수치로 여기는 지경에 이르렀다."[40]

청의 동북방에 거주하는 현지인들에게 조선 사행의 방물 운반은 한 번에 큰 이윤을 남길 수 있는 기회였다. 한 조선 사행원이 "(동팔참의) 변경민들은 생계를 온전히 조선의 방물 운반에 의존하고 있다"[41]라고 기록할 만큼 운송 사업이 지역 경제에 중요했다. 1660년의 기록에 따르면 농한기인 겨울에는 변경민 고용이 수월했고 품삯도 적게 들었는데,[42] 17세기 말에 이르면 방물 운송비가 거의 규정화되었다. "봉황성에서 (성경까지) 방물 한 꾸러미를 운반하는 데 은 다섯 냥이다. 돌아오는 길에는 두 배가 든다. … 동팔참의 사람들이 얻는 이익이 크기에 거리에는 화려한 집들이 즐비하다." 수레 하나에 여러 개의 짐 꾸러미를 실을 수 있었으니 운송업자가 얻는 수익이 상당했을 것이다.[43] 박지원 역시 이런 상황을 잘 알고 있었다. 그가 봉황성 책문 일대에 거주하는 청인에게 생계를 묻자 "귀국의 행차가 없으면 저희들의 생계는 막막할 것입니다"[44]라는 대답이 돌아왔다.

성경의 상인들은 17세기 말 난두欄頭라고 불린 조직을 결성해 조선 사행의 방물 운송을 독점하고자 했다. "1689년 이래 요동에 호가패胡加佩라는 자가 난두라 칭하는 조직을 결성해 그 일당과 함께 (사행의) 복물卜物 운반을 도맡았다."[45] 이들은 부유한 상인들로 "천 명의 노복을 거느리고 무수한 첩을 두고 있다"고 알려졌다. 무엇보다 이들은 성경의 예부와 호부 관료들과 긴밀한 관계를 형성하고 있었다. 총 12명의 난두 상인 가운데 일곱은 실제로 성경의 관리였다. 그렇기에 강희제가 난두 조직을 공식 승인하기도 전에 성경아문은 조선 사행에게 방물의 운송을 난두에게 맡기라고 통지했다.[46]

성경장군의 비호를 받은 난두는 조선 사행을 착복할 방안을 다양하게 궁리했다. 먼저 난두 상인들은 조선 사행의 출발과 체류 일정에 개입했다. 이로 인해 사행단은 청국 영내에서 몇 달을 지체하며 여비를 허비하게 되었고, 가지고 온 물건들이 상하는 것을 지켜볼 수밖에 없었다. 더해서 난두 상인들은 상도덕도 없었다. 예컨대 1690년 봉황성 성수위가 변문에서 조선 사행을 영접하던

날에는 난두 상인들이 비를 핑계로 모습을 드러내지 않아서 방물 운송이 지연되었다. 그날 조선 사행은 빗속에 가마 안에서 하룻밤을 보내야 했다.[47] 난두 상인들에 대한 조선 사행단의 불만은 조선 측 기록인 『통문관지通文館志』에 잘 드러난다.

> 난두가 운반을 독차지한 이래 운송비가 배로 올랐다. 이 탐욕스러운 상인들은 성경아문에 자발적으로 세금을 바치고 관료들과 협잡해 사행의 이익을 독점했다. 책문에서 그들은 고의로 (의주로의) 출발을 늦추거나 (조선) 관료들에게 조선에 먼저 귀환하라고 얘기한 후 (상인들과) 사사로이 교역했다.[48]

난두가 조선 사행의 일정을 멋대로 조절할 수 있었던 까닭은 이들이 역관과 결탁하고 있었기 때문이다. 봉황성에 조선 사행이 도착하면, 난두는 성대한 연회를 열어 이들을 접대했다.[49] 의주로 돌아가는 길에 복물의 운반을 담당하는 서장관과 하급 관료들은 난두가 소유한 웅장한 저택에 머물기도 했다.[50] 난두는 조선 역관들을 통해 사행단을 감시하고 사행의 정보를 얻었다. 한 조선 관료는 이를 두고 "14명의 난두 상인이 있다"며 청 상인 열둘에 더해 그들에게 협조하는 조선 사행단 역관 두 명이 더 있음을 꼬집었다.[51]

난두에 대한 반감은 이들이 단지 조선 역관과 결탁하여 사행을 감시했기 때문만이 아니다. 이들은 조선 상인의 거래를 실제로 방해했다. 한번은 조선 상인들이 성경에서 금수품을 구매했다가 변문에서 발각되었는데, 난두는 이를 빌미로 조선 상인들이 난

조공.
1784년경, 「연행도」 중 제9폭, 숭실대학교 한국기독교박물관 소장.

두의 승인 아래에서만 거래하게 만들고자 했다. 그들은 봉황성 관
리들을 매수해 조선 조정에 조선 상인의 불법 무역을 고발하게 했
고, 그 결과 의주부윤이 수검 태만을 이유로 해직되었다.[52] 이처
럼 난두의 영향력은 청의 변경을 넘어 의주와 한성에까지 미쳤다.

　　난두의 전횡은 동팔참 지역의 소상인들에게도 피해를 입혔
다. 난두 상인들은 조선 사행의 수레를 요양까지 운반하는 비용
으로 은 10냥을 받았는데, 실제 수레를 끄는 이들에게는 두 냥 반
만 주고 나머지는 자신들이 착복했다. 이처럼 사행 무역의 이익을
난두가 독점하자 1712년 지역의 운송업자들은 난두에 대한 소송
을 제기했다.[53] 그러나 난두는 독점권을 유지하기 위해 성경의 관
리들을 매수했으며, 나아가 강희제에게 상소를 올려 자신들을 보

호해달라고 청원했다. 흥미롭게도 난두가 뇌물로 바친 돈은 조선 사행이 낸 운송비에서 나왔다.[54] 결국 난두는 소송에서 승리했고, 조선 사행의 운송 독점권을 유지할 수 있었다.

난두 상인들의 폐단은 마침내 조선 경종景宗(조선 20대 국왕, 재위 1720~24)에게도 전해졌다. 경종은 옹정제에게 난두의 철폐를 청원했다. 얼마 지나지 않아 양국 조정은 호가패와 그 일당에 대한 합동 조사에 착수했다. 1723년 호가패는 조선 사행에 대한 독점적 권리를 박탈당했으며, 편책형 100대와 가호형 3개월의 처벌을 받았다. 난두 상인들뿐만 아니라 봉황성 성수위 역시 부패와 권력 남용으로 징계받았다. 난두 조직이 철폐된 이후 조선 사행은 원칙적으로는 자유롭게 운송업자들을 고용할 수 있었다.[55] 하지만 난두의 철폐가 아무런 대가 없이 진행된 것은 아니다. 그동안 난두 상인들에게 받아온 은 2000냥가량의 수입을 비롯해 여타 이익을 상실한 성경과 봉황성의 관리들이 조선 사행에 불만을 제기했다. 이들을 달래기 위해 사행단은 청의 관리들이 추천하는 마부와 짐꾼을 고용해야 했다.[56]

"청에 빚을 져 나라를 욕되게 하다"

조선 사행의 채무 문제 또한 변경 무역의 주된 논쟁거리였다. 1700년경 조선 사행의 일원이 청 상인들에게 빚을 지고 있다는 사실을 알게 된 조선 조정은 청과의 관계가 악화되는 것을 우려해 청인에게 빚을 진 상인은 액수에 상관없이 효수하라고 지시했다.[57] 그러나 엄격한 금령에도 불구하고 변경 무역의 채무 관행은 사라지지 않았다. 1706년 봉황성의 청 상인들이 조선인의 채무에 대해 공식 항의하면서 조선 사행의 채무 문제가 다시 불거졌다.[58] 이듬해 조선 조정은 고발된 아홉 명의 조선인 채무자를 봉황성으로 보내 신문받게 했다. 그런데 신문 결과 채무자 중 단 한 명만 돈을 빌렸으며, 나머지는 무고하다는 사실이 드러났다. 위조된 차용 증서에 도장을 찍은 것은 다름 아닌 조선인을 고발한 청 상인이었다. 봉황성 성수위는 거짓으로 조선인을 고발한 청인의 주장을 옹호하면서 자신의 관심은 오직 빌려준 돈을 돌려받는 것일 뿐, 고발당한 조선인의 처지에 대해서는 상관하지 않는다고 말했다.[59]

변경의 청인과 조선인 사이의 채무 관계가 북경에 있는 황제에게 알려지고 이어 양국 조정의 심각한 외교 분쟁으로 발전한 것은 흥미롭게도 난두가 철폐된 뒤의 일이다. 1724년 성경장군은 해체된 난두 조직이 성경아문에 막대한 채무를 지고 있었다는 사실을 알게 되었다.[60] 호가패를 비롯한 난두 상인들이 17년 이상에 걸쳐 성경아문에서 빌린 돈이 다시 성경의 관료 38명, 북경의 관료 18명 등 수많은 이들에게 대출되었는데, 그중 가장 고액의 채무자가 조선 상인들이었다. 그 수가 247명에 달했고, 채무액은 은 6만 냥이 넘었다.[61]

성경아문은 조선인들의 막대한 채무를 황제에게 알렸고, 옹정제는 조선 조정에 사안을 조사하고 채무를 변제하라고 지시했다. 하지만 청인 고발자와 조선인 채무자를 압록강변 중강에서 대질 신문하라는 황제의 명은 실현 불가능했다. 끊임없이 이름을 바꿔 적고 수시로 압록강을 넘나들며 장사하는 수백에 달하는 조선

상인들을 일일이 추적하기란 불가능했다. 게다가 조선 조정은 개
인이 진 빚 때문에 국고를 열 생각이 없었다. 이런 선례가 생길 경
우 앞으로 청이 비슷한 요구를 할 때마다 조선은 막대한 부담을
감수하게 될 터였다. 긴 논의를 거친 끝에 조선 조정은 성경아문
에 조선인 채무자를 압록강변에서 효수할 것이나, 그들의 빚까지
책임질 수는 없다고 밝혔다.[62] 조선 조정의 거듭된 청원은 결국
결실을 거두었다. 옹정제는 1728년 마침내 청 상인들에 대한 조선
인의 채무 문제를 더 이상 거론하지 않기로 결정했다.

　　강희제께서는 조선 선대왕(숙종)의 능력과 겸양을 칭찬하셨
　　다. 그는 법도를 바로 세워 조선인 채무자들을 처벌했고 공정

하게 다스렸다. 듣기로 조선의 현왕(영조)은 유약하고 무능해 … 채무자들을 신문하지 못한다. (조선 국왕에게) 불가한 일을 명하는 것은 번국의 백성까지 보듬고자 하는 짐의 의도에 맞지 않는다. 따라서 그들을 신문할 필요는 없다. 짐은 조선 백성이 갚아야 할 은을 은혜로이 탕감할 것이다. 이는 외번外藩에 은혜를 베푸는 일이지, 내지內地보다 법을 소홀히 하는 것은 아니다.[63]

조선 국왕을 유약하고 무능한 이로 일컬은 칙서를 받은 영조와 조선 관료들은 분노했다. 이들은 이 모든 문제의 근원이 변경에서 창궐하는 사무역에 있다고 판단하고, 황망하게도 "청에 빚을 져 나라를 욕보이게 한[淸債辱國]"[64] 자국 상인의 사무역을 단속하기로 했다. 조정 대신들도 사행을 따라 성경으로 간 상인들이 문제를 일으키고 있다는 데 동의했다. 관행이 지속되는 한 비슷한 문제가 재발할 것이라고 확신한 조선은 성경에서의 교역을 사행의 역관들에게만 허용했다.[65] 그리고 얼마 지나지 않아 봉황성 책문에서의 여마 무역, 성경에서의 단련사 무역 등 다른 무역 관행도 금지했다. 영조는 봉황성에서 성경까지 방물 및 복물을 나르는 일을 청인에게 위탁하라고 명령하여 조선 상인이 동행할 기회를 박탈했다.[66] 변문에서 성경에 이르는 동안 사행의 일원이 무역에 참여할 수 있는 모든 기회를 차단함으로써 조선인이 청인에게 돈을 빌릴 여지를 제거하려 한 것이다.

하지만 이 조치도 효과가 미미했다. 청과의 무역이 이미 조선 사행의 운영과 불가분했기 때문이다. 청 황제에게 바칠 방물과 세폐를 준비하려면 막대한 비용이 들었다. 조선 사행이 북경에 도착해 방물과 문서를 전달하고, 청에 대한 정보를 수집하고, 청 관리들과 외교 현안을 논의하는 모든 일에 예단과 은이 필요했다. 조선은 그 비용을 사행 중에 이루어지는 무역에서 충당하고 있었다. 즉 청 상인들과의 변경 무역을 통해 얻는 은이 없다면 조선 사행은 임무를 완수할 수 없고, 나아가 사행 자체도 유지할 수 없었다. 변경 무역과 사행은 서로 공생하는 관계였다. 변경 무역 확대가 사행의 최우선 과제인 상황에서 채무 관행 같은 폐습은 묵인이 불가피했다. 이런 상황이 변경 무역을 제한하려는 영조의 노력을 좌절시켰다. 변문 후시와 단련사 후시를 철폐하라는 조치가 내려진 직후에도 의주에서 변문을 거쳐 성경에 이르는 동안 사행 밀무역이 만연했고, 은은 계속해서 양국의 국경지대를 오갔다. 결국 1754년 조선 조정은 사행단을 수행하는 의주 상인들에게 청과의 교역을 다시 허가할 수밖에 없었다.[67]

18세기에 봉황성과 성경은 교역의 중심지로 계속해서 번성했다. 1780년 박지원은 봉황성 책문에서 수많은 청인이 조선 사행을 기다리는 모습과, 그들이 조선인 역관과 의주 상인들을 반갑게 맞이하는 광경을 목격했다. 이처럼 양측은 정기적인 사행을 통해 친분을 형성했다. 한편 박지원과 그의 동행은 봉황성 안에서 또 다른 흥미로운 광경을 목격했다. 조선인 마부와 하인들이 일대의 민가를 가득 채우고 술판을 벌이고 있었다.[68] 일찍이 영조의 지시에 따르면 봉황성부터는 조선의 방물을 청인이 운반해야 하며, 조선인은 사사로이 출입해서는 안 된다. 그러나 영조의 기대와 달리 조선 상인들은 계속 봉황성으로 교역품을 실어 날랐다.

청의 변경민도 조선 사행과의 거래에 적극적으로 참여했다. 18세기 전반에 걸쳐 조선 사행은 청의 변경민들에게 방물의 운반을 맡겼다. 하지만 난두의 독점 운송이 철폐되었다고 해서 성경을 거쳐 북경까지 방물을 운반하는 문제가 순조로워진 것은 아니다. 1780년 조선 사행은 건륭제의 성절을 축하하기 위해 서둘러 성경을 떠날 준비를 하고 있었다. 청인 운송업자들은 이를 이용해 평소의 10배에 달하는 운송비를 요구했다. 성경 관리들이 이들을 처벌하고 운임을 낮추자, 불만을 품은 운송업자들은 무뢰배를 수레꾼으로 고용해 보복했다. 정황기 소속 기인을 자칭한 수레꾼의 우두머리는 "5리마다 쉬고 10리마다 술을 내놓을 것"을 요구하며 사행단을 괴롭혔다. 조선 사행은 분개했으나 이들 없이 여정을 지속할 수는 없었기에 아무런 조치도 취하지 못했다.[69] 이처럼 사행을 통해 구축된 청인과 조선인의 복잡다단한 상업망은 성경 일대를 경제 교류의 중심지로 만들었다.

은화 도둑 사건

조선 사행과 방물의 목적지는 북경에 있는 황제지만, 이 과정에서 생기는 현실적인 문제를 조정한 이는 성경장군이다. 밀수 단속에서 채무의 조정과 범월 방지에 이르기까지 사행의 다양한 사안이 성경장군아문 관할 아래 있었다. 그렇기에 조선 사행이 사환의 진술에 따라 방물의 일부를 도둑맞았다고 고했을 때 성경장군은 청의 대조선 정책에 입각해 해당 사안을 전혀 다른 장소에서 발생한 불법 채삼 문제와 결부했다. 이때의 성경장군은 바로 1746년 압록강에 수로 초소를 신설하자고 상소를 올렸으나 황제의 재가를 얻는 데 실패한 달당가였다. 앞서서 달당가는 국경지대에 청군을 주둔시켜 방비를 강화하고 불법 채삼 문제에 대처하고자 했다. 하지만 그의 계획은 조선 조정의 반대와 그에 따른 황제의 변심으로 좌절되고 말았다. 그로부터 채 일 년이 지나지 않은 시점에서 달당가는 조선인 말몰이꾼이 요양 인근에서 은을 도둑맞았다는 보고를 받았다. 조선 조정에 불만을 갖고 있던 그는 이를 보복의 기회로 여겼다.

　　송이달자 사건은 만보교의 촌장, 요양 성수위, 그리고 봉천부윤을 거쳐 달당가에게 전해졌다. 촌장은 조선인의 은을 훔친 죄목으로 고발된 송이달자가 조선인들의 꾐에 넘어가 집 문을 열어주었는데, 조선인들은 외인을 도우려던 그의 선의를 폭력으로 되갚았다고 진술했다. 송이달자 본인은 다음과 같이 상황을 상세히 복기했다.

> 당시 제 집에 머물고 있던 오이吳二와 장연張連 또한 포박되어 관아로 끌려갔습니다. … 조선인들은 은을 수수 더미에서 찾았다며 저를 다시 포박했습니다. 우리에게 모자와 양말을 신을 시간조차 주지 않았습니다. … 제 집은 대로와 매우 가깝습니다. 그들은 저를 잡기 위해 서둘렀고, 곧 제 집 문 앞에 도착했는데, 제가 어찌 말에서 은화 자루를 빼 와 집 안에 숨길 수 있었겠습니까? [70]

　　송이달자의 진술은 촌장의 증언과 일치했다. 촌장도 송이달자와 함께 집에 머물던 오이와 장연이 의복도 갖추지 못한 채 관아로 끌려왔다며, 이것은 그들이 포박 과정에서 불합리한 대우를 받은 증거라고 말했다.[71] 송이달자의 이웃에 사는 근조영斬朝英은 새벽에 고함 소리를 듣고 송이달자의 집으로 건너갔다가 자신도 봉변을 당했다고 진술했다. "조선인들이 제게 누구냐고 물었습니다. 저는 (송이달자의) 이웃이라고 답했습니다. 그러자 한 조선인이 대나무 막대로 제 머리를 두 차례 때렸습니다. 머리가 찢어졌고 저는 두려워 집으로 뛰어갔습니다." 그는 나중에 지방관에게 머리의 상처를 보여주었다.[72]

송이달자, 오이, 장연은 모두 사행 경로 인근에 거주하면서 방물 운송에 고용된 변경민으로 추정된다. 이 사건에서 눈여겨볼 점은 운송을 맡은 청인 지역민들에 대한 조선 사행단의 태도이다. 잃어버린 은을 찾는다는 핑계로 사행원이 군중 사이를 헤집고 다녔고, 민가를 침입했으며, 자의로 수색하고 심지어 청인을 공격하기까지 했다. 청의 관병이 아니라 조선의 사행원이 용의자를 찾아 포박한 후 관아로 끌고 갔다. 사행을 수행한 청인 병사는 불과 12명에 불과했기에, 조선 사행단은 스스로를 보호해야 했다. 하지만 그들이 '상국'의 영내에서 자기방어 수준을 넘어 오만하게 행동할 수 있었던 까닭은 그곳이 조선과의 교류가 잦은 제국의 변방에 있었기 때문이다. 더해서 고용주와 고용인이라는 조선 사행과 청의 변경민 사이의 경제적 종속 관계도 조선인들이 활개를 칠 수 있었던 중요한 요인일 것이다. 사건을 접한 조선의 역관들이 사환의 주장을 그대로 성경예부에 보고했다는 사실과, 청의 관병들이 조선인 노복의 진술만 듣고 청인을 구금했다는 사실은 모두 조선인이 청의 동북 변방에서 특권을 누리고 있었음을 보여주는 정황이다.

하지만 달당가는 그 특권을 존중할 생각이 없었다. 사환과 송이달자의 진술이 어긋나는 것을 발견한 성경장군 달당가는 관련자를 전부 소환해 직접 신문했다. 송이달자, 오이, 장연은 진실을 고하지 않으면 엄히 처벌할 것이라는 압박을 받고도 일관되게 무고를 주장했다.[73] 반면 조선의 역관과 청의 관병들은 사환이 언제, 어떻게 은을 잃어버렸는지 직접 보지 못했으며, 그의 증언만 듣고 사건을 신고했다고 답했다. 사환과 동행한 다른 말몰이꾼 중에도 사환이 은을 잃어버리는 과정을 직접 본 사람이 없었다.[74]

결국 은을 분실한 자가 사건의 열쇠를 쥐고 있음을 간파한 달당가는 사환을 다시 신문했다. 왜 송이달자의 집 앞에서 본 바에 대한 진술을 바꾸었는지, 왜 다른 말몰이꾼은 그가 언급한 '마적'을 보지 못했는지, 그리고 왜 청인 용의자들을 나포하는 데 폭력을 사용했는지를 추궁했다. 그 결과 사환은 모든 진술이 거짓이라고 자백했다.

날이 어두워지면서 바람이 매우 세차게 불었습니다. 저희는 수탉이 울 무렵 만보교에 도착했습니다. 담배를 피우기 위해 말 고삐를 풀고 담뱃불을 붙였습니다. 그런데 이를 본 제 말이 놀라 달아나고 말았습니다. 저는 발굽 소리를 따라 서쪽으로 갔고, 송이달자의 집 앞에 도착했습니다. 말에 있던 은화 꾸러미 두 개 중 하나는 근처에서 찾았으나, 다른 하나는 사라졌습니다. 저는 너무 무서워 울었습니다. 그때 제 동료들이 저를 찾아왔습니다. 저는 불을 밝히고 일대에서 은화 꾸러미를 찾으려고 했으나, 송이달자가 불씨를 주지 않았습니다. 길을 잃었다고 하니 그제야 문을 열어주었습니다. 그에게 은화를 잃어버렸다고 말했는데, 그는 아무것도 모른다고 답했습니다. 그래서 "내 말이 당신 집 앞에 서 있었고, 은화는 사라졌다. 당신 아니면 누가 가졌겠는가?"라고 했습니다. 제 동료들이 그를 포박했습니다. … 얼마 뒤 잃어버린 은화 꾸러미를 길에서 찾았습니다. 그때 이미 (송이달자와 일행을) 붙잡은 상황이었습니다. 만약 제 주인에게 사실을 모두 자백하면 그는 제가 분별없이 행동한 것과 무고한 이들에게 죄를 뒤집어씌운 것을 책망할 것입니다. 그게 무서워서 수수 더미에서 은화를 찾았다고 거짓을 고했습니다.[75]

사환이 청인을 무고한 사실을 밝힌 달당가는 연루된 조선인들을 모두 귀국시키고, 조선 국왕으로 하여금 사건을 처리하도록 했다. 그는 연루된 자들의 처벌 수위도 제안했는데, 사환에게는 은화 절도를 위증한 죄와 양민을 무고한 죄로 60대의 장형과 1년의 도형을 제시했다. 한편 달당가는 사환의 주인인 윤창리 또한 종복의 말만 믿고 선량한 청국 백성을 무고했으니 처벌해야 한다고 주장했다. 더해서 사건을 올바르게 조사하는 대신 사환의 입장만 일방적으로 변호한 조선인 역관도 죄가 있다고 고했다. 끝으로 사행을 호위한 청의 관병들 역시 무사하지 못했다. 그들은 절도 사건을 세심히 조사해 상관에게 직접 보고할 의무, 그리고 외국 사행단을 제대로 호송해야 할 의무를 소홀히 했기에 처벌받아야 했다.

인삼과 국경

달당가는 사건에 연루된 조선인의 처벌은 조선 국왕이 결정해야 한다고 제안했다. "소국의 사람들이 옳고 그름에 무지해 일어난 일이니, 성상께서는 너그러이 용서하시고 후히 베푸시어 조선 국왕이 연루된 이들을 처벌할 수 있도록 하십시오."[76] 이 제안은 겉으로는 관대해 보이지만 실제로 조선 조정에는 도움이 되지 않았다. 조선의 대신들은 청 예부가 보낸 자문이 영조의 의무 태만을 지적한 것에 분개했다.[77] 일부는 사건에 연루된 이들뿐 아니라 가증스러운 서신을 받아온 사신도 처벌해야 한다고 흥분했다.[78] 조선 조정은 달당가의 진의를 의심했다. 당시 조선에게 더 중대한 문제는 압록강 인근을 불법 개간하는 청인이 늘어나는 것이었다.[79] 그래서 조선은 달당가나 청 예부가 조선 노복의 무고 사건을 확대하여 조선을 압박하고 대신 청인의 불법적인 변경 개간을 무마하려 한다고 생각했다. 사환과 연루된 이들의 처벌을 논의한 조선 조정 대신들은 "청 당국, 특히 달당가는 믿을 만하지 않다"라고 경계하고 불신했다.

사건 처리의 확대

조선은 사환의 위증과 무고 사건을 사환과 윤창리의 유배형으로 마무리하려 했으나, 달당가의 심중은 달랐다. 조선인이 청의 영내에서 청의 백성을 무고했다는 사실에 경악한 그는 과거에 발생한 비슷한 사건을 재조사했다. 얼마 뒤 그는 건륭제에게 이번 사건과 유사한 두 사건을 보고했다. 1744년에 낭자산狼子山 인근을 지나던 조선인 이고로자李古魯子는 객점 주인을 은화 절도 혐

의로 고발했다. 그런데 용의자인 객점 주인이 질병으로 사망하고, 이고로자가 사건 종결을 기다리지 않고 조선으로 돌아감에 따라 사건은 미결로 남아 있었다.[80] 또 다른 사건은 조선인 역관 이윤방李允芳이 연루된 일로, 마찬가지로 미제였다. 1745년 이윤방과 동행한 11명의 조선 사행원은 십리하十里河 근처에서 은을 도둑맞았다면서 객점 주인을 고발했으나 범인을 찾지 못했다.[81]

사환 사건을 겪은 달당가는 이고로자와 이윤방의 말을 그대로 믿으려 하지 않았다.

> 용의자들은 이미 수차례 신문을 받았으나 무고하다는 최초의 증언을 번복하지 않았습니다. 조선인의 말만 믿고 (청의 백성인) 용의자들을 범인으로 지목하는 것은 옳지 않습니다. 조선 국왕에게 고변한 이들의 진술을 취득하게 해도 그들은 앞서 말한 바를 반복하는 데 그칠 것이니, 사건은 해결되지 않을 것입니다. (조선인의 진술에 따라) 문제를 해결한다면 그 결과는 사환이 송이달자를 무고한 사건과 똑같을 것입니다. 양자를 대질하지 않았다면 조선의 노복이 어찌 진실을 털어놓았겠습니까. 윤창리도 자신의 죄를 수긍하지 않았을 것입니다.[82]

달당가는 진실을 밝히기 위해 반드시 원고와 피고의 대질이 필요하다고 역설했다. "이고로자와 이윤방이 본래 진술한 바는 말이 뒤섞여 있어 믿을 만하지 않으니 그들이 진실을 고하길 기다려야 합니다. 피고는 무죄를 계속해서 주장하고 있으나, 그들의 진술 또한 일방적이니만큼 원고와 대질해서 시비를 분명히 가려야 합니다."[83] 건륭제는 달당가의 청을 수락했고, 이에 성경예부는 조선에 자문을 보내 관련자들을 급히 송치하라고 요청했다.[84]

조선에서는 일차적으로 근거도 없이 청인을 범인으로 지목하여 일을 키운 이윤방과 역관들을 책망했다. 하지만 동시에 탐욕스러운 청 관리들이 조선 사행단에 뇌물을 요구하기 위해 지난 사건을 들추는 것이 아닌지 의심했다. 과거 사건들에 대한 추가 조사를 계기로 청 관료들이 더 무리한 요구를 할지 모른다고 우려한 것이다.[85] 결국 조선 조정은 조선의 관리가 원고들과 동행하고, 공동으로 사건을 조사하는 조건으로 청의 요구를 수락했다. 이에 따라 형조참의 김상적金尙迪이 관련자들과 함께 봉황성에 파견되었다.[86] 영조는 참핵사參覈使 김상적에게 따로 유시를 내려 "상국의 무고한 백성을 처벌하는 것은 적절치 않다"며 사건을 엄중히 조사하라고 지시했다.[87]

1749년 달당가의 후임으로 성경장군에 임명된 알란타이Alan-tai(阿蘭泰)가 건륭제에게 조사 결과를 보고했다. 그는 김상적과 합동 조사를 실시한 두 봉황성 관리를 인용하여 "도둑으로 지목된 청인들은 그들의 무고를 증명할 증거를 제시한 반면 조선인 고변자들은 증거를 제시하지 못했습니다"라고 고했다. 그가 밝혀낸 사건의 전말은 다음과 같다. 이고로자와 일행은 객점 주인과 숙박비를 두고 말다툼을 벌였다. 이후 이고로자 일행이 짐 꾸러미와 은 100냥을 잃어버렸다고 주장하자, 조선 역관과 청의 관병은 객점에 머물던 청인 다섯을 즉각 체포하여 관아에 넘겼다. 그러나 후에 빈 집에서 조선인의 짐 꾸러미를 찾았는데, 잡물은 그대로 남아 있고 은만 약간 사라졌다. 십리하에서 은을 잃어버린 이윤방의 사건도 비슷했다. 사행 일행 가운데 네 명이 일찍 떠나고 여덟이 남았는데, 남은 이들은 은이 사라졌다고 주장했다. 이에 청의 관병들은 객점 주인을 때리고 고문한 후 관아로 압송했다. 그 후 마을 촌장이 사건을 수년간 조사했으나 객점 주인이 절도에 가담했다는 증거를 찾지 못했다.[88]

알란타이는 이고로자와 이윤방이 청인을 무고하기 위해 거짓을 획책했다고 결론 내렸다. 상황이 조선 측에 불리해진 데는 이윤방의 영향이 컸다. 그는 재조사 과정에서 사건의 증인인 하인에게 위증을 대가로 은 25냥을 주었으나, 하인이 청 관료에게 이를 폭로했다. 이윤방의 매수 시도는 사건 해결에 나선 참핵사 김상적의 노력을 물거품으로 만들었다. 이로 인해 조선인 고변자들의 유죄를 확신한 알란타이는 "조선 국왕으로 하여금 조선인이 (청인을 무고하는) 일을 꾸민 과정을 조사하고 처벌을 결정하게 해야 한다"고 주장했다. 그는 또한 건륭제에게 사건을 제대로 조사하지 않은 청의 관병들을 치죄해달라고 요청했다.[89] 1749년 8월 청의 예부는 조선 조정에 처벌의 수위를 자문으로 보냈다.

이윤방과 이고로자 등은 내지의 선량한 백성을 포박하고 무고했으며, 하인을 매수하려고 시도했다. 그들의 죄는 군역에 복무하게 하는 것[充軍]으로 다스림이 마땅하다. 그러나 황상의 은택으로 말미암아 그들의 처벌을 장형 100대와 도형 3년으로 감면한다. 뇌물로 준 은은 봉인해 조선 조정에 돌려보낸다.[90]

3개월 뒤, 조선 조정은 청의 예부에 참핵사 김상적을 포함해 모든 관련자를 처벌했다고 보고했다.[91] 은을 분실한 책임을 피하고자 청인을 무고한 종복들, 이들의 말만 듣고 진실을 밝히려고 하지 않은 역관들, 그리고 조선 조정을 대표해 재조사에 참여한 관료까지 모두 엄벌했다. 이로써 조선 사행의 위법 행위를 억제하고 상국의 권위를 드높이려는 달당가의 목적은 달성되었다.

이 사건에서는 달당가가 조선인의 위증을 밝혔지만, 조선 사행이 보고한 은화 절도 사건이 항상 거짓이었던 것은 아니다. 실제로 절도가 발생해서 청이 보상한 경우도 있다. 1746년 요양의 성수위는 조선인 역졸 이찬숙李贊淑이 은화 1000냥을 잃어버렸다고 보고했다. 다른 사건들과 마찬가지로 이찬숙도 사행 중 은화를 분실했고, 객점 주인과 수레꾼을 의심했다. 그러나 이전의 사건과 달리 이찬숙의 사건에서는 조선인이 청의 변민을 무고했는지 여부가 논란이 되지 않았던 것을 보면, 이찬숙이 은을 도둑맞은 것은 청의 관리들도 인정하였음을 알 수 있다. 다만 진범을 찾지는 못했다. 그렇다면 누가 조선에 도난당한 은을 배상해야 할까? 2년 반에 걸친 논의 끝에 성경예부는 조선 사행단의 짐을 운송한 청의 상인들이 책임져야 한다고 결론 내렸다.

이들은 재산이 많아서 (조선 사행의 운송을 맡은) 상인이 될 수 있었습니다. 그들은 조선 사행의 방물을 위탁받았고, 고가의 운송비를 받았습니다. 그럼에도 불구하고 보관에 주의를 기울이지 않아 방물을 유실하는 상황에 이르고 말았습니다. 그렇기에 이들이 배상을 책임지는 것이 합당합니다. 그들을 구

금하여 모든 액수를 배상한 후에 석방해야 합니다. 만일 이후
에 진범이 잡히면 환급하면 될 것입니다.[92]

1750년 성경 예부는 조선에 배상 금액에 해당하는 은을 보냈
다.[93] 조선 조정은 건륭제에게 자문을 보내 황제의 호의에 감사
를 표했다. "황조는 항상 소방의 일을 살폈습니다. 이제 노복에까
지 자비를 베푸시어, 오래전 일임에도 그가 잃은 은을 환급하셨습
니다. 이는 모두 황조의 호의 덕분이니 소국은 기쁘고 감사할 따
름입니다."[94] 조선 사행원에게 청의 변경민들은 하룻밤 숙소를 제
공하는 객점 주인이거나, 그들의 귀중품을 나르는 짐꾼이거나, 교
역 상대인 상인이거나, 혹은 그들의 물건에 눈독 들이는 도둑이었
다. 하지만 조선의 국왕에게 청의 황제는 그가 정기적으로 신하의
예를 다해야 할 대상이자, 자국 백성을 압송하라는 명령에 복종하
고, 심지어 자국 백성을 처벌하는 것에 감사를 표해야 할 지고한
존재였다. 청과 조선의 관계는 그들의 조우가 북경에서 이루어지
는지 성경에서 이루어지는지, 혹은 제국의 중심부에서 멀리 떨어
진 변방의 촌락에서 이루어지는지에 따라 크게 달라졌다.

*

청은 번국이 조공을 바치기 위해 정기적으로 방문하는 것을
허가했고, 조선인은 입조 사행을 통해 청인과 정기적으로 접촉할
기회를 얻었다. 봉황성에서 성경으로 향하는 사행로에서 발생한
다양한 사건들은 청과 조선의 정치적 위계질서를 유지하는 수단

으로 시작된 조공 관행이 양국의 국경지대, 그리고 청의 동북 변경에서 예기치 못한 거대한 규모의 인적 교류 및 상업적 교류를 이끌어냈음을 보여준다. 조선 사행단은 북경으로의 입조 여정 가운데 청의 지역민에게 다양한 도움을 받아야 했기에 가까이 접촉할 수밖에 없었고, 그로 인해 여러 문제들이 발생했다. 결국 절도와 분실을 둘러싼 분쟁은 조공 관계라는 양국의 정치 질서로 인해 촉발된 것이라 할 수 있다.

이처럼 청의 외교 정책의 두 핵심 요소인 교역과 조공은 상보적 관계를 이루며 양국의 국경지대에 상업망을 구축했다. 하지만 양국의 상업적 교류는 상국과 번국 사이의 불균등한 위계질서에 기초한 것이었으며, 분쟁을 해결하는 절차 또한 청조에 의해 시작되고 진행되며 정리되었다. 이는 조공 관계에 내재된 정치적 위계질서를 보여준다. 조선 사행단이 경험한 청 관리들의 부정부패나, 자국 관리들을 처벌해야 하는 조선 국왕의 비애는 성경장군이나 건륭제의 관심 밖이었다. 조공 관계에 수반된 상업적 교류는 양국의 견고한 정치적 위계질서를 바탕으로 시작되고 유지되었다.

국경지대에서
국경으로

5장

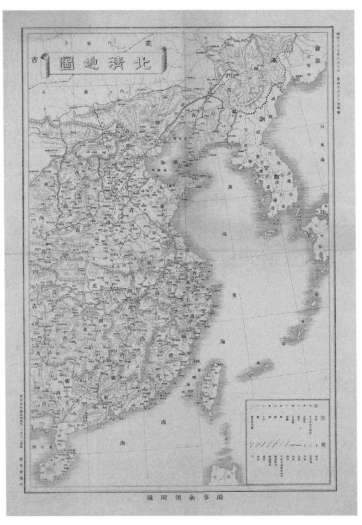

「북청지도」.

1894년 청일전쟁 직전에 일본에서 제작, 국립타이완역사박물관 소장.

1867년 4월 4일(동치6년 2월 30일) 성경의 호부시랑 얼허부Elhebu (額勒和布)는 동치제同治帝(청 10대 황제, 재위 1861~75)에게 유조변 동부선 밖 봉금 지역의 상황을 보고했다. 상주에 따르면 봉금 지역의 토지를 불법 경작하는 민인이 계속 늘어나고 있었으며, 심지어 이들은 자진해 세금을 납부하겠으니 길림의 선례를 따라 개간을 허가해달라고 성경아문에 청하기까지 했다. 변외의 개간은 동북방의 봉금 정책을 위반하는 행위인 데다, 인접한 조선과 마찰을 빚을 소지가 있는 사안이다. 따라서 얼허부는 이에 대한 처분을 북경 조정에 넘겼다.[1] 보고를 상세히 검토한 육부와 군기처의 대신들은 그동안 청제국의 신성한 고토인 성경 일대의 수천 리를 유조변을 통해 지켜왔다고 힘주어 말했다. 동시에 변외에서 땅을 일구고 벌목하는 이들이 무수히 많음도 인정하고, 그들을 봉금 지역에서 쫓아낸다면 생계를 빼앗긴 이들이 저항할 것이라고 우려했다. 그렇기에 국경지대의 봉금을 유지하면서도 불법 개간민들을 국가의 통제 아래 둘 해결책을 모색했다.[2]

이러한 상황이 갑작스럽게 알려진 것은 아니다. 1863년에도 금주錦州의 부도통 언허Enhe(恩合)가 국경지대의 상황을 보고한 바 있었다.

이 일대는 들은 넓고 산은 깊어 두루 조사하기 어렵습니다. 이에 간악한 이들이 이익을 도모해 숨어든 지 오래입니다. 이들은 처음에는 수렵과 벌목을 목적으로 삼았으나 이후 금을 캐고 토지를 개간하는 데 이르렀습니다. 요사이에는 직예와 산동의 유민들까지 이곳에 모여들어 무리의 많음을 믿고 방

자하게 행동하고 있습니다. 본래 깊은 산속에 집을 짓고 토지
를 경작하던 이들이 최근에는 수백 리의 땅을 확보하고 있으
나, 순찰하는 관병의 수는 적고 힘은 미치지 못해 어찌할 도
리가 없습니다. 월변을 금하는 것은 느슨해지고 있으며, 변외
의 땅은 (나라가) 개간하지 않아도 개간되고 있습니다.[3]

언허의 보고처럼 19세기 말 청과 조선 당국은 경작지를 찾아
헤매는 유민의 행렬이 양국의 방대한 국경지대로 향하는 것을 막
지 못했다.

본 장은 청과 조선 조정이 인삼이 사라진 국경지대의 불법 개
간 문제를 어떻게 다루었는지, 그리고 두만강 이북으로 이주한 조
선인들이 19세기 말 양국의 국경 교섭에 어떠한 영향을 미쳤는지
를 살펴본다. 이를 위해 먼저 19세기 청의 인삼 전매 정책에 나타
난 변화를 추적한다. 18세기 말 이래 야생삼이 희귀해지고 인삼업
의 이윤이 줄어들자 청조는 더 이상 인삼 독점을 유지할 수 없게
되었다. 인삼의 고갈과 함께 한인 경작민의 봉금 지역으로의 유입
이 가속화되었다. 그 결과 19세기 청의 동북방 정책은 점차 유명
무실해졌다. 이러한 가운데 19세기 중반 러시아의 만주 진출이 본
격화되자 청의 만주 지배 자체가 위협받기에 이르렀다. 청조가 만
주의 영토와 주권을 지키기 위해 취할 수 있는 방안은 민인의 이
주를 장려해 이 일대를 청의 백성으로 가득 채우는 것뿐이었다.
결국 민인의 출입을 막고 기인 병사들을 주둔시켜 변경을 방어하
려 한 청의 동북방 정책은 민인을 이주시켜 변방을 개간하는 '이
민실변移民實邊' 정책으로 대체되었다.

청과 조선의 정치적 관계와 영토 경계의 성격이 변화하는 양상 또한 주목해서 살펴보아야 한다. 19세기 양국의 국경지대에서 인삼이 급감하자 채삼꾼이 줄어들었고, 그 빈자리를 민인 경작민이 채웠다. 이후 국경지대의 공한지를 향한 이주의 물결이 내지뿐 아니라 조선 방면에서도 몰려오자 청 당국은 조선인 이민자들에 대한 관할권을 주장하고 나섰다. 하지만 19세기 후반은 청-조선 관계가 재해석되고 재조정되는 시기였기 때문에 조선인 이민자들을 둘러싼 논쟁은 과거보다 더 복잡한 성격을 띨 수밖에 없었다. 청조는 수 세기 동안 유지해온 조선에 대한 절대적 영향력을 이어가고자 했다. 반면 동아시아의 국제 질서가 새로이 정립되고 있음을 알게 된 조선은 청과의 전통적 관계를 쇄신하고자 했다. 그럼으로써 두만강 이북에 정착한 자국 백성을 보호하고, 그들에 대한 주권을 행사하려 한 것이다. 이처럼 청-조선 관계가 새로운 국면에 들어서자 기존의 영토 및 주권에 대한 인식과 실천은 재고되었다. 양국이 공유해온 국경지대는 더 이상 용인될 수 없었으며, 이제 국경지대는 국경으로 대체되어야 했다.

사라진 인삼, 늘어난 사람

18세기 말까지 만주의 인삼은 청의 중요한 재정 수입원이었다. 1760년 청 조정은 삼표 6000장을 발부했고, 한 장당 인삼 여섯 량을 징수했다. 당시 인삼 한 량의 시가는 은 40냥에 해당했기에, 삼표를 통해 징수할 총액은 인삼 3만 6000량, 은으로 환산하면 144만 냥에 달했다.[4] 이는 1753년 청의 관세 수입인 은 433만 냥의

삼 분의 일에 해당한다.

하지만 18세기 말부터 삼표의 발행량이 곤두박질쳤고, 인삼업도 내리막길을 걸었다. 수 세기에 걸친 남획으로 야생삼이 고갈되었기 때문이다. 인삼뿐 아니라 꿩, 황새, 잣, 초피 등 다른 만주의 자연 자원도 1750년대부터 1850년대 사이에 수효가 급감했다. 이는 한인의 밀렵과 잠채보다는 청제국의 수렵 채집 정책이 자원 고갈의 주요한 원인이었음을 의미한다.[5] 청 당국은 인삼 산지에 휴지기를 두고, 채취 감독을 강화하고, 초소를 세우고, 밀렵을 방지하기 위해 순찰을 강화하고, 밀렵꾼과 불법 개간민과 밀수꾼을 체포하는 등 만주의 자원을 보호하기 위해 여러 대책을 폈다.[6] 하지만 그 무엇도 실효가 크지 않았다. 산을 쉬게 할 목적으로 삼표의 발행을 일시 중단해도 불법 채삼은 멈추지 않았다.[7] 결국 야생삼은 고갈되었고, 당국의 인삼 전매 체계는 큰 타격을 입고 말았다. 이전까지는 관삼국에서 채삼인에게 자금을 미리 융통해주고, 채삼인은 할당량을 초과해 채취한 인삼을 판매해 대금을 갚는 식의 신용 거래가 이루어졌다. 하지만 매해 30~40퍼센트에 달하는 채삼인이 할당량을 달성하지 못하면서 관의 부담이 커졌다. 뿐만 아니라 전반적인 인삼 채취량이 줄어들자, 관삼국은 황실의 요구량을 채우기 위해 관의 자금을 융통해 상인들의 인삼을 매입해야 했다. 결국 삼표의 발행이 줄어들수록 관삼국의 빚이 증가했다.[8]

인삼의 만성적 부족과 재정 수입의 감소에도 불구하고 청조는 재배삼에 대한 규제를 완화하지 않았다. 다 자란 4~5년산 인삼은 찾기 어렵고, 어린 인삼은 질이 떨어져 제값을 받을 수 없는 상황에서 재배삼은 수요를 충당할 대안이 될 수 있었다. 실제 많은

연도	인쇄된 삼표 (장)	발부된 삼표 (장)
1760	10,000	6,000
1777	6,000	2,900
1789	5,000	2,330
1799	2,287	미상
1846	1,752	미상
1852	753	632

1760년대부터 1850년대까지 삼표의 인쇄 및 발부 추이.
출처: 왕페이환,「청 대 동북채삼업적흥쇠」,『사회과학전선』, 4호, 1982, 191쪽.

채삼꾼이 어린 야생삼의 뿌리를 밭에 옮겨 심은 후 자라기를 기다렸다 관에 납부했다. 그러나 청 조정은 인삼의 인공 재배가 확대될 경우 관이 독점하는 야생삼 가격이 하락할 것을 우려하여 재배를 엄금하였고, 위반하는 자는 잠채꾼과 똑같이 처벌했다.[9] 1802년 길림장군이 인삼 재배를 합법화하자고 제안하자 가경제嘉慶帝(청 7대 황제, 재위 1796~1820)는 "인삼은 땅의 영기地靈로 자라는 것이니 큰 뿌리를 얻으면 (나라에) 바치되, 없다면 사실대로 보고해도 무방하다. 그런데 어찌 인력으로 인삼을 재배하여 (나라를) 속이려 하는가? 산에서 자라는 야생삼만이 효험이 있으며 재배삼은 복용해도 무용하다"[10]라고 반박하였다. 하지만 황제의 불신에도 불구하고 재배삼은 널리 퍼졌다. 1810년 성경에서 바친 4등급 이상 인삼 여섯 근 가운데 두 근이 재배삼이었고, 길림에서 바친 4등급 이상 인삼은 모두 재배삼이었다.[11]

인삼 고갈로 채삼인이 파산하고 관삼국의 적자가 눈덩이처럼 불자 청조는 소주燒酒 양조업자들이 인삼업을 지원하게 했다. 만주의 대표적인 소주인 고량주高粱酒는 원대 초반부터 생산되었으나, 대중적인 상품으로 소비된 것은 청대의 일이다. 고량주는 북중국과 만주에서 널리 재배하던 수수로 제조하는데, 싼 값에 독한 술을 마실 수 있어서 추운 겨울에 특히 인기 있었다.[12] 그러나 곡식으로 술을 빚는 것을 우려한 청조는 고량주 양조를 엄금했다. 1726년 옹정제는 "직예에 홍수가 나서 미곡 값이 올랐기에 짐은 변외에서 고량주를 빚는 것을 금한 바 있다. 그러나 성경은 물론 몽골과의 접경 지역에서도 술을 사고파는 일이 비일비재하다고 한다. 이와 같이 곡식을 낭비하는 행태는 철저히 금지시켜라"[13]라고 하명했다. 그러나 18세기 후반 채삼꾼들로부터 인삼 할당량을 더 이상 확보할 수 없게 되자, 청조는 고량주 양조를 합법화하는 대가로 양조업자들을 채삼인의 보증인[保人]으로 세웠다. 채삼꾼의 모집과 보급, 나아가 채취한 인삼의 양과 질에 대한 책임을 그들에게 맡긴 것이다. 1800년 성경의 관삼국에서는 공식적으로 고량주 사업을 승인하고 세금을 징수하기 시작했고, 1807년에는 양조업자들이 채삼인의 보증을 서는 것을 공식적으로 합법화했다.[14]

이러한 노력에도 불구하고 야생삼의 고갈 추세는 이어졌고 청조는 더 이상 인삼 전매 정책을 유지할 수 없게 되었다. 인삼의 만성적인 부족은 양조업자들에게도 심각한 부담을 안겨주었기에 결국 그들은 채삼인에 대한 재정 지원을 거부했다. 청조는 삼표의 구매자를 찾지 못했고, 인삼의 할당량을 확보할 수 없었다. 만주의 야생삼 고갈과 삼표 발행 감소, 상인과 채삼꾼이 국가에서 정한 인삼 할당량을 충족하지 못하는 악순환이 반복됨에 따라 결국 인삼 전매제는 종말을 맞이하게 되었다. 1853년 청조는 공식적인 삼표의 발행을 중지함으로써 인삼의 생산과 거래에 대한 국가 독점을 중단했다.[15]

　이 시점에 동북방은 내외의 요인으로 인해 정치적 격변을 맞이하고 있었다. 19세기 중반 이전 청조는 부유한 강남 지역의 잉여 자원을 길림과 흑룡강과 같은 상대적으로 빈곤한 지역에 공여했다. 그러나 정치적 혼란, 특히 태평천국운동(1851~64)으로 인해 강남이 황폐화되면서 동북방에 대한 재정적 지원 역시 고갈되고 말았다. 동북방을 지키는 기인 병사들이 제대로 지원을 받지 못하게 됨에 따라 이들이 수행하던 월경 단속과 변방 관리도 차질이 생겼다.[16] 뿐만 아니라 동북방의 기인 병력이 내지의 반란을 진압하는 일에 동원된 사이에 만주는 러시아를 필두로 한 외세의 위협에 취약해졌다. 19세기 중반 러시아는 청군이 부재한 틈을 타 흑룡강 유역에서 군사적 영향력을 확대했고 1858년 청에 아이훈조약을 강요했다. 태평천국의 난을 진압하는 한편 영국과 프랑스의 침공*에 맞서고 있던 청은 러시아에 대응할 여력이 없었다. 2년 후인 1860년에는 북경조약이 체결되었고, 청은 "제국의 북부 변경, 곧 만주에서 신강에 이르는 지역에 대한 러시아의 정치적·상업적 영향력"을 인정했다. 두 조약을 통해 러시아는 청으로부터 흑룡강과 우수리강 동쪽의 영토를 할양받아 만주 진출의 교두보를 확보했다.[17]

＊　제1차 아편전쟁으로 남경조약을 체결했으나 중국의 시장 개방이 진척되지 않자 영국은 애로호 사건을 빌미 삼아 제2차 아편전쟁을 일으켰다. 프랑스 또한 자국의 선교사가 포교 활동을 하다 처형당한 것을 빌미로 개입했다.

한편 1850년대에는 "만주인의 발상지"인 동북 지역의 봉금 정책 또한 변화를 맞이했다. 봉금을 고수하려 한 청 조정과 달리 동북방의 지방관들은 재정 위기를 극복하기 위해 땅을 개방하고자 했다. 길림과 흑룡강 당국은 세수의 증대를 위해 민인의 이주와 개간을 허가하자는 제안을 수차례 북경에 상주했다. 예컨대 1859년 길림장군 징슌Jingšūn(景淳)은 러시아인의 침입에 노출되어 있는 수분하와 우수리강 일대의 개간을 제안했다. 그는 "만약 (아국의) 사람들이 이 지역에 정착해 벌목, 수렵, 채삼, 어로 등으로 생계를 꾸린다면, 러시아인들은 스스로 물러날 것입니다"라고 주장했다. 함풍제咸豊帝(청 9대 황제, 재위 1850~61)는 그의 제안에 동의하며 "중국의 광대한 땅에서 중국의 백성이 살아가는 것이 이익이다[以中國之曠土, 居中國之民人, 利之所在]"라고 말했다.[18] 이듬해인 1860년 청조는 길림 남부의 개간을 허용했다. 이 결정은 봉금 정책을 공식적으로 해제한 첫 조치로 간주된다. 이후 1860년대부터 1880년대 사이 길림과 흑룡강의 많은 봉금 구역이 점차 개방되었고, 민인을 대상으로 한 규제는 사실상 효력을 상실하게 되었다.[19]

동북 지역이 개방되고 민인 인구가 증가함에 따라 행정 체계의 개편이 불가피했다. 민인과 관련된 사무를 처리하기 위한 민정 기구가 필요해지자 1875년 성경장군 춍스Cungši(崇實)는 성경을 내지의 행정 체계와 동일하게 개편하자고 제안했다. 광서제光緒帝(청 11대 황제, 재위 1875~1908)가 그의 개편안을 비준함에 따라 성경장군은 지역 기인과 민인의 모든 사안을 처리할 권한을 부여받았다. 이와 함께 팔기의 특권은 약화되고 민인 관료의 행정 권한이 증대되었다. 길림에서도 1877년부터 1883년까지 길림장군을 역임한 밍안Minggan(銘安)의 주도 아래 비슷한 개편이 이루어졌다. 1870년대와 1880년대 전반에 걸쳐 성경과 길림에는 민인의 관리를 담당하는 행정 기구가 곳곳에 설치되었으며, 기인에서 민인 중심으로 행정 체계가 개편되었다. 관의 주요 목적 또한 기인을 보호하고 육성하는 것에서 한인 유민을 관리하고 통치하는 것으로 바뀌었다.[20] 이처럼 인삼이 고갈되고 만주인이 특권을 상실하자 한인 이민자들이 만주의 새로운 주인이 되었다.

공한지 개척

다른 만주의 봉금 지역과 마찬가지로 청-조선의 국경지대 또한 19세기에 중대한 변화를 맞이했다. 압록강과 두만강, 그리고 백두산 일대는 질 좋은 인삼 산지로 유명했고, 이로 인해 청과 조선 사이에서 무수한 범월 사건이 발생했다. 그러나 수 세기에 걸친 남획으로 성경과 길림 일대, 특히 조선에 인접한 지역에서는 더 이상 인삼을 찾을 수 없게 되었다. 인삼 수확이 줄어들면서 불법 채삼꾼의 수도 감소했다. 실제로 19세기 중반 청과 조선 조정에 불법 채삼을 목적으로 한 범월이 보고된 사례가 급감했다. 대신 불법 벌목과 경작이 새로운 문제로 떠올랐다.[21] 봉금되었던 국경지대에 민인 경작자들이 등장함에 따라 양국의 영토 인식과 국경 정책에 상당한 변화가 일어났다. 앞서 양국이 국경지대의 거주와 개간을 금지하기로 합의한 배경에는 인삼이 있었다. 청은 인삼이 상징하는 만주인의 특권을 보호하고자 하였고, 조선은 상국과의 충돌을 피하기 위해 국경지대의 인삼을 포기할 의향이 있었다. 인삼의 생산량이 충분할 때 국경지대의 봉금은 청의 패권과 조선의 주권이라는 두 가지 목적을 모두 충족하는 조치였다. 그러나 인삼이 사라지고 개간이 시작되자, 양국은 공한지를 두기로 한 과거의 합의는 물론 영토와 경계에 대한 기존의 입장을 재고해야 했다.

압록강 인근에서 청인의 불법 개간이 증가했다는 사실을 1840년대의 두 기록을 통해 확인할 수 있다. 1842년 함경도관찰사는 청인들이 강계 및 만포와 마주한 압록강 대안對岸을 개간하고 있다고 보고했다. 조선 조정은 청에 국경지대의 불법 개간을 단속해 달라고 요청했고, 성경장군은 관련 지역 세 곳을 조사하여 3300무의 경작지와 100여 채의 움집[窩棚]을 확인했다. 청군은 불법 개간민들을 체포하지 못하고 불법 경작지와 거주지를 파괴하는 것으로 사건을 정리했다. 이 사건은 한인 유민들이 불법 채삼이나 벌목을 위해 일시적으로 국경지대를 침범한 것이 아니라, 영구적으로 정착해 땅을 개간하려 했음을 보여준다. 불과 4년 뒤인 1846년에도 비슷한 상황이 발생했다. 강계와 마주한 압록강 이북의 국경지대 40곳에서 방대한 규모의 경작이 이루어지고 있다는 보고가 올라오자, 이번에는 청과 조선의 관료들이 합동으로 조사를 진행하여 300명에 달하는 불법 개간민을 체포했다.[22]

불법 개간을 막기 위해 청은 국경지대 순찰을 강화하고 해마다 두 차례씩 합동 순찰을 실시하기로 조선과 합의했다. 그 결과 양국은 1849년부터 1867년까지 총 38차례의 합동 순찰을 실시했다. 그러나 공한지의 불법 개간을 막으려는 그 어떤 노력도 효과를 거두지 못했다. 1857년부터 1867년까지 청과 조선의 병사들은 불법 개간 사례를 보고하지 않았으나, 실제 상황은 달랐다.[23] 1867년 성경장군 두힝가Duhingga(都興阿)는 국경지대를 둘러본 후, 중강에서 조선 관리들과 만나 불법 개간 문제를 논의했다. 2년 뒤 그는 황제에게 변외에 살고 있는 인구가 10만 명 이상이며, 이미 9만 6000상의 땅을 경작하고 있다고 상주했다. 그는 강제로 쫓아내기에는 이미 그 수가 많아서, 유일한 해결책은 "변장의 둘레를 확장하고 이 지역의 개척을 합법화하는 것"[24]이라는 소신을 피력했다. 청 조정은 이미 개척된 '공한지'를 어떻게 처리할지 결정해야 했다.

유조변을 압록강으로 확장하자는, 즉 조선에 인접한 접경 지역을 개척하자는 두힝가의 제안은 새로운 내용이 아니었다. 앞서 성경장군 나수투와 달당가 또한 유조변 밖에 군사 초소를 신설해 압록강 일대를 개발하자고 제안했으나, 그들의 계획은 실행되지 못했다. 그러나 국경지대의 개간을 불허해달라는 조선의 청을 수용한 옹정제, 건륭제와 달리 광서제는 오랫동안 지켜온 조선 조정과의 합의를 무효화하기로 결정했다. 1875년 광서제는 압록강 하구에 위치한 대동구大東溝 일대의 개간된 토지에 대한 세금 징수와, 기인과 민인을 막론하고 모든 불법 개간민의 호구 등록을 허락했다. "백성[小民]이 해당 지역의 토지를 개간한 지 오래되었으며, 이제 자청해 조세를 내려 하니 조정은 은혜를 베풀어 과거의 죄를 용서하고 민생을 어루만지고자 한다."[25]

이듬해인 1876년 청 당국은 압록강 일대에 행정 관서를 설치하겠다는 계획을 조선 조정에 알렸다. 조선은 1746년 망우초 초소 설치에 반대했듯 이번에도 강력하게 반발했다. 조선 조정은 국경지대의 개간은 오랫동안 금지되었다고 지적한 후, 이 지역에 행정 기구가 들어선다면 "각지에서 사람들이 숨어들어 와서 사사로이 교역하여 우환을 초래할 것"이라고 강조했다.[26] 조선의 항의를 전달받은 광서제는 지방관들에게 실태 파악을 지시했다. 1877년 성경장군대리 충호Cungho(崇厚)는 국경지대의 개간이 이미 만연하며 통제할 수 있는 시점이 지났다고 보고했다. 그가 볼 때, 국경지대의 개간을 허가하는 것은 이제 불가피했다.[27] 결국 1876년과 1877년 사이 수암岫巖, 봉화奉化, 관전寬甸, 통화通化, 환인桓仁에 민인의 사무를 처리할 관청이 신설되었고, 그중 대다수는 변외에 위치했다.[28] 양국 사이에 공한지를 두어 완충 지대로 삼고자 한 조선 조정의 바람은 몰려드는 민인의 이주 물결 앞에 허상이 되고 말았다.

압록강 일대의 개간이 허용되자, 곧 두만강 일대의 봉금 조치도 해제되었다. 1877년 길림장군대리로 임명된 밍안은 성경의 선례를 따라 길림에도 민인을 위한 행정 기구를 신설하고 개간을 허가했다. 1881년에는 두만강 인근 지역인 돈화敦化와 이통伊通에 현청이 개설되었다. 광서제는 한인 관료인 오대징吳大澂(1835~1902)을 파견해 삼성, 닝구타, 훈춘의 방비를 강화하고 개간을 감독하게 했다. 오대징은 훈춘협령의 지위를 부도통으로 격상시킨 후 훈춘에 토지 개간을 위한 초간국招墾局을 신설했다. 그리고 산동 출신 유민들을 적극적으로 유치해 동북방을 개간했다. 더해서 그는 압록강 북안 일대의 지세를 조사했다.[29] 청 조정은 조선에 자문을 보내 오대징의 국경지대 개척에 힘을 실어주었다. "이 개간은 (청) 당국이 주도하는 것이기에 (조선의) 지방관들은 염려하지 않아도 된다."[30] 이처럼 1880년대에 이르러 그동안 민간의 접근이 금지됐던 양국의 국경지대는 공식적으로 거주와 경작이 허용되었다. 그로써 봉금 지역으로의 인구 이동을 통제하던 유조변은 그 소임을 마쳤고 청과 조선 국경지대의 공한지는 역사의 뒤안길로 사라졌다.

국경지대의 개척에 뛰어든 이들은 청인만이 아니다. 조선의 유민 또한 점점 많은 수가 땅을 찾아 압록강과 두만강을 넘기 시작했다. 백두산 동쪽의 무산, 회령, 종성, 온성 등지의 주민들은 두만강을 넘었고, 서쪽 폐사군 일대의 주민들은 압록강을 건넜다. 조선 조정은 월강을 금하고 지방관들이 조정의 재가 없이 강 너머에서 발생하는 일에 관여하지 못하게 했다.[31] 하지만 조선인의 월경과 불법 개간은 지속적으로 늘어났다. 1866년 경원에서 70명의 남녀 무리가 두만강을 건너다 청국 병사들에 잡혀 송환되었다. 200명에 달하는 무리가 두만강을 건넌 후 훈춘을 지나 러시아 영내로 향한 일도 있었다. 훈춘협령은 두만강을 건너는 조선인 유민의 수가 늘어나는 상황을 다음과 같이 증언했다.

많은 초소에서 조선인이 삼삼오오 무리를 이루어, 또는 가족 단위로 수십 명씩 (훈춘 일대를) 지나가는 것을 보고했습니다. 그들은 황금이나 경작할 땅을 찾아 훈춘 남쪽으로 향하고 있습니다. … (지금까지) 훈춘에는 민인이 살지 않았습니다. 땅을 개간하라는 명령도 없었습니다. 지금 그들을 쫓아내지 않으면 장래에는 더욱 어렵게 될 것입니다.[32]

청 지방관들의 경계에도 불구하고, 조선인의 도강과 불법 개간은 계속 증가했다. 이러한 흐름 속에서 19세기 후반 지금의 연변 지역을 가리키는 이른바 '간도間島'라는 지명이 처음으로 등장했다. 간도는 이따금 만주 전체를 가리키기도 했으나, 일반적으로는 압록강 북쪽 지역을 서간도로, 두만강 북쪽 지역을 북간도로 불렀다.[33] 서간도에 조선인 정착촌이 형성된 것은 1860년대와 1870년대이다.[34] 압록강 북쪽에 조선인 정착지가 존재한다는 사실을 조선의 지방관도 공식 확인했다. 1871년 평안도 후창군수 조위현趙瑋顯은 군병을 보내 삼수와 갑산에서 몰래 벌목하는 청인들을 물리쳤고, 이듬해에는 군관 세 명을 압록강 이북으로 파견해 집안集安, 통화, 혼강渾江(퉁갸강) 일대를 정탐했다. 1872년 7월 5일부터 8월 13일까지의 여정을 담은 군관들의 기록은 당시 청 영내에 거주하던 조선인들의 현황을 생생히 보여준다.[35] 이후 『강북일기江北日記』라는 표제를 달게 된 이 기록에 따르면, 6000에서 7000명에 달하는 조선인이 압록강을 도강해 변외에 위치한 혼강 일대에 거주하고 있었다. 1869~70년 대기근 시기에 월경한 이들은 대다수가 변발한 채 청인의 복식을 입고 있어서, 이들을 가짜 청인이라는 의미의 '가호假胡'라고 불렀다.[36]

두만강 너머에서도 조선인 이민자들이 점차 늘어났다. 이들이 생계를 찾아 두만강을 건넌 배경에는 함경도를 초토화시킨 기근이 있었다. 탐관오리로 인한 조세 부담도 이주를 결심한 동기 가운데 하나였다.[37] 범월에 대한 조선 조정의 처벌이 약화된 것도 도강을 촉진했다. 1867년 월경으로 체포된 이들은 모두 사면 조치되었고, 다른 해에도 잘못을 뉘우치면 처벌 없이 석방되었다.

1868년 조선 조정은 월경 단속을 소홀히 한 지방관에 대한 처벌 수위 또한 경감했으며, 1871년에 이르면 직접 불법 도강을 이끈 지방관도 아무런 처벌을 받지 않았다.[38] 오히려 조선의 지방관이 도강과 개간을 공개적으로 권장하는 일도 있었다. 1880년 회령부사 홍남주洪南周는 두만강 너머의 공한지가 청인에게는 개방되었으나 조선인의 접근은 제한되어 있다며 안타까움을 토로했다. 그는 회령 주민들이 심각한 기근에 시달리고 있기에 강 너머의 땅을 개간할 수 있도록 해야 한다고 주장했다. 결국 1880년에서 1881년 사이 수만 명에 달하는 조선인들이 두만강 너머로 건너가 "길이가 수백 리, 너비가 수십 리에 달하는" 땅을 개간했다. 마치 이 지역은 '외지'가 아니라는 듯 사람들이 매일같이 강을 건넜으며, 심지어 토지를 등록하고 세금을 징수하기 위해 조선의 관리가 파견되기도 했다.[39] 조선인의 이주는 곧 청과 조선 조정에 알려졌다.

19세기 후반 조선인 유민들이 압록강과 두만강 너머에 정착한 배경에는 인구 증가와 토지 부족이라는 내부적인 요인이 존재했다.[40] 이와 맞물려 청의 동북방 개방이라는 외부 요인이 결정적으로 더해졌다. 청이 동북 변경의 봉금을 해제함에 따라 과거 접근이 금지되었던 국경지대의 공한지는 기회의 땅이 되었고, 그 결과 조선인의 이주 행렬이 이어졌다. 물론 양국 백성들이 서로의 영내를 오간 것은 어제오늘의 일이 아니며, 월경은 청과 조선의 오랜 역사 가운데 언제나 논의된 주제이다. 하지만 19세기 말 이루어진 월경과 개간의 물결은 과거와는 전혀 다른 양상으로 전개되었다. 과거의 범월이 채삼이나 수렵을 목적으로 한 단기적인 체류에 머물렀다면, 19세기 후반의 범월자들은 장기 거주를 생각하고 있었다.

강 너머의 조선인

19세기 말은 동아시아에서 청 중심의 질서가 해체되고 서구
와 일본의 영향력이 확대된 시기이다. 청과 조선 조정은 함포를
앞세운 채 찾아온 서구 열강들에게 양국의 관계를 명확히 설명해
야 했으며, 이 과정에서 청은 그동안 번국으로 여겼던 조선에 대
한 인식을 다시 정립했다. 이어진 과정은 이 일에 관련된 모두에
게 혼란스러웠다. 1860~70년대에 함대를 이끌고 와서 조선 연안
을 공격한 프랑스와 미국은 자신들이 일으킨 충돌을 번국 조선이
아니라 상국 청이 책임질 것이라고 여겼다. 실제 조선 조정은 외
국을 상대할 경험과 지식이 부족함을 인정하며, 청 조정에 조선이
"영구히 평화를 누리며 번국의 도리를 충실히 다할 수 있도록" 프
랑스와의 교섭에 나서달라고 부탁했다.[41] 하지만 청 당국은 "조선
이 우리에 사대하는 것은 분명한 사실이나, 국가 사무에 있어서는
자주적"[42]이라고 응답했다. 이에 대하여 오카모토 다카시岡本隆司
는 혼란이 이어진 가운데 청과 조선 양측 모두 서구 세력과 교섭
하는 책임을 회피했다면서, 서로가 서로의 관계를 다르게 이해하
고 있었다고 설명한다. 조선은 번국의 왕이 상국의 허가 없이 외
국과 자의적으로 관계를 형성해서는 안 된다고 여긴 반면, 청은
서구 열강과의 충돌을 피하기 위해 조선의 문제에 관여하려 하지
않았다는 것이다.[43]

하지만 1874년 일본의 대만 침공과 1879년 류큐 병합은 청조
로 하여금 조선 문제에 더 진중한 자세를 취하게 했다. 1881년 조선
과 유럽 열강 사이의 공식적인 외교 관계 수립을 논의하는 과정에
서 청의 특사 이홍장李鴻章(1823~1901)은 청제국에 대한 조선의 종

속적인 지위를 공식화하고, 이에 대한 국제 사회의 인정을 획득하고자 했다. 이 시점에서 청의 정책 입안자들은 전통적인 청-조선 관계를 보다 근대적인 형태로 변모시켜 조선에 더 적극적으로 개입하기를 원했다. 무엇보다 커크 라슨Kirk Larsen이 강조하듯, 19세기 말 청과 조선이 18세기의 양자적 관계에서 다자적 관계로 바뀐 것을 인식하게 된 청제국은 "비공식 제국주의"*를 표방했다.[44]

청의 대조선 기조가 재확립됨에 따라 두만강 이북으로 이주해온 조선인들이 외교 현안으로 부상했다. 1880년대 초 이전 청조는 조선인 유민들의 이주에 크게 신경 쓰지 않았다. 성경장군이나 길림장군은 범월한 이들을 단속하거나 쇄환刷還하려고 관리를 파견하지 않았다. 하지만 훈춘에 초간국이 설치되고 두만강 인근 지역이 민인에 개방되면서 조선인의 범월과 불법 경작 문제가 수면 위로 부상했다. 1881년 가을 훈춘의 지방관들은 오대징의 명령을 받아 두만강 이북 약 200리를 답사하는 과정에서 수천에 달하는 조선인들이 2000상에 이르는 토지를 개간하고 있다는 사실을 발견했다. 뿐만 아니라 조선인 유민의 수가 계속해서 증가하고 있으며, 심지어 함경도의 지방관들이 훈춘 일대의 토지 증서[執照]를 발급하고 있다는 것까지 알게 되었다.[45]

이 소식을 접한 길림장군 밍안은 조선 관료들의 월권 행위를 비판하고, 조선 출신 유민들은 "천조의 적자"이기에 조선에 쇄환하지 말고 청의 영내에 정착하게 해야 한다고 강조했다. 나아가

* 타국의 영토를 직접 지배하거나 식민지화 하는 대신 불평등한 제도적 장치를 통해 자국의 상업적, 전략적, 군사적 이익을 도모하는 형태의 제국주의를 일컫는 개념이다.

조선인이라 할지라도 중국의 땅을 경작한다면 "중국의 백성中國之民"이라면서, 청조에 세금을 바치고 청의 의복을 착용해야 한다고 주장했다. 이러한 인식은 해당 사안을 다룬 예부의 보고에서도 확인할 수 있다.

> 이들은 이미 중국의 토지를 경작하고 있으니 중국의 백성으로 여겨야 할 것입니다. 길림장군(밍안)이 상주한 바대로 그들이 토지를 소유해 세를 바치는 것을 허가해야 합니다. 더해서 지금은 운남과 귀주의 묘인苗人들처럼 일시적으로 자신의 풍습을 지키도록 허락하되, 일정한 기한이 지나면 그들을 예속시켜 우리의 법도를 따르게 하고 우리의 의복을 입게 해야 합니다.[46]

광서제는 밍안을 비롯한 대신들의 제안을 수락하여 조선인 이주민들에게 토지 증서를 발행하고 세금을 징수하라고 명했다. 또한 이들을 훈춘과 돈화현에 귀속시켜 관할하도록 했다. 이는 두만강 이북의 조선인 거주민을 청의 백성으로 삼겠다는 결정이나 다름없었다.[47]

청의 조선인 귀속 정책은 조선 조정의 반발을 초래했다. 조선은 해당 조치가 러시아와 일본을 자극할 것이라고 우려했다.

> (중국과 조선의 백성은) 서로 다른 습속과 문화를 지니고 있습니다. 월경해 (청의 영내에서) 개간하고 있는 이들은 본국(조선)에서 태어나 자랐습니다. 만일 이들을 (청의 백성으로) 예속

시킨 후에 이들이 (청의) 법도를 지키지 않아 사달을 일으킨 다면 양쪽 모두에 문제가 될 것입니다. 조선은 북으로 러시아, 동으로 일본과 경계를 접하고 있는데, 변경의 백성들이 두만 강을 건너듯 (이들의 강역을) 범하는 일이 있습니다. 이 나라들 이 (자국의 경계에) 천조의 선례를 원용한다면, 또한 같은 문제 에 처하게 될 것입니다.[48]

이와 같은 우려를 근거로 조선 조정은 광서제에게 훈춘과 돈 화현의 지방관들로 하여금 조선의 유민들을 쇄환하게 해달라고 청했다. 이에 광서제는 1년 이내에 조선인 개간민들을 돌려보내 기로 했다. "길림을 개간하고 있는 조선인 유민들을 본국에 돌려 보내는 것이 옳으나, 즉시 쫓아낸다면 살 곳이 없을까 하니 이를 긍휼이 여겨 1년 안에 돌아가게 하라."[49]

그러나 청이 조선 유민에 대한 관할권 행사를 포기한 것은 아 니다. 오히려 조선인 이주민을 관리하기 위해 제도를 정비하기 시 작했다. 1885년에는 통상과 세무, 개간 관련 사무를 겸하는 총괄 기구로서 통상국通商局이 설립되었고, 두만강 북안에도 새로운 행 정 기구가 여럿 설치되었다. 조선의 관서가 있는 회령, 종성, 온성 의 두만강 맞은편에 새로 생긴 행정 기구의 목적은 "조선인을 초 무하고 조선인과 중국인 사이의 분쟁을 해결하는 것"이었다. 청의 관료들은 두만강 북부의 700리에 달하는 땅을 조선인 유민의 개간 구역으로 배정했고, 5년 동안 세금을 받지 않겠다고 약속했다. 두 만강 북안의 조선인 인구가 급증해, 1886년 무렵에는 2350호, 1만 2490명의 조선인이 훈춘 일대로 이주했다.[50]

조선 조정은 계속해서 청의 귀화 정책을 반대하며 조선인 쇄환을 요청했다. 하지만 당사자인 유민의 입장은 달랐다. 오랜 기근과 굶주림을 피해 이주를 선택한 조선인 유민들은 갖은 역경을 뚫고 일군 새 터전을 포기하고 싶지 않았다. 1883년 돈화현의 관료들이 추수 이후에 본국으로 돌아가라는 명을 전하자, 그들은 "청 측 요구에 깔려 있는 전제" 곧 그들이 조선 강역을 벗어났다는 가정 자체를 반박하기로 결심했다.[51] 요컨대 자신들이 정착한 곳이 사실 조선의 강역이라고 주장하기 시작한 것이었다.

1883년 종성의 주민들이 가장 먼저 목소리를 냈다. 그들은 돈화현의 관리들에게 탄원을 올렸는데, 그때껏 조선의 변경민이 청 당국에 직접 연락을 취한 예가 없었다. 그들은 두만강 이북의 영유권을 주장하며 두만강과 토문강이 두 개의 다른 강이라는 논리를 펼쳤다. 한어에서는 철자가 다른 두 강을 모두 '투먼'이라고 읽는데, 조선어로는 각각 '두만'과 '토문'으로 구분해 부른다. 조선 유민들은 청과 조선의 강역은 전자가 아닌 후자를 기준으로 나뉘기 때문에 두 강 사이의 땅은 조선에 속한다고 주장했다. 그들이 내세운 근거는 다름 아닌 1712년 설립된 백두산정계비였다. 석비에는 양국의 경계가 서로는 압록강, 동으로는 두만강에 의해 나뉜다는 문구가 새겨졌는데, 조선의 변경민들은 석비에 적힌 '土門江'이 두만강이 아니라 '토문강'이라고 주장했다.[52] 두 달 뒤 종성 부사 또한 돈화현의 관리에게 서신을 보내 동일한 주장을 하며, 이에 입각해 조선인 유민들을 쇄환하려는 청 당국에 협력하지 않았다.[53] 월경한 조선의 유민과 조선의 지방관들은 토문강이 두만강 북쪽에 위치한 해란강海蘭江을 지칭하며, 따라서 그들이 정착

인삼과 국경

한 곳은 조선의 영내라고 확신했다. 해당 사안에 조선 조정도 주목했다. 1885년 조선 조정은 청 예부와 신설된 총리아문總理衙門*에 일대의 고지도 사본과 정계비 탁본을 동봉한 자문을 보내 국경 조사를 제안했다.[54] 정계비에 적힌 토문강의 발원지를 조사하고 양국의 경계를 확정하자는 것이었다.[55]

그런데 정말 두만강과 토문강이 다른 강이었을까? 1447년 편찬된 『용비어천가』는 "토문은 두만강 북쪽의 지명으로, 경원 밖 60리에 있다"[56]라고 설명한다. 이는 15세기 조선 조정이 토문강과 두만강을 구분했다는 증거이다. 하지만 1712년 장백산 탐사에서 조선 관료들은 두 이름을 같은 뜻으로 사용했다. 조선 측 대표인 박권은 '두만강'을, 청 측 대표인 묵덩은 '투먼강'을 경계로 인정했는데, 두 사람 모두 각 명칭이 서로 다른 대상을 가리킨다고 생각하지 않았다. 조선의 조정 대신들 또한 "(청의) 서신에 적힌 소위 토문강이 두만강의 한어 발음[土門江卽華音豆滿江]"이라는 사실을 알고 있었다.[57] 18세기 중반 조선 조정은 같은 강을 서로 다른 이름으로 부를 뿐이라는 점을 명확히 인지하고 있었다. 1757년 청조가 조선인 월경자들을 신문하는 가운데 나온 '두만강'이라는 지명에 대해 묻자, 조선 조정은 다음과 같이 답했다.

두만강과 토문강의 명칭은 매우 유사합니다. 소국의 북쪽에 있는 강을 (조선) 백성들이 두만이라 부릅니다. 월경자들이

* 1861년부터 1901년까지 청의 외교 교섭을 담당한 총리각국사무아문의 약칭이다.

두만이라 부른 것은 상국이 부르는 이름인 토문과 다르지 않습니다. (월경자 가운데 한 명인) 한상림은 '토문'이라 말했고, (또 다른 월경자인) 조자용은 '두만'이라 말했으나, 이는 모두 같은 강을 가리킵니다.[58]

조선 조정이 1777년에서 1791년 사이 제작한 지도인 「서북계도」에도 토문강과 두만강이 동일한 강이라는 당대 인식이 반영되어 있다.[59] 하지만 19세기 말 조선 조정은 이전 세기의 지리 지식을 잊어버렸든 혹은 일부러 모른 척했든, 변경민들의 주장을 수용했다. 이는 당시 조선인들이 19세기 말의 상황에 맞추어 자국 강역에 대한 지리 지식을 선별적으로 기억하고 해석한 증거라고 볼 수 있다. 18세기 초 조선 조정은 목극등이 두만강의 수원을 착각한 사실을 의도적으로 무시했던 반면, 19세기 말 조선 조정은 수원의 정확한 위치를 비정하고자 했다. 18세기 조선은 청과 마주한 경계의 지리적 정보를 공유하기를 꺼렸으나, 19세기 말에는 먼저 나서서 경계를 정하려 했다. 조선의 태도가 이처럼 바뀐 까닭은 영토 경계에 대한 인식이 19세기 말에 극명하게 달라졌기 때문이다. 국경지대의 완충적 성격과 모호한 경계를 용인하던 시기가 이제 끝을 향하고 있었다.

청의 관료들은 1712년 설립된 목극등의 석비를 기준으로 국경을 정해야 한다는 조선의 입장에 동의하지 않았다. 조선 측은 목극등에게 탐사를 지시한 강희제의 의도가 바로 청-조선의 경계 확정이었다고 여겼다. 그렇기에 양국의 경계에 대해 모호한 점이 있다면, 정계비를 기준으로 판단하면 된다고 주장했다. 석비의 권위를 확신한 조선 관료들과 달리 청의 관료들은 그것을 불신했다.[60] 당시 청에는 묵덩의 탐사와 석비의 존재를 기억하는 이가 많지 않았다. 나아가 묵덩의 탐사와 관련된 대부분의 사료가 유실되어 석비의 진위를 확인할 방법이 없었다. 그렇기에 그들은 비석이 아니라 강의 수원이 기준이 되어야 한다고 여겼다.[61] 더해서 그들은 두만과 토문이라는 명칭은 '1만'을 뜻하는 만주어 '투먼tumen'에서 비롯된 것으로, 한자로 표기하는 과정에서 두 이름을 갖게 되었을 뿐이라고 여겼다. 따라서 토문강과 두만강이 별개의 강이라는 조선의 주장을 인정할 수 없었다.

국경 교섭

1883년 조선의 변경에서 제기한 감계 요청이 양국 조정의 합동 국경 조사로 이어지기까지는 두 해가 소요되었다. 1883년 7월 조선의 종성부가 청의 돈화현에 합동 조사를 제안했다. 2년 후인 1885년 8월 조선 조정은 청의 예부와 총리아문에 두만강과 토문강이 서로 다른 강이며, 따라서 지리 조사가 필요하다는 자문을 보냈다. 1885년 9월 이홍장은 조선 조정의 감계 요청에 응답했다.[62] 두 달 후인 1885년 11월 6일 청의 감계위원들이 회령에 도착해 조선의 감계사를 만났다. 양측이 합의해야 할 첫 번째 사안은 두만강과 토문강이 별개의 강인지 여부였다. 청은 같은 강이라는 입장을, 조선은 다른 강이라는 입장을 고수했다. 또 다른 사안은 경계를 확정하기 위해 기준으로 삼을 대상이었다. 청은 강의 수원을, 조선은 묵덩의 석비를 경계의 기준으로 생각했다. 청의 감계

위원들은 비석 동쪽의 물줄기가 두만강이 아닌 숭가리강으로 흐른다며 부정확한 정보에 입각한 묵덩의 석비를 기준으로 삼을 수 없다고 주장했다. 이에 대해 조선 측은 석비가 세워질 당시 양국 사이에 교환된 국서를 언급하며 묵덩의 조사와 석비가 경계를 설정하는 적법하고 신뢰할 수 있는 기준점이라고 주장했다. 두 달간의 조사와 논의 끝에 양측은 합의에 이르지 못했다. 교섭은 수포로 돌아갔고, 양측은 빈손으로 귀국했다.[63]

2년 후인 1887년 4월 29일 청과 조선 조정은 감계 조사를 재개했다. 이번에는 길림장군이 먼저 조사를 주장했다. 앞선 조사 시도가 실패로 돌아간 이후 조선인의 월경과 불법 개간이 지속되고, 그로 인해 청인과 조선인 사이에서 긴장이 조성되고 있었기 때문이었다.[64] 재개된 교섭에서 조선 측은 토문강과 두만강이 서로 다른 강이라는 주장을 철회했다. 사실 조선 측 감계사 이중하李重夏(1846~1917)는 1885년 최초 감계 조사에서 두 지명이 같은 강을 가리킨다는 점을 알고 있었다. 김윤식金允植(1835~1922) 또한 1886년 10월 조선에 고문으로 와 있던 원세개袁世凱(1859~1916)에게 보낸 서신에서 "토문강과 두만강은 같은 강의 다른 이름입니다"라고 인정했다.[65] 이에 따라 2차 회담에서는 두만강 수원을 정하는 일이 핵심이었다. 조선 측은 백두산에서 발원하는 지류 중 홍토산수紅土山水를 수원으로 지목한 반면, 청은 석을수石乙水를 제시했다. 석을수를 기준으로 삼을 경우 장백산 전체가 청의 영토로 포함되어 "신성한 발상지가 침범되지 않을 터"였다.[66] 하지만 조선은 "근거할 만한 지도나 책[圖典]이 없다"면서 석을수를 두만강의 수원으로 삼자는 청의 요구를 거절했다. 결국 한 달 반에 걸친

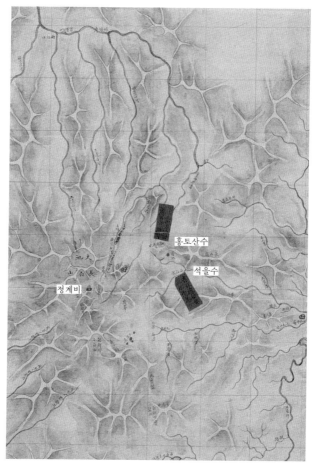

장백산과 두만강 수원지.
「백두산정계비 지도」, 1887, 서울대학교 규장각한국학연구원 소장(청구기호: 古軸26675).

조사와 논의 끝에 양측은 또다시 국경 교섭에 실패했다.[67]

　　당시 근대적 국제법이 확산되고, 영토 주권이 화두로 자리 잡았기에 청과 조선의 관료들은 모두 그 중요성을 인지하고 있었다. 이중하는 홍토산수가 석을수에서 불과 수 리밖에 떨어져 있지 않으며, 두 지류 사이의 땅이 아무런 가치가 없음을 알고 있었지만 "국가 영토의 사소한 부분조차 매우 중요하기"[68] 때문에 홍토산수가 경계가 되어야 한다고 고집했다. 조선이 감계를 요청했다는 사실은 이들이 명확한 국경과 영토 주권을 토대로 한 국제 공법의 질서를 인식하기 시작했음을 보여준다. 이러한 인식 변화를 1884년 조선의 동북 변방 출신인 부호군 지경룡池慶龍이 올린 상소에서도 확인할 수 있다. 먼저 청-조선 경계는 두만강이 아닌 해란강이라고 주장한 그는 "세계 각국이 크고 작음을 가리지 않고 교섭에 임하고 있다"[69]면서 조선의 입장을 청에 분명히 전달해야 한다고 강조했다.

하지만 당대 조선의 지식인들 사이에는 강한 민족의식, 전통적인 화이관, 국제 질서에 대한 제한된 이해가 불안정하게 뒤섞여 있었다. 앙드레 슈미드가 강조하듯, 1880년대 청-조선의 국경 교섭은 조공 관계의 독특한 양상이 어떻게 유지되었는지뿐만 아니라 어떻게 도전받고 끝내 붕괴했는지까지 보여준다. 양측은 교섭 과정에서 "대국", "소방"과 같은 조공의 오랜 수사를 활용했다.[70] 조선의 감계사들은 정계비에 기록된 모든 단어가 "천조"의 문서에 포함된 것이기에 반박하거나 경시할 수 없었다.[71] 조선의 영토 주권에 대한 청 당국의 권위를 부정한 이중하도 교섭 과정에서는 오랜 조공 관계의 수사에 의존했다. 김윤식이 원세개에게 "(청의) 땅을 빌려 (조선의 백성을) 거주하게 해달라[借地安置]"고 간청한 것도 마찬가지다. 그는 황조의 은덕에 기대어 두만강 이북에 거주하는 조선인에 대한 통치권을 얻고자 했다. 조선 유민을 위해 청의 땅을 빌려달라는 그의 비현실적인 제안에는 전통적 화이 질서의 관성과 영토 주권에 대한 근대적 인식이 공존한다.[72] 아키즈키 노조미秋月望가 지적하듯 "1880년대 조선은 근대적 국제법이 전통적인 화이 논리와 대립한다는 점을 충분히 이해하지 못했다."[73]

이러한 가운데 1880년대와 1890년대 청은 근대적 영토 주권 인식을 토대로 새로운 동북방 정책을 추진했다. 조선인 유민의 이주를 장려하여 세금을 징수하고 경계의 방비를 강화한 것도 그 일환이다. 1880년대 말 조선과의 국경 교섭을 하던 시기에도 청은 조선 유민들을 수용해 청의 복식과 풍습을 따르는 백성으로 삼고자 했다.[74] 이지영은 청은 처음에는 조선 유민을 "자국 내의 외국인"으로 여겼고, 조선은 이들을 "외국 내의 자국민"으로 여겼다고 지적했다. 그러나 이후 양측 모두 이들을 "자국 내의 자국민"[75]으로 간주했다. 영토 주권을 둘러싼 양국의 인식 변화를 보여주는 단적인 예이다. 근대적 영토 주권 개념을 수용한 양국은 더 이상 불명확한 완충 지대를 용납하지 않았다. 대신 그들은 국경선에 의해 규정된 국토와 국민에 대한 주권을 행사하고자 했다. 청당국은 조선 유민을 호구 조사에 포함시킴으로써 그들을 신민으로 삼으려 했다. 조선은 처음에는 두만강 이북의 영유권을 주장했고, 이후에는 청으로부터 땅을 빌린다는 논리를 내세웠다. 이처럼 조선 유민의 월경과 불법 개간은 양국으로 하여금 영토 주권을 재고하게 했으며, 두 나라를 국경 교섭에 나서게 했다. 이제 국경지대의 모호한 영토 경계는 국가의 힘과 주권을 저해하는 요소로서, 더 이상 용납될 수 없었다. "주권은 행사되어야 했고, 국경은 확정되어야 했다."[76]

1895년의 청일전쟁은 청과 조선의 전통적 조공 관계를 공식적으로 종결시켰다. 청에게는 더 이상 조선에 대한 종주권을 주장할 군사적·법적 역량이 없다는 사실이 명확해졌다. 종전과 함께 청은 조공을 비롯해 조선과의 관계에서 유지해온 모든 배타적 권리를 상실했다. 그럼으로써 양국의 위계질서를 형성했던 사대 관계가 공식적으로 끝났다.[77] 그로부터 4년 뒤인 1899년 양국 조정은 한청통상조약韓清通商條約을 맺어 쌍무적 권리와 의무를 규정했다. 양국민의 월경 이주는 조약의 12조를 통해 불허되었다. 다만 이미 정착한 조선인의 안전은 보장하기로 했다.[78] 한편 조선인 월경민의 송환은 계속해서 지연되었다.

1900년 의화단이 무장 봉기하고 이를 진압하던 외국 연합군이 북경을 점령한 사건은 황혼기를 맞이한 청제국의 붕괴를 앞당겼다. 외세가 내지와 변방에 모두 침투한 가운데 러시아는 만주를 점거했다. 여기에는 대한제국으로 국호를 바꾼 조선과의 국경 인근도 포함되었다. 러시아의 만주 점령은 조선이 두만강 이북 간도 지역으로 영향력을 확대할 기회였다. 청군은 러시아군에 의해 억제되었고, 러시아는 한반도 내 일본의 영향력을 억제하고자 조선에 우호적인 태도를 취하고 있었다. 대한제국 정부는 러시아와 교섭해 청과의 영토 분쟁을 종결짓고자 했다.[79] 간도에 대한 통치권을 확보하기 위해 1902년에는 관리를 파견해 조선인 호구와 인구를 조사했다. 하지만 만주에서 러시아와 일본의 갈등이 점증하면서 북방에 대한 대한제국의 희망은 좌절되고 말았다. 1904년 러일전쟁에서 승리한 일본은 1905년 대한제국을 보호국으로 삼고 청과 대한제국 사이의 영토 교섭을 중재했다.[80]

1906년 일본은 용정龍井에 경찰서를 설치하고, 간도는 조선의 강역이라고 공포했다. 이듬해 일본은 조선인은 청의 법도를 따를 의무가 없다고 주장했다. 청조는 간도가 조선 영토라는 일본의 주장에 반발하는 한편, 두만강 이북 영토와 인구에 대한 배타적 권리를 주장했다. 1909년 9월 4일 수년간의 교섭 끝에 청과 일본은 "동삼성육안東三省六案"으로 알려진 조약을 체결했다. 일본은 만주에서 철도 부설권, 광산 채굴권을 얻었고 청은 간도에 대한 영토 주권을 인정받았다. 조약 가운데 하나이며 간도협약으로 알려진 "청국과 한국의 두만강 경계 조약[圖們江中韓界務條款]"은 첫 번째 조항에서 "경계는 두만강이며, 강의 원류는 석을수이다"라고 밝히고, 이어지는 조항에서 두만강 이북 조선 유민은 중국 법을 따라야 하며 중국 관리의 관할 아래 있음을 명시했다.[81] 마침내 양국의 경계가 확정된 시기, 청과 조선은 모두 멸망을 향해 가고 있었다. 그들이 오랫동안 공유한 국경지대가 국경으로 대체되었듯, 과거의 청과 조선 또한 사라질 운명이었다. 그 후신인 현대 중국과 한국 사이에는 청과 조선이 오랜 기간 용인해온 국경지대와는 성격이 다른 '국경'이 자리 잡고 있다.

*

만주의 인삼은 청대 전반에 걸쳐 제국의 수렵 채집 정책 아래 세심히 관리되었다. 하지만 수 세기에 걸친 채취로 야생삼이 고갈되었다. 인삼이 사라진 만주의 봉금 지역에는 인삼과 초피를 찾는 잠채꾼과 밀렵꾼 대신 경작할 토지를 찾는 유민의 발걸음이 이어졌다. 만주인에게 부와 힘을 제공하던 만주가 한인 농부들에 의해 개간되기 시작한 것이다. 청이 외세로부터 강역을 지키기 위해 동북 변경을 민인에 개방하자, 이주민의 행렬은 압록강과 두만강으로 이어졌다. 이주의 물결 앞에 청과 조선이 지켜온 국경지대의 공한지는 더 이상 유지될 수 없었다. 국경지대의 개간에 나선 것은 청인뿐만이 아니다. 청 당국이 두만강 인근의 개척을 공식화한 시점에 조선인 이주민들은 이미 이 일대를 개간하고 있었다. 국경지대의 영토와 인구를 두고 경쟁한 양국은 먼저 그 애매한 경계를 명확히 정해야 했다. 1880년대 양국의 국경 교섭은 성사되지는 않았으나 국경지대의 종지부를 알리는 선언이나 다름없었다. 영토와 주권에 대한 인식과 실천이 변모함에 따라 양국의 국경지대는 국경으로 대체되었다.

마지막

마치며

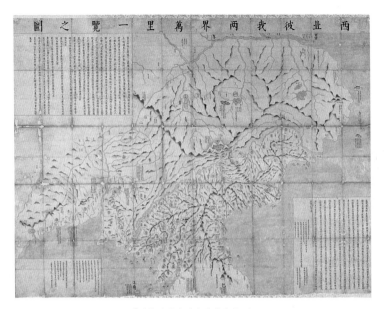

「서북피아양계만리일람지도」.
18세기 중엽, 서울대학교 규장각한국학연구원 소장(청구기호: 古軸4709-22A).

오늘날 지리 교과서를 보면 압록강과 두만강은 중국과 한국의 경계를 가르는 명확한 국경선이다. 하지만 이 직관적인 사실이 양국의 오랜 역사 속에서는 대부분 모호한 상태로 존재했다. 양국의 영토 경계와 정치 관계가 해석과 교섭의 대상이었기 때문이다. '중국'과 '한국'의 의미가 역사 속에서 변화한 것처럼, 두 정치체의 경계 인식 또한 시간에 따라 변했다. 양국의 경계는 언제나 교류와 충돌이 이루어지는 만남의 장소였다. 이러한 인구의 이동과 교류는 양국의 관계를 재조직하고 재정의한 동력이었다. 때때로 양국의 경계는 영토 한계와 주권이 모호하며 종종 중복되기도 하는, 그 면면이 온전히 확정되지 않은 두꺼운 선의 형태로 존재했다. 또 다른 시기에 양국은 각각의 강역을 명확히 나누는 선을 그으려 했다. 그러나 경계 설정은 쉽지 않았다. 국내 정치와 외교 관계에 따라 양국의 경계는 변경, 국경지대, 국경 사이를 오고 갔다. 압록강과 두만강은 아주 먼 옛적부터 동일한 자리에 있었으나 이에 대한 양국의 입장은 계속해서 바뀐 것이다.

다행히 압록강과 두만강, 장백산 일대의 인삼은 양국의 경계가 변경에서 국경지대로, 국경지대에서 국경으로 변해가는 변천사를 추적할 수 있게 해준다. 만주와 한반도의 야생에서 자라는 이 진귀한 약초는 의학적 효능과 상업적 가치로 인해 숭배되었다. 여진인과 조선인 모두 인삼에 큰 관심을 가진 상황에서, 요동에 만주인의 나라가 들어서며 압록강과 두만강이 여진·만주와 조선 사이의 경계로 자리 잡았다. 채삼을 위한 월경이 심심찮게 이루어졌던 이전과 달리 이제 조선인이 두 강을 넘어와 인삼 산지에 접근하는 것은 금지되었다. 청조의 인삼에 대한 이해관계와 만주에 대한 방침은 조선과의 경계에서 추진한 두 사업(장백산 일대의 지리 측량과 압록강 군사 초소 설치)을 통해 명확히 드러난다. 이 두 사업은 인삼 산지의 봉금을 강화하고, 잠채꾼의 범월을 예방하기 위해 추진되었다. 하지만 광범위한 조사와 논의 끝에 청과 조선 양국은 명확한 경계선을 설정하지 않기로 합의했다. 대신 그들은 경계의 성격이 모호하며, 민간의 접근이 불허된 국경지대를 유지하기로 했다. 이후 만주의 인삼이 수 세기에 걸친 남획 끝에 고갈되자 채삼을 목적으로 한 범월 문제는 점차 줄어들었지만, 국경지대를 개간하려는 이민의 물결이 그 빈자리를 채웠다. 기인 대신 민인 농부가 만주와 국경지대를 점거함에 따라 청과 조선 모두 명확한 국경선이 필요해졌다. 결국 청-조선 경계의 성격을 변경에서 국경지대로, 국경지대에서 국경으로 변모시킨 것은 다름 아닌 인삼과 이를 욕망하는 인간의 발걸음이었다.

만주인이 요동의 패권을 장악하기 전, 명과 여진, 그리고 조선은 모호하며vague 스며들 수 있는porous 변경을 공유했다. 그런만큼 여진의 역사는 명과 조선과의 관계 속에서 살펴보고 이해할 필요가 있다. 여진과 조선은 모두 명에 조공을 바쳤고 천자의 권위를 인정했다. 하지만 조선은 여진 '호인'들에 대한 우위를 주장하며 명조와 마찬가지로 여진 부족에 관직과 교역권을 하사했다. 주로 수렵과 채집에 의존한 여진의 경제는 이웃한 정주 국가와의 변시에 크게 의존했고, 그로 인해 명·조선과의 관계에서 약자의 입장일 수밖에 없었다. 하지만 16세기 말 여진의 발흥은 요동을 중심으로 한 명·조선·여진의 삼각관계에 큰 균열을 일으켰다. 누르하치는 여러 여진 부족과 경쟁자들을 성공적으로 통합한 이후 명의 질서에 도전했다. 홍타이지가 누르하치의 뒤를 이어 아이신 구룬의 지도자가 된 시점에서 여진은 더 이상 명·조선과 모호하고 스며들 수 있는 경계를 공유할 의사가 없었다. 대신 자국의 백성과 강역을 보호하고, 경제적 이윤을 보존하며, 만주인의 위엄을 만방에 떨치고자 했다.

이러한 복수의 목표를 달성하기 위해 홍타이지는 여진 성장의 핵심이자 인접국과의 경계에서 자라는 귀중한 자연 자원인 야생삼에 주목했다. 여진은 명과 오랫동안 변시에서 인삼을 교역했고, 거기에서 획득한 부로 세력을 기를 수 있었다. 17세기 초 그들이 요동에서 명의 질서에 도전하기 시작한 이후, 인삼은 여진의 강역을 명·조선과 구분하는 경계 푯말 역할을 했다. 홍타이지는 명의 한인이 자국의 강역에 들어와 인삼을 캐 가는 상황에 불만을 표시하며 만주인 외에 어떤 이도 인삼을 캐지 못하게 했다. 그럼으로써 인삼을 만주인다움을 상징하는 아이신 구룬의 물리적 표지이자 문화적 표상으로 삼았다. 홍타이지가 인삼을 지키기 위해 가장 큰 노력을 기울인 대상은 조선이다. 그는 조선인의 범월에 대해 수없이 불만을 제기했으며, 아예 그것을 1627년과 1637년 두 차례 출병의 이유로 삼았다. 그는 만주인의 독점적인 채삼 권리를 보호했고, 모호한 변경이던 양국의 경계를 재정의해 조선과의 관계를 역전시켰다. 그러나 그는 양국 사이에 명확한 국경선을 긋는 데까지 나아가지는 못했다. 두 번의 전쟁으로 청과 조선의 조공 관계가 확립됨에 따라 양국의 경계에는 변경보다는 더 명확하나 여전히 모호한 국경지대가 조성되었다.

청-조선 국경지대는 불균등한 조공 관계와 만주의 봉금이라는 두 가지 원칙에 기초해 있었다. 1644년 입관 이후에도 인삼은 청제국의 중요한 자원이었다. 인삼에 대한 접근은 황실 귀족과 기인에게만 허용되고, 인삼으로부터 발생한 이윤은 모두 황실의 재산이 되었다. 청은 신성한 고토인 만주뿐만 아니라 만주의 자연자원도 만주인의 상징으로서 법과 규제를 통해 세심히 보호했다. 만주와 인삼을 위협하는 가장 큰 요소는 조선인의 범월이었다. 홍타이지의 출병으로 청과 조선의 조공 관계가 확립되었으나, 조선의 변경민들은 인삼을 찾아 계속해서 압록강과 두만강을 넘었다. 19세기 말까지 범월은 양국 분쟁의 주요 요인이었다. 월경한 조선인들은 압록강에서 효수되었고, 조선의 지방관들은 경계를 제대로 관리하지 못한 죄로 면직되거나 좌천되었다. 조선 국왕 또한 범월 사건이 드러나면 청 황제를 섬겨야 할 의무를 다하지 못했다는 비난을 받았다. 이러한 가운데 17세기 초 강희제는 만주 황실의 발상지를 지도에 담기 위해 조선에 합동 조사를 제안했다. 하지만 만주인을 여전히 오랑캐라 업신여기면서 70년 전 호란의 치욕을 기억하고 있던 조선 조정은 청의 의도를 오해했다. 청의 관료들은 장백산의 지세를 측량하기 위해 노고를 다했으나, 두만강의 수원을 올바로 확정하는 데 실패해 두만강 상류의 경계는 모호한 상태로 남았다.

장백산 탐사 과정과 이를 둘러싼 논의들은 양국의 영토 및 주권 인식에 큰 차이가 존재했음을 보여준다. 청은 두만강의 수원을 올바르게 측량하지 못한 것을 크게 개의치 않았다. 강희제에게 있어 조선과의 영토 경계를 명확히 설정하는 것은 최우선 목표가 아니었다. 동북방에서 그의 주요 관심사는 동북 변경의 부족들을 청의 질서 아래 두어 러시아의 확장 시도를 저지하는 것이었다. 즉, 제국의 동북방 강역을 확정하고 지도를 통해 이를 가시화하려는 시도는 조선을 염두에 둔 것이 아니었다. 청조가 장백산 탐사를 통해 확고히 하고자 한 것은 경계선이 아니라 조선의 충성이다. 반면 조선에게 있어 장백산 탐사와 석비 건립은 매우 다른 의미였다. 조선 조정이 청의 의도를 의심한 것은 반청 정서 때문만은 아니다. 조선의 핵심 목표는 인접한 강대국으로부터 자국 강역을 지키는 것이었다. 그렇기에 청이 영토 경계에 상대적으로 관심을 보이지 않고 대국이 소국과 작은 땅 조각을 가지고 다투면 체면이 서지 않는다고 여기는 점을 이용해 두만강 수원 문제를 일부러 거론하지 않았다. 이처럼 청과 조선 사이의 조공 관계는 양국으로 하여금 두만강 상류의 모호한 영토 경계를 용인하게 했다. 이 모호함이 청-조선 국경지대의 주요 특성 가운데 하나가 되었다.

　동쪽에 위치한 두만강 상류의 경계가 불명확하게 남았다면, 서쪽의 압록강 일대는 공한지로 남았다. 18세기 초 조선과의 국경지대 관리를 담당한 성경의 청 관료들은 범월을 방지하기 위해 수차례에 걸쳐 압록강 인근에 감시 초소를 세우려 했다. 하지만 조선 조정은 사력을 다해 청의 관료들과 병사들이 조선 강역에 접근하는 것을 막았다. 많은 논의 끝에 옹정제와 건륭제는 조선 국왕의 청원을 수용해 압록강에 병사를 주둔시키지 않기로 했다. 이 결정은 이전 세기 청의 황제들이 월경한 조선인들에게 가한 잔혹한 처사와 대비된다. 천명을 내세운 청의 황제들은 유교적 이상군주를 자처했고, 이는 곧 내지와 외번의 백성을 모두 자애로이 보듬는 성군을 의미했다. 18세기 청의 통치자들에게 위협이 되지 않는 인접국과의 경계를 바로 세우는 일은 오랜 조공국의 경외를 사는 일보다 중요하지 않았다. 결국 청-조선 국경지대의 두 번째 특징인 압록강 북쪽의 무인·완충 지대가 조성되고 유지된 배경에도 청과 조선 사이의 조공 관계가 존재했다.

청이 조선과의 경계에 완충 지대를 두는 것에 동의한 이유는 보편 군주 이데올로기가 전부가 아니었다. 내지 한인으로부터 동북방을 지키는 것 또한 중요했다. 청대 전반에 걸쳐 길림과 흑룡강은 황조의 신성한 고토이자 만주인의 최후 거점으로서 한인의 출입을 제한했다. 만주의 방대한 영토 가운데서도 장백산과 압록강은 아이신 기오로 황실 가문의 발상지인 동시에 가장 생산성 높은 인삼 산지였다. 이곳으로의 접근은 17세기 초까지 철저하게 통제되었다. 유조변과 압록강 북안 사이에는 거주와 경작이 허락되지 않은 방대한 공한지가 유지되었다. 이러한 완충 지대는 청인과 조선인의 사사로운 접촉과 충돌을 방지했다. 조선 조정 또한 완충 지대로 월경하는 백성들을 단속하고 처벌했다. 만주와 국경지대의 봉금 정책은 청 당국이 동북방에서 절대적인 지배력을 갖고, 조선 조정이 이를 두말없이 수용하는 한 큰 탈 없이 유지되었다. 하지만 19세기 말 청의 패권이 도전받자, 국경지대의 공한지도 변화의 압력을 받게 되었다.

압록강 일대의 공한지는 사실 빈 땅이 아니었다. 오히려 다양한 경제 활동과 상업적 교류의 중심지였다. 1637년 무조건 항복을 선언한 이래 조선 조정은 청의 요구에 따라 북경에 조공 사신을 보냈다. 다양한 명목으로 사행이 파견된 가운데 매해 많은 인원이 압록강을 건너 청으로 갔다. 조선의 출국 지점인 의주에서 청 영내 진입 지점인 봉황성까지의 여정에는 수백 명이 동행하며 청 상인들과 다양한 상품을 교역했다. 이처럼 봉금 지대에서 상업적 교류가 활성화된 까닭은 청의 만주 정책 때문이다. 출입과 개간이 제한된 제국의 변두리에서 조선 사행단은 방물을 운송하고 여정을 완수하기 위해 자구책을 마련해야 했다. 이에 수많은 조선 상인이 사행을 따라갔으며, 마부, 짐꾼, 객점 주인 등의 청인이 조선 사행단과 거래했다. 청 당국은 청인과 조선인의 교류를 제한하려 했으나, 조선 사행은 청의 동북 변경을 교역과 교류의 장소로 변모시켰다. 시장의 형성과 운송업의 발달, 그리고 그로 인한 갈등이 의미하는 바는 명확하다. 조공 관계는 청-조선 국경지대를 형성했을 뿐만 아니라 그곳을 상업화했다.

19세기 말 청의 내부 개혁과 외교 전략의 수정으로 인해 청-조선 국경지대는 소멸했다. 수 세기 동안 청조는 만주와 국경지대를 봉금했고, 이로 인해 제국의 중심에서 멀리 떨어진 변방에 막대한 행정력을 투입해야 했다. 하지만 국경지대의 방대한 공한지를 향한 양국 유민들의 발걸음을 언제까지 막을 수 없는 노릇이었다. 허가받지 않은 이주의 물결이 이어지는 가운데 19세기 말 러시아 세력이 만주로 접근하자 청조는 만주와 국경지대의 봉금을 철폐했다. 나아가 외세로부터 영토 주권을 수호하기 위해 민인의 이주와 개간을 장려했다. 이로 인해 내지와 한반도로부터의 인구 유입이 가속화되자, 청-조선 경계는 다시 일시적으로 모호하며 스며들 수 있는 변경의 특징을 띠며 다양한 인구 집단 사이의 교류를 촉진했다. 이러한 변화는 중화 질서의 해체와 동시에 일어났다. 19세기 말 청제국의 질서가 연이은 군사적 패배로 흔들리는 가운데, 전통적인 조공 체제의 규범으로는 양국 경계를 유지할 수 없었다. 청과 조선은 상호 동등이라는 국제법의 원리에 입각해 경계를 재조정해야 했다. 전통적 조공 관계에서 국제 공법에 입각한 근대적 관계로의 전환을 통해 양국의 국경지대는 국경으로 구획되었다.

양국의 국경 교섭과 국민 국가 건설 노력은 토지와 부, 자유를 찾아 이주를 선택한 유민들의 열망과 충돌했다. 그 결과 20세기 두 국민 국가의 경계에 국경선이 그어졌으나, 또 다른 변경이 형성되었다. 오늘날 조선족朝鮮族의 존재가 이때 형성된 민족적·문화적 변경을 여실히 증거한다. 이처럼 변경에서 국경지대로, 국경지대에서 국경으로의 변천 과정을 함께 겪은 청과 조선의 역사는 조선족이라는 가시적인 유산과 함께 현대 중국과 한국으로 이어지고 있다.

이 책이 나오기까지 수많은 은사, 동료 연구자, 그리고 지인들의 도움이 있었다. 지면을 빌려 감사의 말을 전한다.

먼저 내가 비판적 사고와 독해, 글쓰기 역량을 갖추도록 세심히 지도해준 듀크대학교의 수체타 마줌다르Sucheta Mazumdar 교수에게 감사드린다. 그의 "한국 학생이 중국사를 공부해야 하는 이유가 무엇인가?"라는 질문 덕분에 나는 청제국의 역사에서 조선의 주체성agency을 탐구하는 연구자의 길을 걷게 되었다. 카렌 위겐Kären Wigen 교수는 대학원 수업에서부터 학위논문을 작성하고 이 책을 집필하는 모든 순간에 응원과 격려를 아끼지 않았다. 그가 보내준 변치 않는 신뢰에 진심으로 감사드린다. 고려대학교의 박원호 교수는 명청사 연구의 세계로 나를 이끌었다. 그의 강독 세미나는 한문 사료를 읽고 해석하는 능력을 갖추는 데 큰 도움이 되었다.

피터 퍼듀 교수는 이 책의 기획 단계에서부터 최종 원고가 완성될 때까지 격려를 아끼지 않았다. 그의 견고한 지지와 선구적인 청사 연구가 없었다면 이 책도 없었을 것이다. 브리티시컬럼비아대학교의 허남린 교수는 그가 진행하고 있던 연구 프로젝트를 소개해주었으며, 캐나다, 한국, 중국에서 열린 워크숍 및 학술대회에 참석할 기회를 주었다. 마크 엘리엇Mark Elliott 교수는 일찍부터 나의 연구에 관심을 기울였고, 내게 청과 조선의 관계를 새로운 시각에서 탐구할 수 있는 영감을 주었다. 예원신Yeh Wen-hsin 교수 또한 값진 조언을 아끼지 않았다. 이 책이 나올 수 있도록 소중한 시간과 지식을 나눠준 이들 모두에게 감사드린다.

지인과 동료 연구자들 또한 여러 단계에서 원고를 읽고 도움을 주었다. 애덤 보넷Adam Bohnet 교수는 책이 출간되기 전에 원고를 꼼꼼히 읽고 유용한 조언과 의견을 보내주었다. 그에게 특별히 감사의 말을 전한다. 박새영 교수 또한 원고의 주요 논점과 서술 방식을 다듬을 수 있도록 도움을 주었다. 그가 보내준 무한한 신뢰에 감사드린다. 구범진 교수는 서론에서 오류를 피할 수 있도록 귀한 의견을 보태주었다. 출판을 앞둔 자신의 책 원고를 내게 미리 제공해서 5장의 논점을 개선할 수 있게 도와준 김형종 교수에게도 감사를 전한다.

이 책의 일부는 미국, 중국, 홍콩에서 열린 학술대회와 워크숍에서 발표되었다. 이블린 로스키, 패멀라 크로슬리, 리처드 폰글란Richard von Glahn, 커크 라슨, 그리고 왕위안충王元崇 교수는 나의 연구에 날카로운 질문들과 값진 의견을 더해주었다. 딩이좡定宜莊, 류샤오멍劉小萌, 자오즈창趙志强 교수는 연구의 초기 성과를 중국어로 발표할 수 있는 기회를 제공해주었을 뿐만 아니라 조언과 의견을 아끼지 않았다. 로레타 킴Loretta Kim과 창웨난常越男 교수의 초대로 참여한 학술대회들에서도 책의 논의를 발전시킬 수 있었다.

고려대학교 민족문화연구원의 조성택 교수는 연구와 학문적 교류를 수행하는 데 필요한 제반 환경을 마련해주었다. 이 책은 한국학 연구에 대한 그의 비전과 열정에 크게 빚지고 있다. 김문

용, 박헌호, 강상순, 정병욱 교수는 넓은 아량으로 나를 이끌었다. 박상수 교수는 자신이 할 수 있는 모든 방법을 동원하여 나의 연구와 경력을 지원해주었다. 만문과 한문 사료 강독 세미나에 매주 빠지지 않고 참여한 대학원생들의 열정과 노력 또한 내게 큰 힘이 되었다. 세미나를 수년간 헌신적으로 이끌어준 이선애 박사에게 특히 감사드린다.

캘리포니아대학교출판부의 책임편집자 리드 맬컴Reed Malcolm은 인내심을 갖고 나의 질문 하나하나에 꼼꼼하게 대답해주었을 뿐 아니라 원고를 책으로 다듬는 데 큰 도움을 주었다. 킬라딜Keila Diehl과 한나 시우루아Hanna Siurua는 초고를 지금의 출판본으로 다듬고 수정해주었다. 그들의 전문적인 역량과 도움이 있었기에 길고 고통스러운 교정 과정을 견딜 수 있었다. 이승수는 이 책에 실린 훌륭한 지도들을 제작해주었고, 최순영은 참고 문헌과 용어 풀이를 교정해주었다. 이 책과 함께 기억될 그들의 우정에 감사한다.

이 연구를 수행하고 책을 출판할 수 있도록 도움을 준 듀크대학교 대학원, 아시아연구협회The Association for Asian Studies의 중국·내륙아시아 분과China and Inner Asia Council, 타이완 국가도서관Taiwan National Central Library, 계명대학교, 고려대학교, 한국연구재단에도 감사를 표한다. 무엇보다, 한국학 진흥 사업을 통해 연구와 책의 출판을 재정적으로 지원해준 한국학중앙연구원에 감사드린다.

2장의 일부는 다른 글("Ginseng and Border Trespassing between Qing China and Choson Korea", *Late Imperial China*, vol 28, no. 1, 2007, pp. 33~61.)에서 다룬 바 있으나, 존스홉킨스대학교출판부의 허락 아

래 이 책에 싣는다. 고려대학교 도서관, 서울대학교 규장각한국학 연구원, 숭실대학교 한국기독교박물관 또한 소장하고 있는 삽화와 지도를 책에 수록하도록 허락해주었다.

마지막으로 내가 긴 유학 생활을 거쳐 연구자로서의 경력을 온전히 시작할 때까지 오랜 기간 인내하고 기다려주신 부모님께 감사드린다. 국내와 미국에 있는 나의 형제자매들 또한 지금껏 나를 지지해주었다. 그들이 있었기에 힘든 시기에도 웃을 수 있었다. 이 책을 통해 그들이 내가 걸어온 여정을 확인할 수 있기를 바란다. 끝으로 나의 남편이자 동료 연구자인 이훈에게 가장 깊이 감사드린다. 그의 지식과 응원, 그리고 이 연구에 대한 흔들림 없는 믿음이 있었기에 이 책이 나올 수 있었다.

들어가며

1) 『동문휘고』, 1:912~16(강계: 19b~26a).

2) 『동문휘고』, 1:916~17, 919~20(강계: 26b~28a, 33b~34b).

3) 신청사 학파의 대표적인 연구로는 Pamela K. Crossley, *A Translucent Mirror: History and Identity in Qing Imperial Ideology*, Berkeley: University of California Press, 1999; Mark C. Elliott, *The Manchu Way: The Eight Banners and Ethnic Identity in Late Imperial China*, Stanford, CA: Stanford University Press, 2001(마크 C. 엘리엇, 김선민·이훈 옮김, 『만주족의 청제국』, 푸른역사, 2009); Evelyn S. Rawski, *The Last Emperors: A Social History of Qing Imperial Institutions*, Berkeley: University of California Press, 1998(이블린 S. 로스키, 구범진 옮김, 『최후의 황제들』, 까치, 2010); 그리고 Philippe Foret, *Mapping Chengde: The Qing Landscape Enterprise*, Honolulu: University of Hawaii Press, 2000 등이 있다. 신청사 학파에 관한 상세한 설명과 평가는 Joanna Waley-Cohen, "The New Qing History", *Radical History Review*, vol. 88, 2004, pp. 193~206을 참고하라.

4) Owen Lattimore, *Manchuria: Cradle of Conflict*, New York: Macmillan, 1932, p. 276. 라티모어의 저작과 함께 Robert H. G. Lee, *The Manchurian Frontier in Ch'ing History*, Cambridge, MA: Harvard University Press, 1970도 만주인의 특수성을 살펴보는 데 공헌했다. 그는 청대 만주인의 한화(Sinicization)를 주장하기는 했으나 청사에서 만주지역과 비한인 집단의 중요성을 강조했다는 점에서는 선구적이다.

5) Frederic Wakeman Jr., *The Great Enterprise: The Manchu Reconstruction of Imperial Order in Seventeenth-Century China*, 2 vols. Berkeley: University of California Press, 1985, 1:37~49; Pamela K. Crossley, *A Translucent Mirror*, 1999, pp. 47~50.

6) 신청사학파에 대한 중국학자들의 반박에 관해서는 다음을 참고하라. 定宜莊·Mark C. Elliott, 「21世紀如何書寫中國歷史: "新淸史" 硏究的影響與回應」, 彭衛主 篇, 『歷史學評論』, 北京: 社會科學文獻出版社, 2013.

7) 청의 동북방 통치에 관한 중국 학계의 최신 연구로는 叢佩遠, 『中國東北史』, 4卷, 長春: 吉林文史出版社, 1998; 李治亭 編, 『東北通史』, 鄭州: 中州古籍出版社, 2003; 張士尊, 『淸代東北移民與社會變遷, 1644~1911』, 長春: 吉林人民出版社, 2003; 張杰·張丹卉, 『淸代東北邊疆的滿族, 1644~1840』, 瀋陽: 遼寧民主出版社, 2005; 丁海斌·時義, 『淸代陪都盛京

研究』, 北京: 中國社會科學出版社, 2007; 黃松筠·欒凡, 『吉林通史』, 2卷, 長春: 吉林人民
出版社, 2008 등이 있다.

8) Richard Edmonds, "The Willow Palisade", *Annals of the Association of American Geographers*, vol. 69, no. 4, 1979, p. 621.

9) 만주인의 특수성과 청대 만주를 연결한 연구로는 Mark C. Elliott, "The Limits of Tartary: Manchuria in Imperial and National Geographies", *Journal of Asian Studies*, vol. 59, no. 3, 2000; Christopher M. Isett, *State, Peasant, and Merchant in Qing Manchuria, 1644~1862*, Stanford, CA: Stanford University Press, 2007; Dan Shao, *Remote Homeland, Recovered Borderland: Manchus, Manchoukuo, and Manchuria, 1907~1985*, Honolulu: University of Hawaii Press, 2011 등이 있다.

10) David Bello, "The Cultured Nature of Imperial Foraging in Manchuria", *Late Imperial China*, vol. 31, no. 2, 2010; David Bello, *Across Forest, Steppe, and Mountain: Environment, Identity, and Empire in Qing China's Borderlands*, New York: Cambridge University Press, 2016.

11) Jonathan Schlesinger, "The Qing Invention of Nature: Environment and Identity in Northeast China and Mongolia, 1750~1850", PhD diss., Harvard University, 2012, p. 44, 157.

12) Evelyn S. Rawski, *Early Modern China and Northeast Asia: Cross-Border Perspectives*, Cambridge, England: Cambridge University Press, 2015, p. 1, 21.

13) Gari Ledyard, "Yin and Yang in the China-Manchuria-Korea Triangle", *China among Equals: The Middle Kingdom and Its Neighbors*, edited by Morris Rossabi, Berkeley: University of California Press, 1983, pp. 313~353.

14) 몽케 테무르에 관해서는 김구진, 「오음회의 알타리 여진에 대한 연구」, 『사총』, 제17호, 1973, 85~122쪽; 박원호, 『명초 조선 관계사 연구』, 일조각, 2002; 河內良弘, 『明代女眞史の研究』, 京都: 同朋舍, 1992; 劉小萌, 『滿族從部落到國家的發展』, 北京: 中國社會科學出版社, 2007; Pamela K. Crossley, *A Translucent Mirror*, 1999를 참고하라.

15) Kenneth R. Robinson, "Residence and Foreign Relations in the Peninsular Northeast during the Fifteenth and Sixteenth Centuries", *The Northern Region of Korea: History, Identity, and Culture*, edited by Kim Sun Joo, Seattle: University of Washington Press, 2010, pp. 21~22.

16) 만주인의 초기 국가 시절 인삼 무역에 관해서는 다음을 참고하라. 稻葉岩吉, 楊成能 譯, 『滿洲發達史』, 奉天: 翠文齋書店, 1939; 滕紹箴, 「明代建州女眞人」, 『明代女眞與滿洲文史論集』, 瀋陽: 遼寧民族出版社, 2012, pp. 3~16.; 滕紹箴, 「入關前滿族的社會經濟槪論」, 『明代女眞與滿洲文史論集』, 瀋陽: 遼寧民族出版社, 2012, pp. 52~64. ; 滕紹箴, 「試論後金國的形成, 性質及其特點」, 『明代女眞與滿洲文史論集』, 瀋陽: 遼寧民族出版社, 2012, pp. 129~72; Iwai Shigeki, "China's Frontier Society in the Sixteenth and Seventeenth

Centuries", *Acta Asiatica*, no. 88, 2005, pp. 1~20; Nicola Di Cosmo, "The Manchu Conquest in World-Historical Perspective: A Note on Trade and Silver", *Journal of Central Eurasian Studies*, vol. 1, 2009, pp. 43~60.

17) 今村鞆, 『人蔘史』, 2卷, 京城: 朝鮮総督府専売局, 1940; 叢佩遠, 『東北三寶經濟簡史』, 北京: 農業出版社, 1989; 宋抵·王秀華 編, 『清代東北蔘務』, 吉林: 吉林文史出版社, 1991; 蔣竹山, 『人蔘帝國: 清代人蔘的生産, 消費與醫療』, 杭州: 浙江大學出版社, 2015.

18) 王佩環, 「清代東北采蔘業的興衰」, 『社會科學戰線』, 4號, 1982, pp. 189~192; 佟永功, 「清代盛京蔘務活動述略」, 『清史研究』, 1號, 2000, pp. 42~49.

19) Van Jay Symons, "Ch'ing Ginseng Management: Ch'ing Monopolies in Microcosm", Arizona State University Center for Asian Studies Occasional Paper, no. 13, 1981, p. 79.

20) 20세기 초 일본 역사학계의 만선사滿鮮史 연구에 관한 상세한 내용은 다음을 참고하라. Stefan Tanaka, *Japan's Orient: Rendering Pasts into History*, Berkeley: University of California Press, 1993; 中見立夫, 「日本的東洋學の形成と構圖」, 『帝國日本の學知』, 3卷, 岸本美緒 編, 『東洋學の磁場』, 東京: 岩波書店, 2006, pp. 13~97, ; 中見立夫, 「地域概念の政治性」, 『アジアから考える: 交錯するアジア』, 東京: 東京大學出版會, 1993, pp. 273~96; 寺内威太郎, 「滿鮮史研究と稻葉岩吉」, 『植民地主義と歷史學: そのまなざしが殘したもの』, 東京: 刀水書房, 2004, pp. 19~70. 20세기 초 동아시아 지성사의 흐름은 다음 책에 수록된 논문들을 참고하라. Joshua A. Fogel(ed), *The Teleology of the Modern Nation-State, Japan and China*, Philadelphia: University of Pennsylvania Press, 2005.

21) 稻葉岩吉, 『滿洲發達史』, 1939; 今村鞆, 『人蔘史』, 2卷, 1940. 이마무라 도모今村鞆는 조선 총독부에 부임한 이후 중국, 한국, 일본의 인삼 역사를 연구하기 시작했다. 그는 1934년부터 1940년 사이 철학, 정치, 경제, 농업, 의학, 잡록, 주요 용어 등을 다룬 일곱 권의 책을 저술했다.

22) 今村鞆, 『人蔘史』, 2卷, 1940, pp. 107~11.

23) John K. Fairbank, "A Preliminary Framework", *The Chinese World Order: China's Foreign Relations*, edited by John K. Fairbank, Cambridge, MA: Harvard University Press, 1968. 중국 중심적 화이질서론의 확산과 관련해 주목할 또 다른 논고로는 1960년대 초 나시지마 사다오西島定生가 내놓은 '동아시아세계론'이 있다. 그는 전근대 동아시아 국가들이 한자, 유교, 법률 등을 공유하는 일종의 문화적 공동체를 이루고 있었으며, 중국의 황제와 여타 통치자들은 '조공·책봉 관계'로 연결되어 있었다고 주장했다. 西島定生, 『中國古代國家と東アジア世界』, 東京: 東京大學出版會, 1983.

24) Morris Rossabi(ed.), *China among Equals: The Middle Kingdom and Its Neighbors*, Berkeley: University of California Press, 1983; James Hevia, *Cherishing Men from Afar: Qing Guest Ritual and the Macartney Embassy of 1793*, Durham, NC: Duke University Press, 1995.

25) Nicola Di Cosmo, "State Formation and Periodization in Inner Asian History", *Journal of World History*, vol. 10, no. 1, 1999, pp. 1~40; James A. Millward, *Beyond the Pass: Economy, Ethnicity, and Empire in Qing Central Asia*, Stanford, CA: Stanford University Press, 1998; Peter C. Perdue, "A Frontier View of Chineseness", *The Resurgence of East Asia: 500, 150, and 50 Year Perspectives*, edited by Giovanni Arrighi·Takeshi Hamashita·Mark Selden, London: Routledge, 2003, pp. 51~77; Kim Kwang Min, "Profit and Protection: Emin Khwaja and the Qing Conquest of Central Asia, 1759~1777", *Journal of Asian Studies*, vol. 71, no. 3, 2012, pp. 603~626.

26) Nicola Di Cosmo, "Kirghiz Nomads on the Qing Frontier: Tribute, Trade, or Gift Exchange?", *Political Frontiers, Ethnic Boundaries, and Human Geographies in Chinese History*, edited by Nicola Di Cosmo·Don F. Wyatt, London: Routledge Curzon, 2003, p. 355.

27) Peter C. Perdue, *China Marches West: The Qing Conquest of Central Eurasia*, Cambridge, MA: Harvard University Press, 2005, p. 403.

28) Anthony Reid, "Introduction: Negotiating Asymmetry: Parents, Brothers, Friends and Enemies", *Negotiating Asymmetry: China's Place in Asia*, edited by Anthony Reid·Zheng Yangwen, Honolulu: University of Hawaii Press, 2009, pp. 3~4.

29) 張存武, 『淸代中韓關係論文集』, 臺北: 臺灣商務印書館, 1987; 劉永智, 『中朝關係史硏究』, 瀋陽: 中州古籍出版社, 1995; 徐萬民, 『中韓關係史』, 北京: 社會科學文獻出版社, 1996; 張永江, 『淸代藩部硏究』; 魏志江, 『中韓關係史硏究』, 廣州: 中山大學出版社, 2006; 黃松筠, 『中國古代藩屬制度硏究』, 長春: 吉林人民出版社, 2008.

30) JaHyun Kim Haboush, "Contesting Chinese Time, Nationalizing Temporal Space: Temporal Inscription in Late Choson Korea", *Time, Temporality, and Imperial Transition: East Asia from Ming to Qing*, edited by Lynn A. Struve, Honolulu: University of Hawaii Press, 2005, pp. 115~41; Adam Bohnet, "Ruling Ideology and Marginal Subjects: Ming Loyalism and Foreign Lineages in Late Choson Korea", *Journal of Early Modern History*, vol. 15, no. 6, 2011, pp. 477~505.

31) Kye Seung Beom, "Huddling under the Imperial Umbrella: A Korean Approach to Ming China in the Early 1500s", *Journal of Korean Studies*, vol. 15, no. 1, 2010, p. 59. 한국 역사 학계에서는 조선 조정이 명에 대한 사대 논리를 활용해 통치의 당위성을 제고해낸 방식을 탐색해왔다. 계승범, 『조선 시대 해외 파병과 한중 관계』, 푸른역사, 2009; 한명기, 『정묘·병자호란과 동아시아』, 푸른역사, 2009; 허태용, 『조선 후기 중화론과 역사 인식』, 아카넷, 2009.

32) 마크 맨콜Mark Mancall은 몽골, 신강, 티베트를 포함한 서북부 '초승달 지대'가 이번원에 의해 통치되었으며 그 형태가 만주에 대한 통치와 유사했던 반면, 동남부 '초

승달 지대'를 이루는 조선, 일본, 베트남, 류큐는 예부의 관할이었다고 강조한다. Mark Mancall, "The Ch'ing Tribute System: An Interpretative Essay", *The Chinese World Order: China's Foreign Relations*, edited by John K. Fairbank, Cambridge, MA: Harvard University Press, 1968, pp. 63~89, 니콜라 디 코스모Nicola Di Cosmo는 이번원을 "외번(Outer Dependencies)을 다스리기 위한 행정 기구"로 설명한다. Nicola Di Cosmo, "Qing Colonial Administration in Inner Asia", *International History Review*, vol. 20, no. 2, 1998, pp. 287~309.

33) 구범진, 「청의 조선 사행 인선과 대청제국 체제」, 『인문논총』, 제59호, 2008, 1~50쪽.

34) Jerry Norman, *A Comprehensive Manchu-English Dictionary*, Cambridge, MA: Harvard University Press, 2013. 이 단어의 정확한 어원은 알 수 없으나, 여진·만주인에게 '얄루'는 '경계'를 의미한다. 중국어 '야루'나 한국어 '압록'은 '얄루'에서 파생되었을 것으로 추정된다.

35) 『인조실록』, 15:50(인조 5/3/3). 후일 홍타이지는 조선 조정에 국서를 보내 "서로의 강역을 지킬 것" 강조했다. 『淸太宗實錄』, 3:22a(천총 1/7/갑술); 3:26a(천총 1/9/병자); 3:29b(천총 1/12/임인); 13:12a(천총 7/2/갑신); 23:22a(천총 9/6/신묘).

36) Gari Ledyard, "Cartography in Korea", in "Cartography in the Traditional East and Southeast Asian Societies", vol. 2, book 2, of *The History of Cartography*, edited by J. B. Harley·David Woodward, Chicago: University of Chicago Press, 1987, pp. 298~305.

37) Andre Schmid, "Tributary Relations and the Qing-Choson Frontier on Mountain Paektu", *The Chinese State at the Borders*, edited by Diana Lary, Vancouver: University of British Columbia, 2007, p. 127.

38) Andre Schmid, *Korea between Empires, 1895~1919*, New York: Columbia University Press, 2002.

39) 張存武, 『淸代中韓關係論文集』, 1987, pp. 217~27.

40) 이화자, 『한중 국경사 연구』, 혜안, 2011, 166~68쪽.

41) 楊昭全·孫玉梅, 『中朝邊界史』, 長春: 吉林社會出版社, 1993, p. 596. 비슷한 해석은 陳慧, 『穆克登碑問題硏究: 淸代中朝圖們江界務考證』, 北京: 中央編譯出版社, 2011에서도 찾을 수 있다.

42) 일부 한국 학자들은 조선이 두만강 수원의 위치에 대해 청조와 합의를 이룬 바가 없다고 주장한다. 20세기 초 일본이 조선을 병합한 직후 만주의 광산 채굴권을 받는 대가로 간도의 영유권을 중국에게 넘김으로써 그 기회가 사라졌다는 것이다. 특히 김경춘은 유조변과 압록강 사이가 조선이 실질적으로 관할하는 무인 지대無人地帶였기에 "조선의 실지"로 보아야 한다고 주장한다. 김경춘, 「조선조 후기의 국경선에 대한 일고: 무인 지대를 중심으로」, 『백산학보』, 제29호, 1984, 5~32쪽.

43) 김형종 편역, 『1880년대 조선·청 국경 회담 관계 자료 선역』, 서울대학교출판문화원, 2014; 김형종, 『1880년대 조선·청 공동 감계와 국경 회담의 연구』, 서울대학교출판 문화원, 2018.

44) 강석화, 「1712년의 조선 정계와 18세기 조선의 북방 경영」, 『진단학보』, 제79호, 1996.

45) 배우성, 『조선 후기 국토관과 천하관의 변화』, 일지사, 1998; 배우성, 『조선과 중화: 조선 이 꿈꾸고 상상한 세계와 문명』, 돌베개, 2014.

46) 張存武, 『淸代中韓關係論文集』, 1987, pp. 254~64; 이화자, 『조청 국경 문제 연구』, 집문당, 2008, 187, 208쪽; 張杰·張丹卉, 『淸代東北邊疆的滿族, 1644~1840』, pp. 246~53.

47) 孫春日는 공한지를 "무인 지대"라고 부른다. 孫春日, 『中國朝鮮族移民史』, 北京: 中華書局, 2009, pp. 88~92.

48) 稻葉岩吉, 『滿洲發達史』, 1939, pp. 345~46.

49) 배우성, 『조선과 중화』, 2014, 324쪽.

50) Thongchai Winichakul, *Siam Mapped: A History of the Geo-Body of a Nation*, Honolulu: University of Hawaii Press, 1994, pp. 75~79, 101.

51) Bruce L. Batten, *To the Ends of Japan: Premodern Frontiers, Boundaries, and Interactions*, Honolulu: University of Hawaii Press, 2003, pp. 235~42.

52) David Howell, "Ainu Ethnicity and the Boundaries of the Early Modern Japanese State", *Past and Present*, vol. 142, issue 1, 1994.

53) 국경지대 사이의 유사성과 차이에 대해서는 다음을 참고하라. Michel Baud·Willem van Schendel. "Toward a Comparative History of Borderlands", *Journal of World History*, vol. 8, no. 2, 1997. 국경 연구의 최신 동향은 다음을 참고하라. Vladimir Kolossov·James Scott, "Selected Conceptual Issues in Border Studies", *Belgeo*, vol. 1, 2013.

54) Bradley J. Parker·Lars Rodseth, "Introduction: Theoretical Considerations in the Study of Frontiers", *Untaming the Frontier in Anthropology, Archaeology, and History*, edited by Bradley J. Parker·Lars Rodseth, Tucson: University of Arizona Press, 2005, pp. 9~11. 맬컴 앤더슨Malcolm Anderson도 비슷한 정의를 내린다. 그에게 "변경frontier"은 지역 을 가리키는 포괄적 용어이며, "국경border"은 좁은 구역 내지 선을 뜻한다. "경계 boundary"는 국경선을 가리키는 용어로 가장 협소한 의미를 지닌다. Malcolm Anderson, *Frontiers: Territory and State Formation in the Modern World*, Oxford: Polity, 1996. 조선과 에도 막부의 관계에 대해 제임스 루이스James B. Lewis는 "'변경'은 법적 '경 계'에 의해 양분되나, 양쪽의 거주민이 상호 교통하는 지역을 지칭한다"고 설명한 다. James B. Lewis, *Frontier Contact between Choson Korea and Tokugawa Japan*, London and New York: Routledge Curzon, 2003, p. 7.

55) Jeremy Adelman·Stephen Aron, "From Borderlands to Borders: Empires, Nation-States, and

인삼과 국경

the Peoples in between in North American History", *American Historical Review*, vol. 104, no. 3, 1999, pp. 815~16. 국경지대에 관한 추가 논의는 다음을 참고하라. Pekka Hämäläinen·Samuel Truett, "On Borderlands", *Journal of American History*, vol. 98, no. 2, 2011.

56) Peter C. Perdue, "From Turfan to Taiwan: Trade and War on Two Chinese Frontiers", *Untaming the Frontier in Anthropology, Archaeology, and History*, edited by Bradley J. Parker·Lars Rodseth, Tucson: University of Arizona Press, 2005, pp. 28~29. 요나라 연구자인 나오미 스탠든Naomi Standen은 변경과 국경지대를 구분하지 않는다. 대신 양쪽 모두를 "국경선 사이의 느슨하게 규정된 지리적 구역"으로 정의한다. 그녀에 따르면 10세기 중국에서는 국경을 정적으로 이해하지도, 국경선 내에 인구의 이동을 제한하지도 않았다. 대신 "행정적 거점과 신종 의무에 따라 조직을 이루었다." Naomi Standen, *Unbounded Loyalty: Frontier Crossings in Liao China*, Honolulu: University of Hawaii Press, 2007, pp. 19~25.

57) 변경, 국경지대, 국경의 양상이 청제국의 다른 지방에서는 다른 형태로 나타났음을 주목할 필요가 있다. 예컨대 운남의 경계는 변경보다는 국경에 가까운 성격을 띠었는데, 이는 18세기 청-조선의 경계와 확연히 다르다. 청의 변경 지역들에 대한 비교사적 접근은 다음을 참고하라. James A. Millward, "New Perspectives on the Qing Frontier", *Remapping China: Fissures in Historical Terrain*, edited by Gail Hershatter et al., Stanford, CA: Stanford University Press, 1996; Patterson Giersch, *Asian Borderlands: The Transformation of Qing China's Yunnan Frontier*, Cambridge, MA: Harvard University Press, 2006; Emma J. Teng, *Taiwan's Imagined Geography: Chinese Colonial Travel Writing and Pictures, 1683~1895*, Cambridge, MA: Harvard University Press, 2004; Dai Yingcong, *The Sichuan Frontier and Tibet: Imperial Strategy in the Early Qing*, Seattle: University of Washington Press, 2009.

1장

1) 본 장의 일부는 김선민, 「인삼과 국경: 후금·청의 강역 인식과 대외 관계의 변화」, 『명청사연구』, 제30호, 2008에서 다루었다.

2) 『선조실록』, 28:24a(선조 25/7/26); 66:8b(선조 28/8/13).

3) 『선조실록』, 69:17a(선조 28/11/20). 1595년 퍼 알라 방문에 관해 논의하던 조선 조정은 계속해서 여진인을 '금수'나 '호인' 같은 멸칭으로 불렀다.

4) 『淸太宗實錄』, 15:13a~14a (천총 7/9/계묘).

5) 중국 학자들은 만주가 20세기 일본 제국주의에 의해 오염된 단어라면서 이 지역을 만

주로 부르기를 거부한다. 대신 중국의 역사적·영토적 통치를 강조하기 위해 동북東北으로 지칭한다. 만주 지명의 기원과 관련해서는 Mark C. Elliott, "The Limits of Tartary", 2002, pp. 604~7을 참고하라. 이러한 측면에서 마리코 타마노이Mariko Asano Tamanoi가 지적하듯, 만주는 실제 영토를 나타내기보다는 "지정학적 상상의 산물"에 가깝다. Mariko Asano Tamanoi, "Introduction", *Crossed Histories: Manchuria in the Age of Empire*, edited by Mariko Asano Tamanoi, Honolulu: University of Hawaii Press, 2005, p. 2.

6) Pamela K. Crossley, *The Manchus*, Oxford: Blackwell, 2002, pp. 14~15; 李治亭 編,『東北通史』, 2003, p. 6~11.

7) 만주의 경제적, 지리적 구분에 관해서는 다음을 참고하라. Owen Lattimore, *Inner Asian Frontiers of China*, Boston: Beacon, 1940, pp. 103~15; Robert H. G. Lee, *The Manchurian Frontier in Ch'ing History*, 1970, pp. 3~4; Thomas J. Barfield, *The Perilous Frontier: Nomadic Empires and China*, Cambridge, MA: Blackwell, 1989, pp. 7~8; Nicola Di Cosmo, *Ancient China and Its Enemies*, Cambridge, England: Cambridge University Press, 2002, pp. 16~17.

8) 李治亭 編,『東北通史』, 2003, pp. 1~6; 김한규,『요동사』, 문학과지성사, 2004, 50~61쪽.

9) 재배삼은 연간 14그램 성장하나, 야생삼은 1그램만 자란다. 유태종,『우리 몸에 좋은 인삼과 홍삼』, 아카데미북, 2000, 155~56, 179~80쪽. 인삼의 다양한 이름과 종류에 관해서는 다음을 참고하라. 叢佩遠,『東北三寶經濟簡史』, 1989, pp. 2~18.

10) Richard Heffern, *The Complete Book of Ginseng*, Millbrae, CA: Celestial Arts, 1976, pp. 9~16; William E. Court, *Ginseng: The Genus Panax*, Amsterdam: Harwood Academic, 2000, pp. 16~18, 23~30.

11) 蔣竹山,『人蔘帝國』, 2015, p. 26.

12) 만약 인삼의 가장 밑뿌리 또는 '다리'가 같은 크기라면 수컷으로, 크기가 다르다면 암컷으로 분류한다. Richard Heffern, *Complete Book of Ginseng*, 1976, p. 39.

13) 인삼의 의학적 효험에 관한 고대 사료에 관해서는 다음을 참고하라. 叢佩遠,『東北三寶經濟簡史』, 1989, pp. 19~25.

14) 李時珍,『本草綱目』, (재인용: Hou, *Myth and Truth about Ginseng*, 51.)

15) Richard Heffern, *The Complete Book of Ginseng*, 1976, pp. 22~23, 46.

16) 민간설화들은 진짜 야생삼이 인간에 의해 발견되지 않는다고 전한다. 고대 중국의 설화에 따르면 인삼은 인간의 모습으로 땅에서 등장한다. 그 피는 아주 희며, 단 몇 방울만 떨어뜨려도 죽은 자를 소생시킬 수 있다. 또 다른 설화는 상등품의 인삼이 성적 기능을 향상시켜 가임기가 지난 여성까지 임신할 수 있게 한다고 전한다. Richard Heffern, *The Complete Book of Ginseng*, 1976, pp. 46~49.

17) Van Jay Symons, "Ch'ing Ginseng Management: Ch'ing Monopolies in Microcosm", 1981, pp. 5~6.

18) 王玢玲, 「人参源流考」, 『人參文化研究』, 長春: 時代文藝出版社, 1992, p. 16.

19) 명·청대 인삼의 의학적 명성과 소비 문화와 관련해서는 다음을 참고하라. 蔣竹山, 『人蔘帝國』, 2015, pp. 25~50.

20) 만주 내 여진 부족들의 위치에 대해서는 今西春秋, 「Jušen國域考」, 『東方學紀要』, 2號, 1967; 和田清, 「滿洲諸部の位置について」, 『東亞史研究: 滿洲篇』, 東京: 東洋文庫, 1955에 수록된 지도를 참고했다.

21) 여진은 금나라를 세워 1121년부터 1234년까지 만주와 북중국을 통치했다. 금이 몽골에 멸망한 뒤 여진인 다수는 만주에 남아 전통적 생활양식을 고수했으나 일부는 북중국으로 이주하여 한인에 가까워졌다. 이후 만주의 여진인은 중원의 문화 및 제도로부터 멀어지게 되었고, 원나라는 이들에게 피상적인 영향력만을 행사했다. 거트루드 리Gertraude Roth Li는 '여진'이라는 명칭이 금나라 시기 단어인 jusen에서 기원한 것으로 추측하나, 정확한 의미는 알려지지 않았다. Gertraude Roth Li, "State Building before 1644", in "The Ch'ing Empire to 1800", vol. 9, part 1, of *The Cambridge History of China*, edited by Willard J. Peterson, Cambridge: Cambridge University Press, 2002, p. 9. 만주 여진족의 초기 역사에 관해서는 다음을 참고하라. Henry Serruys, *Sino-Jürčed Relations during the Yung-Lo Period, 1403~1424*, Wiesbaden: Harrassowitz, 1955, pp. 1~16; Pamela K. Crossley, *The Manchus*, 2002, pp. 15~24.

22) 1430년대부터 1470년대까지 해서여진은 남쪽으로 이주해 요하와 숭가리강 상류에 정착했다. 그리고 하다부·울라부·여허부·호이파부로 이루어진 훌룬 4부 연맹을 결성했다.

23) 건주·해서·야인의 구분에 관해서는 다음을 참고하라. 『大明會典』, 107:7a~8b; 稻葉岩吉, 『滿洲發達史』, 1939, pp. 100~12; Gertraude Roth Li, "State Building before 1644", 2002, pp. 9~11.

24) 요동은 북방의 몽골을 억제하는 명의 군사 거점이었다. 여진은 몽골과 연합할 경우 명에 위협이 될 수 있었다. 그렇기에 명의 대여진 정책은 "여진을 몽골의 영향력으로부터 분리시키는 것"을 목표로 했다. 노기식, 「명대 몽골과 만주의 교체」, 『사총』, 제59호, 2004, 49~50쪽. 만주와 초원 지대의 몽골족에 대한 명의 초기 정책은 和田清, 「明初の滿洲經略: 上」, 『東亞史研究: 滿洲篇』, 東京: 東洋文庫, 1955를 참고하라.

25) 건주위는 1403년, 모린위는 1405년, 건주좌위는 1416년, 마지막으로 건주우위는 1442년 설립되었다. 和田清, 「明初の滿洲經略: 下」, 『東亞史研究: 滿洲篇』, 東京: 東洋文庫, 1955, pp. 373~403; Henry Serruys, *Sino-Jürčed Relations during the Yung-Lo Period, 1403~1424*, 1955, pp. 42~58; 河內良弘, 『明代女眞史の研究』, 1992, pp. 3~32; Gertraude

Roth Li, "State Building before 1644", 2002, pp. 11~14.

26) 김한규, 『한중 관계사』, 2권, 아르케, 1999, 590~93쪽; 남의현, 『명대 요동 지배 정책 연구』, 강원대학교출판부, 2008, 195~221쪽. 명은 요동의 몽골족을 타안朵顏, 태녕泰寧, 복여福餘 삼위를 세워 관리했고 "우량카이 삼위兀良哈三衛"로 불렸다. 이후 복여는 몽골 코르친부에 흡수되고, 타안과 태녕은 칼카 오부에 병합되었다. 和田淸, 「明初の滿洲經略: 上」, 1955, pp. 321~34.

27) 요동 변장의 설치와 관련된 상세한 논의는 다음을 참고하라. 稻葉岩吉, 『滿洲發達史』, 1939, pp. 125~30; 滕紹箴, 「明代建州女眞人」, 2012; 叢佩遠, 『中國東北史』, 4卷, pp. 607~30; 남의현, 『명대 요동 지배 정책 연구』, 강원대학교출판부, 2008, 245~62쪽.

28) 稻葉岩吉, 『滿洲發達史』, 1939, pp. 109~10. 和田淸 또한 명의 요동 통치가 지닌 영토적 한계를 설명하기 위해 동일한 구절을 인용한다. 和田淸, 「明末に於ける鴨綠江方面の開拓」, 『東亞史研究: 滿洲篇』, 東京: 東洋文庫, 1955, p. 503.

29) 거트루드 리는 요동 변장이 명의 통치가 미치는 한계를 보여준다는 데 동의한다. "명의 관리들이 경계에 대해 갖고 있는 환상이 실제 지역 내 권력 구조를 반영하고 있었다고 볼 이유는 없다." Gertraude Roth Li, "State Building before 1644", 2002, p. 14. 김한규 또한 명의 군정 기구들이 "현지 부족들의 자치에 대한 환상"을 지닌 채 요동 변경의 현실을 반영하지 못했다고 평가한다. 김한규, 『요동사』, 2004, 532~33쪽.

30) 『大明會典』, 107:8a~b; 稻葉岩吉, 『滿洲發達史』, 1939, pp. 143~60; 김구진, 「명대 여진의 중국에 대한 공무역과 사무역」, 『동양사학연구』, 제48호, 1994, 4~8, 21~27쪽. 여진의 교역 추이를 살펴보면 여진 사회에서 소금 소비가 증가했음을 알 수 있다. 육식보다 채식에 소금이 더 필요하다는 사실을 고려할 때, 당시 여진 사회가 수렵 채집 사회에서 농경 사회로 전환하고 있던 증거라고 볼 수 있다.

31) 王鍾翰, 「關于滿族形成中的幾個問題」, 『滿族史研究集』, 北京: 中國社會出版社, 1988, pp. 1~16; 滕紹箴, 「入關前滿族的社會經濟槪論」, 2012; 劉小萌, 『滿族從部落到國家的發展』, 2007, pp. 62~77; Iwai Shigeki, "China's Frontier Society in the Sixteenth and Seventeenth Centuries", 2005.

32) 『明太宗實錄』, 40:2a(영락 3/3/갑인); 52:3b(영락 4/3/갑오).

33) 광녕은 진북관에서 오는 우량카이부에, 개원은 광순관에서 오는 해서여진에, 무순은 건주여진에 배정되었다. 건주여진 상인의 수가 증가함에 따라 청하, 애양, 관전에 새로운 변시가 열렸다. 叢佩遠, 『中國東北史』, 4卷, p. 1064; 김구진, 「명대 여진의 중국에 대한 공무역과 사무역」, 1994, 28~32쪽.

34) 祁美琴, 「論淸代長城邊口貿易的時代特徵」, 『淸史研究』, 3號, 2007, pp. 79~81; 叢佩遠, 『中國東北史』, 4卷, p. 1071.

35) 河內良弘, 『明代女眞史の研究』, 1992, pp. 592~96. 1583년 여름과 1584년 봄 총 6개월 동

안 진북관과 광순관에서 거래된 모피는 4만 7243장에 달했다. 河內良弘, 『明代女眞史の研究』, 1992, pp. 642~50.

36) 稻葉岩吉, 『滿洲發達史』, 1939, pp. 172~74; 叢佩遠, 『東北三寶經濟簡史』, 1989, pp. 37~43.

37) 김구진, 「명대 여진의 중국에 대한 공무역과 사무역」, 1994, 41~46쪽.

38) 叢佩遠, 『中國東北史』, 4卷, pp. 1073~75, 1082~83.

39) 노기식, 「명대 몽골과 만주의 교체」, 2004, 56쪽.

40) Lee Peter H., *Songs of Flying Dragons: A Critical Reading*, Cambridge, MA: Harvard University Press, 1975, pp. 152~54.

41) 우량카이라는 명칭은 몽골과 여진 부족 모두에서 발견된다. 몽골 우량카이부에 대한 설명은 다음을 참고하라. Pamela K. Crossley, "Making Mongols", *Empire at the Margins: Culture, Ethnicity, and Frontier in Early Modern China*, edited by Pamela K. Crossley·Helen F. Siu·Donald S. Sutton, Berkeley: University of California Press, 2006, p. 80.

한자 철자는 '兀良哈'으로 동일했으나 몽골 우량카이부와 여진 우량카이부(와르카부)는 전혀 다른 집단이다. 명의 기록에서 우량카이 삼위는 대개 요동의 몽골 삼위인 타안, 태녕, 복여를 가리켰다. 조선에서 올량합으로 부른 여진 우량카이부는 조선 북부에 거주했다. 和田淸, 「明初の滿洲經略: 下」, 1995, pp. 377~78.

이인영은 조선의 기록에 나타난 우량카이는 두만강 인근에 거주하는 여진 부족으로 모린위 여진과 거의 일치했다고 주장한다. 이인영, 『한국 만주 관계사의 연구』, 을유문화사, 1954, 73쪽.

반면 김구진은 우량카이부와 오도리부가 '오랑캐'라고 불렸으며, 그들은 압록강과 두만강 일대를 경작한 건주여진과 대략적으로 일치했다고 설명한다. 더해서 그에 따르면 우디거는 숭가리강과 무단강에 거주하며 경작과 목축을 병행하는 해서여진과 일치했고, 야인여진은 만주 북동 지역에 거주하는 여진 부족을 지칭했다. 김구진, 「조선 전기 여진족의 2대 종족: 오랑캐(兀良哈)와 우디캐(兀狄哈)」, 『백산학보』, 제68호, 2004, 293~95쪽.

42) 『明太宗實錄』, 25:6b(영락 1/11/신축).

43) 『용비어천가』, 7:21b.

44) 몽케 테무르에 관해서는 김구진, 「오음회의 알타리 여진에 대한 연구」, 1973; 박원호, 『명초 조선 관계사 연구』, 2002, 169~201쪽; 和田淸, 「明初の滿洲經略: 下」, 1955, pp. 403~77; 河內良弘, 『明代女眞史の研究』, 1992, pp. 33~107; Pamela K. Crossley, *A Translucent Mirror*, 1999, pp. 76~81을 참고하라.

45) 河內良弘, 『明代女眞史の研究』, 1992, pp. 45~54; 박원호, 『명초 조선 관계사 연구』, 2002, 170~79쪽; 조영록, 「입관 전 명·선 시대의 만주 여진사」, 『백산학보』, 제22호, 1977, 18~19쪽. 1409년 영락제는 건주좌위를 누르간도사의 관할 아래 포함시켰다. 몽케

테무르는 1421년 영락제의 몽골 원정에 참여했으며, 이후 오모호이로 돌아왔다. 그
는 계속해서 명조에 조공을 바쳤으며, 회사품을 받았다. 『태종실록』, 19:32a(태종
10/4/5); 20:32a(태종 10/12/29).

46) 『滿洲實錄』, 1:10b~11a. 건륭제의 명을 받아 편찬된 실록은 몽케 테무르와 누르하치를
연결하여 만주인의 초기 역사를 재구성한다. 이 과정에서 몽케 테무르와 조선 사이
의 역사적 관계는 철저히 지워졌다. 그러나 사실 몽케 테무르에서 누르하치로 이어
지는 계보는 명확하지 않다. 후대 청조의 역사가들이 계보를 완성시키기 위해 '푸
만Fuman(福滿)'이라는 가공의 인물을 창작해서 누르하치의 증조부로 설정했을 가
능성도 있다. 河內良弘, 『明代女眞史の硏究』, 1992, pp. 733~34.

47) 『大明一統志』, 「女眞」, 89:4b.

48) 楊昭全·孫玉梅, 『中朝邊界史』, 1993, p. 137. 몽케 테무르를 통해 명의 통치가 두만강에 이
르게 되었다는 주장은 다음에서도 확인할 수 있다. 刁書仁·崔文植, 「明前期中朝東段
邊界的變化」, 『史學集刊』, 2號, 2000, pp. 22~27.

49) Kenneth R. Robinson, "From Raiders to Traders: Border Security and Border Control in
Early Choson, 1392~1450", 1992, pp. 18~19.

50) 『세종실록』, 79:9b(세종 19/11/3); 82:13b(세종 20/8/1).

51) 김구진, 「조선 전기 여진족의 2대 종족: 오랑캐(兀良哈)와 우디캐(兀狄哈)」, 2004,
205~10쪽.

52) 1433년 조선 왕 세종은 북방에 대한 강한 포부를 드러냈다. "오음회는 아국의 영토이
다. 판차가 다른 곳으로 가고, 또 다른 강대한 이들이 오음회에 정착한다면, 우리는
강역을 잃을 뿐만 아니라 강력한 적을 마주하게 될 것이다." 『세종실록』, 6:17a(세종
15/11/19).

53) 『세종실록』, 116:9b(세종 29/윤4/20).

54) 이인영은 조선이 압록강의 사군을 폐지한 배경에는 관리의 어려움에 더해 에센이 이
끄는 몽골의 오이라트부의 점증하는 위협이 존재했다고 분석한다. 에센이 요동의
여진 부족들을 압박하자 조선은 여진 부족들이 조선 강역으로 남하하게 될 것을
우려했고, 결국 북방 정책을 재고하게 되었다는 것이다. 이인영, 『한국 만주 관계사
의 연구』, 1954, 68~69쪽.

55) 명·조선 관계의 전반적인 역사는 다음을 참고하라. Donald N. Clark, "Sino-Korean
Tributary Relations under the Ming", in "The Ming Dynasty, 1368~1644", vol. 8, part 2,
of The Cambridge History of China, edited by Denis Twitchett·Frederick W. Mote, Cam-
bridge, England: Cambridge University Press, 1998.

56) 『세조실록』, 16:7a(세조 5/4/14, 15).

57) 한성주, 「조선 초기 수직여진인 연구: 세종대를 중심으로」, 『조선시대사학보』, 제36호,

2006, 155~71쪽.

58) 이인영, 『한국 만주 관계사의 연구』, 1954, 29~56쪽; 이현희, 「조선왕조 시대의 북평관 야인」, 『백산학보』, 제11호, 1971, 116~24쪽.

59) 조선에 입조하는 여진 부족들은 명의 사신들이 압록강을 건너 한양에 당도했기 때문에 두만강을 건너야 했다. 조선 조정은 명이 여진과 조선의 관계에 대해 알아차리길 원치 않았다. 한성주, 「조선 초기 수직여진인 연구: 세종대를 중심으로」, 2006.

60) 이현희, 「조선왕조 시대의 북평관 야인」, 1971, 129~35쪽.; 조영록, 「입관 전 명·선 시대의 만주 여진사」, 1974, 52~53쪽; Kenneth R. Robinson, "From Raiders to Traders: Border Security and Border Control in Early Choson, 1392~1450", 1992, pp. 97~99.

61) 『태종실록』, 11:21b(태종 6/5/10).

62) 『선조수정실록』, 17:1b(선조 16/2/1). 조선 조정은 북방의 여진인들을 '번리藩籬', '번병藩屛' 등으로 불렀다. 한성주, 「조선 초기 수직여진인 연구: 세종대를 중심으로」, 2006, 190~91쪽.

63) 『연산군일기』, 46:18a(연산군 8/10/18).

64) Kenneth R. Robinson, "From Raiders to Traders: Border Security and Border Control in Early Choson, 1392~1450", 1992, p. 97.

65) 정다함, 「조선 초기 야인과 대마도에 대한 번리, 번병 인식의 형성과 경차관 파견」, 『동방학지』, 제141호, 2008, 256쪽. 명·조선·여진 사이의 삼각관계에 대한 추가적인 논의는 다음을 참고하라. Chong Da-ham, "Making Choson's Own Tributaries: Dynamics between the Ming-Centered World Order and a Choson-Centered Regional Order in the East Asian Periphery", International Journal of Korean History, vol. 15, no. 1, 2010, pp. 29~63.

66) Gertraude Roth Li, "State Building before 1644", 2002, p. 40.

67) Frederic Wakeman Jr., The Great Enterprise, vol. 1, 1985, pp. 49~50.

68) 이성량의 일생은 요동 내 여진인, 한인, 조선인의 얽히고설킨 역사를 가장 잘 보여준다. 그는 요동으로 이주한 조선인 유민의 후손으로 추정된다. 그의 선조가 압록강에서 요동으로 이주한 여진인일 가능성도 있다. 명군에서 공을 쌓아 높은 지위에 오른 그는 1570년에서 1591년 사이 요동의 지배자가 되었다. 조선 조정은 "요동과 광녕에 사는 사람들은 이성량의 이름만 알 뿐 다른 사람은 모른다"고 평가했다. 『광해군일기』, 6:3a(광해군 1/7/2); 『明史』, 「李成梁傳」, 6190; Pamela K. Crossley, The Manchus, 2002, pp. 50~51.

69) 해서여진의 이주와 훌룬 4부 연맹 결성에 관해서는 다음을 참고하라. 叢佩遠, 『中國東北史』, 3卷, 1998, pp. 723~40.

70) Gertraude Roth Li, "State Building before 1644", 2002, pp. 26~27; 김종원, 『근대 동아시아

관계사 연구』, 혜안, 1999, 29~30쪽.

71) 『清太祖實錄』, 1:10b. 누르하치와 요동 관리, 특히 이성량 사이의 긴밀한 관계에 대해서
는 다음을 참고하라. Pamela K. Crossley, The Manchus, 2002, pp. 48~53.

72) 누르하치는 명에 보낸 국서에서 "조선은 이미 침략 당했고, 우리의 강역은 조선과 인접
해 있기에" 왜가 건주여진의 강역을 침공할지 모른다는 우려를 표했다. 누르하치
의 제안을 들은 조선 조정은 이를 "교활한 오랑캐들의 흉악한 속임수"라고 비방했
다. 『선조실록』, 30:16a(선조 25/9/17). 계승범은 누르하치가 조선이 아닌 명에 원병
제안을 한 것은 그가 아직까지 명의 권위를 인정하고 있었다는 증거라고 지적한다.
계승범, 「임진왜란과 누르하치」, 『임진왜란: 동아시아 삼국 전쟁』, 정두희·이경순
엮음, 휴머니스트, 2007, 367쪽.

73) Gertraude Roth Li, "State Building before 1644", 2002, pp. 28~30; 김종원, 『근대 동아시아
관계사 연구』, 1999, 35쪽.

74) 叢佩遠, 『中國東北史』, 4卷, 1998, pp. 1083~85.

75) 『광해군일기』, 6:78a(광해군 1/4/21).

76) Iwai Shigeki, "China's Frontier Society in the Sixteenth and Seventeenth Centuries", 2005, pp.
10~11.

77) Iwai Shigeki, "China's Frontier Society in the Sixteenth and Seventeenth Centuries", 2005. pp.
16~17.

78) 王玧玲, 「人蔘原流考」, 1992, p. 18. 누르하치와 인삼 무역에 관해서는 다음을 참고하라.
叢佩遠, 『東北三寶經濟簡史』, 1989, pp. 43~51.

79) 『清太祖實錄』, 3:8b~9a(만력 33/3/을해).

80) 王玧玲, 「人蔘原流考」, 1992, p. 19.

81) 程開祜, 『籌遼碩畫』, 上海: 上海商務印書館, 1937, 2:27a.

82) 『清太祖實錄』, 2:7b~8a(만력 16/4).

83) Nicola Di Cosmo, "The Manchu Conquest in World-Historical Perspective: A Note on Trade
and Silver", 2009, p. 54.

84) 今村鞆, 『人蔘史』, 2卷, 1940, pp. 191~92.

85) 叢佩遠, 『中國東北史』, 4卷, 1998, p. 1087.

86) 『明神宗實錄』, 444:3a(만력 36/3/정유).

87) Iwai Shigeki, "China's Frontier Society in the Sixteenth and Seventeenth Centuries", 2005. p.
18.

88) Gertraude Roth Li, "State Building before 1644", 2002, p. 37.

89) Nicola Di Cosmo, "The Manchu Conquest in World-Historical Perspective: A Note on
Trade and Silver", 2009, p. 52.

90) 조선 조정은 명의 요동도사에 누르하치가 국서를 보낸 사실을 밝혔다. 조선과 여진 사이의 직접적인 접촉을 금한 명조와 분쟁의 소지가 될 것을 우려했기 때문이었다. 『선조실록』, 65:38b~39a(선조 28/7/25).

91) 『선조실록』, 69:18a~b(선조 28/11/20).

92) 『선조실록』, 71:41a(선조 29/1/30).

93) 김종원, 『근세 동아시아 관계사 연구』, 1999, 36쪽; 황지영, 「이성량 사건 통해 본 17세기 초 요동 정세의 변화」, 『조선시대사학보』, 제21호, 2002, 22~23쪽.

94) 『사대문궤事大文軌』, 46:29a~30b(만력 33/11/11), 『임진왜란사료총서』, 7:389~92.

95) 『광해군일기』, 14:14b(광해군 1/3/10); 稻葉岩吉, 『光海君時代の滿鮮關係』, 東京: 國書刊行會, 1976, pp. 51~58.

96) 『滿文老檔』, 1:9~10.

97) 『清太祖實錄』, 3:15a~b. 웅정필熊廷弼은 제의의 참가자들이 동물의 피를 마신 것을 두고 명조의 위엄을 실추시켰다고 이후 비판했다. 황지영, 「이성량 사건 통해 본 17세기 초 요동 정세의 변화」, 2002, 16~17쪽.

98) 『明神宗實錄』, 455:7b(만력 37/2/신사).

99) 『清太祖實錄』, 5:12a~13b.

100) 『清太祖實錄』, 6:31b~32a(천명 4/8/기사). 아이신 구룬의 건국과 관련한 내용은 다음을 참고하라. 滕紹箴, 「試論後金國的形成, 性質及其特點」, 『明代女眞與滿洲文史論集』, pp. 129~172. 瀋陽: 遼寧民族出版社, 2012.

101) 『滿文老檔』, 4:87~88(천총 1/6/23); 『清太宗實錄』, 3:18b(천총 1/6/무오).

102) 『滿文老檔』, 4:111~12(천총 1/12/9); 『清太宗實錄』, 3:29a(천총 1/12/임인).

103) 원숭환이 첫 번째 서신에 응답하지 않자, 4개월 뒤 홍타이지는 요구하는 양을 절반으로 줄였다. 『清太宗實錄』, 3:11b~12a(천총 1/4/갑진).

104) 『清太宗實錄』, 5:11b~12a(천총 3/6/을축).

105) 『滿文老檔』, 4:2~5; 『清太宗實錄』, 2:1b~3a(천총 1/1/병자).

106) 『滿文老檔』, 4:22~28(천총 1/4/8); 『清太宗實錄』, 3:2b~3a(천총 1/4/갑진). 하지만 홍타이지가 원숭환에게 명 황제에 대한 예를 자신에게 똑같이 적용하라고 요구하지는 않았음을 주목할 필요가 있다. 그는 원숭환에게 공식 문서에 자신의 이름을 명 황제의 이름보다는 한 자 아래, 그러나 다른 명 관리들보다는 한 자 위에 기입하게 했다. 이는 그에게 아직 명의 패권에 정면 도전할 의사가 없음을 보여준다. 오히려 그는 명이 후금을 공인해주길 바랐다. 『滿文老檔』, 4:22~28(천총 1/4/8).

107) 『清太宗實錄』, 3:13a(천총 1/5/정축).

108) Pamela K. Crossley, "Manzhou yuanliu kao and the Formalization of the Manchu Heritage", *Journal of Asian Studies*, vol. 46, no. 4, 1987, pp. 772~73.

109)『淸太宗實錄』, 18:3b~6a(천총 8/3/갑진).

110) '여진'과 '만주' 명칭의 어원에 대해서는 다음을 참고하라. 陳捷先,「說滿州」,『滿洲叢考』, pp. 1~24, 臺北: 國立臺灣大學文學院, 1963; 王鍾翰,「關于滿族形成中的幾個問題」,『滿族史硏究集』, pp. 1~16, 北京: 中國社會出版社, 1988; Mark C. Elliott, *The Manchu Way*, 2001, pp. 39~88.

111)『淸太宗實錄』, 61:4b(숭덕 7/6/신축).

112)『세종실록』, 113:29a(세종 28/8/26).

113)『세종실록』, 113:27b(세종 28/8/14).

114)『세종실록』, 113:29a(세종 28/8/26).

115)『중종실록』, 97:13b(중종 36/12/28);『명종실록』, 8:41a(명종 3/9/2).

116)『중종실록』, 66:57b(중종 24/11/22).

117)『명종실록』, 8:42a(명종 3/9/3).

118)『선조실록』, 69:17a(선조 28/11/20).

119) 김종원,『근세 동아시아 관계사 연구』, 1999, 83~85쪽.

120) 홍타이지가 정묘호란을 일으킨 것은 대명 전략의 일부였다. 그가 아민을 대장으로 삼아 조선을 공격하게 한 날, 그는 팡기나fanggina와 운타시untasi를 원숭환에게 보내 칠대한을 전하도록 했다.『滿文老檔』, 4:2~5(천총 1/8);『淸太宗實錄』, 2:1b~3a (천총 1/1/병자).

121)『淸太宗實錄』, 4:10a(천총 2/5/을유).

122)『인조실록』, 25:51b(인조 9/윤11/24).

123)『淸太宗實錄』, 10:20a~b(천총 5/윤11/경자).

124)『淸太宗實錄』, 14:9a~10b(천총 7/6/병인).

125)『淸太宗實錄』, 15:13a~14a(천총 7/9/계미). 비슷한 논조의 항의들은 이후에도 수차례 제기되었다. 천총 8/10/임자; 천총 9/7/계유 천총 9/10/임인; 천총 9/12/병술; 천총 10/4/기축.

126)『인조실록』, 31:68a(인조 13/11/20).

127)『인조실록』, 31:76a(인조 13/12/30). 여진 측 사료에도 전반적으로는 유사하나 약간 다른 내용이 기록되어 있다.『淸太宗實錄』, 27:3b~5b(천총 10/1/임술).

128) 여진 사회에서 인삼이 지닌 정치적 중요성은 다음을 참고하라. 叢佩遠,『東北三寶經濟簡史』, 1989, pp. 51~59.

129)『滿文老檔』, 4:5(천총 1/1/8).

130) 1631년 홍타이지는 조선 조정이 약속한 것보다 적은 양을 보냈다며 세폐 수령을 거부했다. 그러나 그는 조선의 사신 박난영朴蘭英이 받길 원치 않았음에도 그에게 인삼을 주어 돌려보냈다. 홍타이지가 조선 국왕과 사신에게 인삼을 선물한 사례는 이외

에도 여러 기록들에서 확인할 수 있다. 『清太宗實錄』, 14:9a(천총 7/6/을축), 23:3b(천총 9/3/임신), 25:20b(천총 9/10/임진).

131) 조선으로 출병하기 전 숭덕제는 광녕의 명 관리에게 서신을 보내 조선을 치죄하기 위해 정벌에 나섬을 알렸다. 그가 조선의 죄목으로 거론한 것으로는 청에 대한 조공을 소홀히 한 죄, 청인을 송환하지 않은 죄, 범월을 막지 못한 죄 등이 있다. 『清太宗實錄』, 37:26a(숭덕 2/7/임진).

132) 홍타이지는 1636년 12월 29일(숭덕 1/12/3) 성경을 떠났고, 압록강을 1637년 1월 5일 (숭덕 1/12/10)에 건넜다. 조선 인조는 청군에 1637년 2월 24일(숭덕 2/1/30)에 항복했다. 『滿文老檔』, 7:1477~1503; 『인조실록』, 34:23a(인조 15/1/30).

133) 『清史稿』, 526:14580; 김한규, 『한중 관계사』, 2권, 1999, 719~20쪽.

134) 『大明會典』, 105:4a; 今村鞆, 『人蔘史』, 2卷, 1940, pp. 15~23.

135) James Hevia, *Cherishing Men from Afar*, 1995, p. 121.

136) 『인조실록』, 41:12b(인조 18/10/15).

137) 『인조실록』, 46:3a(인조 23/2/10).

138) 『현종실록』, 4:45a(현종 2/9/18); 『현종개수실록』, 8:19b(현종 4/2/13).

139) 『清太宗實錄』, 61:3a(숭덕 7/6/신축).

140) 『清太宗實錄』, 54:8a~9b(숭덕 6/1/병술).

2장

1) 본 장의 일부는 Kim Seonmin, "Ginseng and Border Trespassing between Qing China and Choson Korea", *Late Imperial China*, vol. 28, no. 1, 2007에서 다루었다.

2) 『동문휘고』 1:966~74(범월: 3b~20a); 이홍렬, 「삼도구 사건과 그 선후책」, 『백산학보』, 제5호, 1968, 155~212쪽.

3) 『清聖祖實錄』, 246:6b~7b(강희 50/5/계사).

4) 순치제 시기 전반에 관해서는 다음을 참고하라. Jerry Dennerline, "The Shun-chih Reign", in "The Ch'ing Empire to 1800", vol. 9, part 1, of *The Cambridge History of China*, edited by Willard J. Peterson, Cambridge, England: Cambridge University Press, 2002; Frederic Wakeman Jr., *The Great Enterprise: The Manchu Reconstruction of Imperial Order in Seventeenth-Century China*, vol. 2, Berkeley: University of California Press, 1985.

5) Jonathan D. Spence, "The K'ang-hsi Reign", in "The Ch'ing Empire to 1800", vol. 9, part 1, of *The Cambridge History of China*, edited by Willard J. Peterson, Cambridge, England: Cambridge University Press, 2002. p. 120.

6) Jonathan D. Spence, "The K'ang-hsi Reign", in "The Ch'ing Empire to 1800", pp. 136~47.

7) Jonathan D. Spence, "The K'ang-hsi Reign", in "The Ch'ing Empire to 1800", pp. 150~60. 강
희제의 갈단 정벌에 관한 상세한 내용은 다음을 참고하라. Peter C. Perdue, *China
Marches West*, 2005, Chapter 5.

8) 청의 지도 제작과 관련해서는 다음을 참고하라. Cordell D. K. Yee, "Reinterpreting
Traditional Chinese Geographical Maps", in "Cartography in the Traditional East and
Southeast Asian Societies", vol. 2, book 2, of *The History of Cartography*, edited by J. B.
Harley·David Woodward, Chicago: University of Chicago Press, 1994, pp. 35~70; Peter
C. Perdue, "Boundaries, Maps, and Movement: Chinese, Russian, and Mongolian Empires
in Early Modern Central Eurasia", *International History Review*, vol. 20, no. 2, 1998, pp.
61~98; Elliott, "The Limits of Tartary: Manchuria in Imperial and National Geogra-
phies", 2000, pp. 603~46; Laura Hostetler, *Qing Colonial Enterprise: Ethnography and
Cartography in Early Modern China*, Chicago: University of Chicago Press, 2001.

9) Peter C. Perdue, "Boundaries, Maps, and Movement", 1998, pp. 264~65; Laura Hostetler, *Qing
Colonial Enterprise: Ethnography and Cartography in Early Modern China*, 2001, pp. 22~25.

10) "러시아인들은 우리와 여러 강을 사이에 둔 채 마주하고 있습니다. 또한 이 일대에는 그
들에게 조공을 바치는 중앙아시아 부족들과, 그들의 요새, 마을, 질 좋은 병기로 무장
한 군대가 자리 잡고 있습니다."(Laura Hostetler, *Qing Colonial Enterprise*, 2001, p. 39.)

11) Peter C. Perdue, "Boundaries, Maps, and Movement", 1998, pp. 267~71.

12) Laura Hostetler, *Qing Colonial Enterprise*, 2001, pp. 64~71.

13) Peter C. Perdue, "Boundaries, Maps, and Movement", 1998, p. 277.

14) 孫喆, 『康雍乾時期輿圖繪制與疆域形成研究』, 北京: 中國人民大學出版社, 2003, pp. 46~52.

15) Laura Hostetler, *Qing Colonial Enterprise*, 2001, pp. 79~80.

16) Mark C. Elliott, "The Limits of Tartary", 2000, p. 624.

17) James A. Millward, "'Coming onto the Map': 'Western Regions' Geography and Cartographic
Nomenclature in the Making of Chinese Empire in Xinjiang", *Late Imperial China*, vol. 20,
no. 2, 1999, pp. 61~62.

18) 丁海斌·時義, 『清代陪都盛京研究』, 2007, pp. 12~16.

19) Christopher M. Isett, "Village Regulation of Property and the Social Basis for the Transfor-
mation of Qing Manchuria", *Late Imperial China*, vol. 25, no. 1, 2004, pp. 127~28; Chris-
topher M. Isett, *State, Peasant, and Merchant in Qing Manchuria, 1644~1862*, 2007, pp.
24~30.

20) 황제의 순행에 대해서는 다음을 참고하라. Michael G. Chang, *A Court on Horseback: Im-
perial Touring and the Construction of Qing Rule, 1680~1785*. Cambridge, MA: Harvard
University Press, 2007, pp. 34~71.

21) 옹정제는 황태자의 신분으로 1721년 한 차례 방문했다. 건륭제는 1743, 1754, 1778, 그리고 1783년 총 네 차례 동순에 나섰다. 가경제는 1805년, 1818년 두 차례 방문했다. 1829년 도광제의 방문을 끝으로 청 황제의 동순은 더 이상 이루어지지 않았다. 강희, 옹정, 건륭제의 동순과 관련해서는 다음을 참고하라. 王佩環, 『淸帝東巡』, 瀋陽: 遼寧大學学出版社, 1991; Michael G. Chang, *A Court on Horseback*, 2007, pp. 72~113; Mark C. Elliott, "The Limits of Tartary", 2000, pp. 607~12.

22) Michael G. Chang, *A Court on Horseback*, 2007, p. 23.

23) 丁海斌·時義, 『淸代陪都盛京硏究』, 2007, pp. 228~39.

24) 송미령, 「청 강희제 동순의 목적과 의미」, 『명청사연구』, 제24호, 2005, 228~242쪽; 이훈, 「청 초기 장백산 탐사와 황제권」, 『동양사학연구』, 제126호, 2014, 235~275쪽.

25) David Bello, "Cultured Nature of Imperial Foraging in Manchuria", 2010; David Bello, *Across Forest, Steppe, and Mountain*, 2016, pp. 96~100.

26) 내무부의 역사와 조직에 관해서는 다음을 참고하라. Preston M. Torbert, *The Ch'ing Imperial Household Department: A Study of Its Organization and Principal Functions, 1662~1796*, Cambridge, MA: Harvard University Press, 1977; 祁美琴, 『論淸代內務府』, 北京: 中國人民大學出版社, 1998.

27) 만주어 '부트하'는 수렵과 어로 활동을 뜻한다. 청대에는 솔론, 다우르, 오로촌 등 흑룡강 일대에서 수렵 채집으로 생계를 유지하는 부족들을 가리키는 단어이기도 했다.

28) 성경아문에 관해서는 다음을 참고하라. 丁海斌·時義, 『淸代陪都盛京硏究』, 北京: 中國社會科學出版社, 2007, pp. 86~89.

29) 『盛京蔘務檔案史料』, 1(강희 6/9/27).

30) 『欽定大淸會典事例』, 1215:690b.

31) 王雪梅, 「淸代打牲烏拉總管衙門硏究」, 中央民族大學校, 博士學位論文, 2006, pp. 19~36.

32) 叢佩遠, 『東北三寶經濟簡史』, 1989, p. 67.

33) 1750년 부트하울라에 부과된 인삼 공납 의무는 마침내 해제되었다. 이 시기 부트하울라총관의 다른 사무 또한 길림장군에게 이관되었다. 18세기 말 부트하울라는 진주, 꿀, 잣의 공납을 책임졌다. 『欽定大淸會典事例』, 1215:691a; 黃松筠·欒凡, 『吉林通史』, 2卷, 2008, pp. 231~35.

34) 『欽定大淸會典事例』, 232:722b. 홍타이지는 버일러 왕공들뿐만 아니라 공을 세운 신하들에게도 채삼 권한을 허락했으나, 해당 관행이 오래 지속되지는 않았다. 『淸太宗實錄』, 65:904a(숭덕 8/7/무오).

35) 『欽定大淸會典事例』, 232:746a.

36) 叢佩遠, 『東北三寶經濟簡史』, 1989, pp. 71~72.

37) 『盛京蔘務檔案史料』, 26(강희 23/1/24; 강희 23/3/17); 今村鞆, 『人蔘史』, 2卷, 1940, p. 206;

叢佩遠,『東北三寶經濟簡史』, 1989, pp. 74~82; 蔣竹山,『人蔘帝國』, 2015, pp. 66~80.

38) Van Jay Symons, "Ch'ing Ginseng Management", 1981, pp. 10~11; 王佩環,「淸代東北采蔘業的興衰」, 1982, pp. 189~90; 한편 충페이위안叢佩遠은 팔기의 채삼 특권이 소멸된 것은 1709년이 아닌 1699년이라고 설명한다. 叢佩遠,『東北三寶經濟簡史』, 1989, p. 81.

39) 今村鞆,『人蔘史』, 2卷, 1940, pp. 195~99.

40)『盛京參務檔案史料』, 105(강희 51/3/27). 불법 채삼을 막으려는 청조의 노력은 성과를 거두지 못했다. 1694년 흑룡강장군 삽수Sabsu는 닝구타와 길림울라 일대에서 불법 채삼하는 이들이 3000~4000명에 이른다고 보고했다.『盛京參務檔案史料』, 63~64(강희 33/7/17).

41) 김용국,「백두산고」,『백산학보』, 제8호, 1970, 256~64쪽.

42) 이나바 이와키치는 아이후가 두만강 상류의 지명이라고 설명한다. 稻葉岩吉,『光海君時代의 滿鮮關係』, 1976, p. 63.

43)『滿洲實錄』, 1:1b~3b. 만주인 조상 신화에 대한 상세한 분석은 다음을 참고하라. Pamela K. Crossley, "Manzhou yuanliu kao and the Formalization of the Manchu Heritage", 1987.

44) Mark C. Elliott, "The Limits of Tartary", 2000, p. 608. 장백산은 만주어 작품 속에서 만주인의 상징으로 매우 자주 등장했다. '백산'은 만주인 문필가들에게 가장 익숙한 이름이 되었다. 關紀新,「淸代滿族作家文學中的長白山情結」,『民族文學硏究』, 1997, pp. 72~75.

45)『淸聖祖實錄』, 69:3a~b(강희 16/9/병자). 1677년 장백산 조사에 관한 상세한 내용은 기오로 우머너의 보고서인「Golmin šanyan alin-i eje-tun[長白山誌]」에서 확인할 수 있다. 이 만주어 사료는 1785년 처음으로 출판되었으며, 현재 프랑스국립도서관이 소장하고 있다. 우머너의 보고서에 관한 분석은 다음을 참고하라. 이훈,「청 초기 장백산 탐사와 황제권」, 2014.

46) Mark C. Elliott, "The Limits of Tartary", 2000, pp. 607~14.

47) Andre Schmid, *Korea between Empires, 1895~1919*, 2002, pp. 216~18.

48)『삼국유사』의 설화에 따르면 천제 환인의 아들인 환웅은 백두산에 내려와 세상을 다스렸으며 웅녀와 결혼했다. 그리고 그들이 낳은 아들인 단군은 고조선을 세웠다. 고구려의 시조인 고주몽 또한 백두산 남쪽에서 태어났으며, 발해는 백두산 이북에서 건국되었다. 백두산과 한반도 고대 왕국들을 연결 짓는 논의는 다음을 참고하라. 김용국,「백두산고」, 1970, 264~72쪽.

49)『태종실록』, 28:15a(태종 14/8/21).

50)『세종실록』, 76:24b(세종 19/3/13).

51)『승정원일기』, 204책(현종 8/10/3).

52) 이화자,『조청 국경 문제 연구』, 2008, 271~73쪽; 李花子,「朝鮮王朝的長白山認識」,『中國

邊疆史地研究』, 17卷, 2號, 2007, pp. 126~135.

53) 『선조실록』, 914:4b(선조 38/12/14).

54) 압록강 사군을 유지할지에 대한 조선 조정의 논의는 다음 참고하라. 이인영, 『한국 만
주 관계사의 연구』, 1954, 59~85쪽; 방동인, 『한국의 국경 획정 연구』, 일조각, 1997,
198~216쪽.

55) 강석화, 『조선 후기 함경도와 북방 영토 의식』, 경세원, 2000, 31~32쪽.

56) 와르카부와 후르하부의 정복과 후자의 팔기로의 편입에 관해서는 다음을 참고하라.
叢佩遠, 『中國東北史』, 3卷, 1998, pp. 793~804; 松浦茂, 『淸朝のアムール政策と少數民
族』, 2006, pp. 224~26.

57) 배우성, 『조선 후기 국토관과 천하관의 변화』, 1998, pp. 64~77.

58) 『숙종실록』, 1:26b(숙종 즉위년/11/13).

59) 『숙종실록』, 13:28(숙종 8/11/24).

60) 『숙종실록』, 13:28(숙종 8/11/24).

61) 강석화, 『조선 후기 함경도와 북방 영토 의식』, 2000, 35쪽.

62) 『숙종실록』, 31:30b~31b (숙종 23/5/18).

63) 張存武, 『淸代中韓關係論文集』, 1987, pp. 188~94; 이화자, 『조청 국경 문제 연구』, 2008,
69~70쪽.

64) 『인조실록』, 48:6b(인조 25/2/29).

65) 이화자, 『조청 국경 문제 연구』, 2008, 73~74쪽; 王燕杰, 「淸朝前期與朝鮮邊務交涉與合
作研究: 以朝鮮人越境犯罪案件的審理爲中心」, 山東大學校, 博士學位論文, 2012, pp.
133~38.

66) 강석화, 『조선 후기 함경도와 북방 영토 의식』, 2000, 43~44쪽.

67) 김경록은 강희제가 조선 국왕에 벌은을 요구한 것은 조선을 외국인 동시에 청의 봉신
으로 여긴 이중의 기준이 작용한 결과라고 설명한다. 김경록, 「조선의 대청 인식과
외교 체제」, 『이화사학연구』, 제37호, 2008, 157쪽.

68) 비슷한 갈등이 14세기 말 명 태조와 조선 태조 사이에도 존재했다. 조선의 요동에 대한
야망을 억제하기 위해 주원장은 조선 국왕이 보낸 국서의 글자를 문제 삼았다. 박
원호, 『명초 조선 관계사 연구』, 2002, 5~63쪽; 夫馬進는 조선 조정에 대한 강희제의
비판이 중국의 전통적인 외교 전략에 해당한다고 설명한다. 조선이 황제에 대한 적
합한 예를 다하지 않을 경우, 명과 청 모두 조선을 처벌하고자 했다. 국서의 작은 실
수조차 조선의 불충을 문제 삼을 빌미가 되었다. 夫馬進, 「明淸中國の對朝鮮外交に
おける禮と問罪」, 夫馬進 編, 『中國東アジア外交交流史の硏究』, 東京: 京都大學學術出
版會, 2007, pp. 315~25, 336~46.

69) 조선의 사신이 예부의 관리를 은 1000냥으로 매수한 이후 벌은의 양은 5000냥으로 경

갑되었다. 夫馬進, 「明淸中國の對朝鮮外交における禮と問罪」, 2007, pp. 340~43.

70) 『康熙起居注』, 2:1341(강희 24/6/25); 1343(강희 24/7/8).

71) 『동문휘고』, 1:903(강계: 1a~b).

72) 『동문휘고』, 1:904(강계: 2a~3a).

73) 『淸聖祖實錄』, 246:6b~7b(강희 50/5/계사).

74) 『숙종실록』, 9:9a(숙종 6/3/5).

75) 강석화, 『조선 후기 함경도와 북방 영토 의식』, 2000, 50쪽.

76) 『숙종실록』, 24:2a(숙종 18/1/18).

77) 『동문휘고』, 1:905~906(강계: 5b~6a).

78) 『숙종실록』, 51:16a(숙종 38/3/8).

79) 부트하울라총관 묵덩에 관한 내용은 다음을 참고하라. 張存武, 『淸代中韓關係論文集』, 1987, pp. 195~96; 王雪梅, 「淸代打牲烏拉總管衙門硏究」, 2006, pp. 53~65.

80) 묵덩의 첫 번째 장백산 탐사에 관한 내용은 다음을 참고하라. Andre Schmid, "Tributary Relations and the Qing-Choson Frontier on Mountain Paektu", 2007, pp. 133~41; 이화자, 『조청 국경 문제 연구』, 2008, 140~48쪽.

81) 『동문휘고』, 1:907(강계: 8a~b).

82) 유봉영, 「백두산 정계비와 간도 문제」, 『백산학보』, 제13호, 1972, 515~16쪽.

83) 묵덩은 박권이 산을 오르지 않는 것을 허락했으나, 본인은 "천자로부터 황명을 받았으므로 하늘이 도와 두려울 것이 없다"라며 여정을 이어갔다. 『동문휘고』, 1:907(강계: 8a).

84) 비문에 새겨진 글은 다음을 참고하라. 張存武, 『淸代中韓關係論文集』, 1987, p. 197.

85) 유봉영, 「백두산 정계비와 간도 문제」, 1972, 517~20쪽; 陶勉, 「淸代封祭長白山與派員踏査長白山」, 『中國邊疆史地硏究』, 3號, 1996, pp. 75~76.

86) 『동문휘고』, 1:907~908(강계: 9b~10a).

87) 1713년 묵덩의 3차 방문과 조선 관리들과의 논의는 다음을 참고하라. Gari Ledyard, "Cartography in Korea", 1987, pp. 301~2.

88) 『숙종실록』, 54:5a(숙종 39/6/2).

89) 『비변사등록』, 6:543~44(숙종 39/6/6).

90) 『숙종실록』, 52:37a(숙종 38/12/7).

91) 조선 측에서는 묵덩 개인에 대한 청원을 통해 청조로부터 있을지 모를 비판을 피할 수 있을 것이라 여겼다. 조선 조정이 묵덩에게 보낸 서신은 다음을 참고하라. 『동문휘고』, 1:907(강계: 8b~9a); 張存武, 『淸代中韓關係論文集』, 1987, pp. 199~201; 楊昭全·孫玉梅, 『中朝邊界史』, 1993, pp. 197~203.

92) 유봉영, 「백두산 정계비와 간도 문제」, 1972, 516쪽.

93) 유봉영, 「백두산 정계비와 간도 문제」, 1972, 525쪽.

94) 1712년 조선 사신들이 북경을 방문해 묵덩을 만났을 때 묵덩은 "경계를 따라 돌담을 세우는 것은 조선의 변민에게 부담이 될 수 있으므로 서두르지 않아도 된다"라고 말했다. 더해서, 그는 황제에게 청의 관리들이 경원과 회령의 호시에서 벌이는 횡포를 알렸다. 조선의 사신들은 이에 크게 감격했다. 『연행록燕行錄』(최덕중, 1712), 임기중 엮음, 『연행록전집燕行錄全集』, 제40권, 동국대학교출판부, 2001, 70쪽; 『노가재연행일기老稼齋燕行日記』(김창업, 1712), 임기중 엮음, 『연행록전집燕行錄全集』, 33권, 동국대학교출판부, 2001, 202쪽.

95) 『숙종실록』, 53:7b(숙종 39/1/22).

96) 張存武, 『淸代中韓關係論文集』, 1987, pp. 217~27.

97) JaHyun Kim Haboush, "Contesting Chinese Time, Nationalizing Temporal Space: Temporal Inscription in Late Choson Korea", 2011, pp. 115~41.

98) Andre Schmid, "Tributary Relations and the Qing-Choson Frontier on Mountain Paektu", 2007, p. 138, 141.

99) Mark C. Elliott, "The Limits of Tartary: Manchuria in Imperial and National Geographies", 2000, p. 616.

100) Mark C. Elliott, "The Limits of Tartary: Manchuria in Imperial and National Geographies", 2000, pp. 616~17.

101) 『欽定滿洲源流考』, 1:1~2a.

102) Pamela K. Crossley, "Manzhou yuanliu kao and the Formalization of the Manchu Heritage", 1987, pp. 765~66.

103) 『승정원일기』, 1189책(영조 37/1/30).

104) 『승정원일기』, 1189책(영조 37/3/25).

105) 다른 한 관리는 "우리 국조의 발상지는 백두산에서 400 내지 500리 거리에 있는 경흥에 있습니다. 백두산에 대한 설은 경전이나 정사에 나타나 있지 않고, 몇 사람의 논의에 불과하니 근거할 만한 것이 아닐 듯합니다"라고 주장했다. 『영조실록』, 109:12b(영조 43/윤7/10).

106) 『영조실록』, 109:13a(영조 43/윤 7/10).

107) 강석화, 『조선 후기 함경도와 북방 영토 의식』, 2000, 103~6쪽; 이화자, 『조청 국경 문제 연구』, 2008, 279~84쪽; 李花子, 「朝鮮王朝的長白山認識」, 2007.

108) 폐사군의 복설을 둘러싼 논의는 다음을 참고하라. 강석화, 『조선 후기 함경도와 북방 영토 의식』, 2000, 240~42쪽; 배우성, 『조선 후기 국토관과 천하관의 변화』, 1998, 223~25쪽; 권내현, 『조선 후기 평안도 재정 연구』, 2004, 193~96쪽; 허태용, 『조선 후기 중화론과 역사 인식』, 2009, 223~30쪽.

109) 『정조실록』, 5:6a~6b(정조 2/1/13). 정조는 범월 문제로 인해 비옥한 땅을 성급하게 비워둔 것은 적절치 않았음을 인정했으나, 폐사군의 복설은 허용치 않기로 결정했다.

110) 조광, 「조선 후기의 변경 의식」, 『백산학보』, 제16호, 1974, 159~72쪽; 文純實, 「白頭山定界碑と十八世紀朝鮮の疆域觀」, 『朝鮮史研究会論文集』, 集40, 2002, pp. 54~59.

111) 조광, 「조선 후기의 변경 의식」, 1974, 178~80쪽; 강석화, 『조선 후기 함경도와 북방 영토 의식』, 2000, 245쪽; 앙드레 슈미드는 정약용이 사용한 "삼천리 팔도"라는 수사가 조선 영토를 공간적으로 인식한 산물이었다고 분석한다. Andre Schmid, *Korea between Empires, 1895~1919*, 2002, pp. 201~6.

112) 권내현, 『조선 후기 평안도 재정 연구』, 2004, 197~99쪽; 山本進, 『大淸帝國と朝鮮經濟: 開發, 貨幣, 信用』, 福岡: 九州大學出版會, 2014, pp. 28~41.

113) 강석화, 『조선 후기 함경도와 북방 영토 의식』, 2000, 246쪽.

3장

1) 본 장의 일부 내용은 다음 논문에서 다루었다. 김선민, 「옹정제와 성경 지역 통치」, 『명청사연구』, 제34권, 2010, 143~177쪽; 김선민, 「옹정·건륭 연간 망우초 사건과 청·조선 국경지대」, 『중국사연구』, 제71호, 2011, 69~97쪽.

2) 『동문휘고』, 2:1184~85(범월: 20a~21b). 이성룡의 보고는 옹정5년 4월 21일에 기록되어 있다.

3) 『동문휘고』, 2:1185(범월: 22a~b).

4) Thongchai Winichakul, *Siam Mapped: A History of the Geo-Body of a Nation*, Honolulu: University of Hawaii Press, 1994, p. 75.

5) 『淸聖祖實錄』, 2:25a~26b(순치 18/2/정사). 1661년 요동 상황에 관한 봉천부윤의 보고는 다음을 참고하라. Richard Edmonds, "The Willow Palisade", *Annals of the Association of American Geographers*, vol. 69, no. 4, 1979, p. 613.

6) 叢佩遠, 『中國東北史』, 4卷, 1998, pp. 1465~67; James Reardon-Anderson, *Reluctant Pioneers: China's Expansion Northward, 1644~1937*, Stanford, CA: Stanford University Press, 2005, pp. 20~24.

7) 李治亭 編, 『東北通史』, 鄭州: 中州古籍出版社, 2003, p. 488; 丁海斌·時義, 『淸代陪都盛京研究』, 2007, pp. 65~103; 黃松筠·欒凡, 『吉林通史』, 2卷, 2008, pp. 206~19; Christopher M. Isett, *State, Peasant, and Merchant in Qing Manchuria, 1644~1862*, 2007, pp. 32~34. 일부 학자들은 강희제의 이주 중단 결정이 요동 내 한인 유민의 증가보다는 관직 수여를 둘러싼 부정부패 때문이었다고 주장한다. 塚瀨進, 『マンチュリア史研究: 滿洲600年の社會變容』, 東京: 吉川弘文館, 2014, pp. 123~24.

8) 기인을 지휘할 권한만을 지니고 있던 내지의 장군들과 달리, 만주의 장군들은 민정 또한 관장했다. 청조는 팔기의 기인 중에서 만주의 장군을 임명했는데, 민인 관료보다 더 신뢰할 수 있다고 여겼기 때문이었다. 민인의 이주가 변경의 방위를 위협한다고 판단된 중앙아시아 일대에서도 기인이 장군으로 임명되었다. Robert H. G. Lee, *The Manchurian Frontier in Ch'ing History*, 1970, pp. 59~69; Christopher M. Isett, *State, Peasant, and Merchant in Qing Manchuria, 1644~1862*, 2007, pp. 35~36.

9) 『盛京通志』, 「성경전도」, 4a~b.

10) 叢佩遠, 『中國東北史』, 4卷, 1998, p. 1286.

11) 『清聖祖實錄』, 5:22b~23a(순치 18/12/임신).

12) 울타리는 흙으로 세우고 주위에 버드나무 가지를 심었다. 길림의 일부 장벽은 점토로 세우고, 버드나무 가지를 장벽에 밧줄로 고정했다. 유조변의 외형적 특징에 관해서는 다음을 참고하라. Richard Edmonds, "The Willow Palisade", 1979, pp. 600~4; 叢佩遠, 『中國東北史』, 4卷, 1998, pp. 1389~90; 李治亭 編, 『東北通史』, 2003, pp. 489~90; 張杰·張丹卉, 『清代東北邊疆的滿族, 1644~1840』, 瀋陽: 遼寧民族出版社, 2005, pp. 295~301.

13) 유조변 변문의 이름, 위치, 인원에 관해서는 다음을 참고하라. Richard Edmonds, "The Willow Palisade", 1979, pp. 604~10.

14) 『盛京通志』, 51:16a~22a. 이 책은 건륭13년(1748)에 4차 수정본 32권이 완성되었고, 이 판본이 건륭54년(1789)에 『사고전서四庫全書』에 수록되었다.

15) 叢佩遠, 『中國東北史』, 4卷, 1998, pp. 1392~96; 李治亭 編, 『東北通史』, 2003, pp. 490~91; 黃松筠·欒凡, 『吉林通史』, 2卷, 2008, pp. 282~95.

16) 王景澤, 「對清代封禁東北政策的再認識」, 『東北師大學報』, 166號, 1997, pp. 48~54; 張杰, 「柳條邊, 印票與清朝東北封禁新論」, 『中國邊疆史地研究』, 9卷, 1號, 1999, pp. 78~85.

17) 『欽定大清會典事例』, 233:20; 叢佩遠, 『中國東北史』, 4卷, 1998, pp. 1397~99; Christopher M. Isett, *State, Peasant, and Merchant in Qing Manchuria, 1644~1862*, 2007, pp. 29~30, 34~36.

18) 『清聖祖實錄』, 69:3a~b(강희 16/9/병자).

19) 張杰, 「清前期對鴨綠江封禁區的管轄」, 『中國邊疆史地研究』, 14卷, 4號, 2004, p. 57.

20) 高士奇, 『扈從東巡日錄』, 臺北: 廣文書局, 1968, pp. 3b~4a.

21) Van Jay Symons, "Ch'ing Ginseng Management: Ch'ing Monopolies in Microcosm", 1981, pp. 77~78.

22) 『盛京蔘務檔案史料』, 116~17(옹정 2/4/17).

23) 『欽定大清會典事例』, 232:725b.

24) 王佩環, 「清代東北采蔘業的興衰」, 1982, pp. 190~91. 위탁 상인 가운데 어떤 이는 은 30만 냥에 달하는 막대한 이익을 얻기도 했다. 叢佩遠, 『東北三寶經濟簡史』, 1989, pp.

83~89; 蔣竹山,『人蔘帝國』, 2015, pp. 83~91.

25) 『盛京蔘務檔案史料』, 125~28(건륭 1/10/20).

26) 『欽定大淸會典事例』, 232:726a.

27) 성경에서 발부된 육로 통행 허가증은 성경·홍경·호이파·얼민·할민 경로에 유효했다. 길림과 닝구타에서 발행된 수로 통행 허가증은 기린울라에서 우수리와 수분하로 향하는 경로에 유효했다. 인삼 전매 정책의 중심지는 성경이었다. 매해 예부에서 보낸 삼표가 성경에 도착한 후 길림과 닝구타로 전해졌다. 사용되지 않은 삼표는 파기를 위해 예부로 돌려보냈다. 今村鞆,『人蔘史』, 2卷, 1940, p. 203; 佟永功,「淸代盛京蔘務活動述略」, 2000, p. 45.

28) 채삼 이후 하산하기 위해서도 허가증(alin ci bederere temgetu bithe)을 제시해야 했다. 호종을 위해 산에 동행하는 병사들을 대상으로 한 허가증(fiyanjilara temgetu bithe; 押票)도 있었다. 물론 상인들을 대상으로 한 허가증(fulgiyan temgetu bithe; 紅票)도 있었다. 佟永功,「淸代盛京蔘務活動述略」, 2000, pp. 45~46; Jonathan Schlesinger, "The Qing Invention of Nature: Environment and Identity in Northeast China and Mongolia, 1750~1850", 2012, pp. 123~30.

29) 今村鞆,『人蔘史』, 2卷, 1940, pp. 214~16; 叢佩遠,『東北三寶經濟簡史』, pp. 89~96; 蔣竹山, 『人蔘帝國』, 2015, pp. 91~104.

30) 불법 채삼에 대한 관의 규제는 시간이 지날수록 더욱 상세해졌다. 1663년 불법 채삼의 처벌 수위가 사형으로 규정되었고, 1666년 잠채꾼에 물자를 보급한 이에 대한 처벌 수위도 사형으로 규정되었다. 1676년 실제 잠채꾼 무리의 우두머리와 물자를 보급한 이가 처형되었고, 단속을 소홀히 한 관리들은 유배형에 처해졌다. 1714년 불법 채삼이 두 번째 적발된 경우 아킬레스건을 자르는 형벌을 가했고, 기인이 불법 채삼에 관여한 경우 팔기에서 쫓아내고 기인의 특권을 박탈했다. 今村鞆,『人蔘史』, 2卷, 1940, pp. 226~32; Van Jay Symons, "Ch'ing Ginseng Management: Ch'ing Monopolies in Microcosm", 1981, pp. 25~32.

31) 『雍正朝滿文硃批奏摺全譯』, 2:1630(옹정 6/4/26).

32) 『雍正朝滿文硃批奏摺全譯』, 1:325~26(옹정 1/9/10).

33) 『宮中檔雍正朝奏摺: 滿文月摺』, 29:310~11.

34) 『盛京蔘務檔案史料』, 230(건륭 36/7/29); 232(건륭 36/12/18).

35) 『雍正朝滿文硃批奏摺全譯』, 2:1630(옹정 6/4/26).

36) 『雍正朝滿文硃批奏摺全譯』, 1:613(옹정 2/1/18).

37) 『동문휘고』, 2:1184(범월: 19a~20a).

38) 『雍正朝滿文硃批奏摺全譯』, 2:1521(옹정 5/10/10).

39) 『雍正朝滿文硃批奏摺全譯』, 2:1522(옹정 5/10/10)

40) 『동문휘고』, 2:1186(범월: 23b).

41) 『동문휘고』, 2:1188(범월: 27a~b).

42) 『동문휘고』, 2:1189(범월: 30a~b).

43) 『동문휘고』, 2:1189~90(범월: 30b~31a).

44) 『동문휘고』, 2:1191(범월: 33a). 기인의 특권에 관해서는 다음을 참고하라. Mark C. Elliott, *The Manchu Way*, 2001, pp. 197~200.

45) 『동문휘고』, 2:1186~87(범월: 24b~25a); 『통문관지』, 10:9b~10a.

46) 『雍正朝滿文硃批奏摺全譯』, 2:1635~36(옹정 6/5/28).

47) 내지와 외지의 구분에 관해서는 다음을 참고하라. 이성규, 「중화제국의 팽창과 축소」, 『역사학보』, 제186호, 2005, 87~133쪽.

48) 사건을 보고받은 조선 조정은 청에 이를 전달하지 않기로 했다. 청인 범월자들이 조선 사행의 수검을 담당한 봉황성 당국을 위해 일하고 있었기 때문이었다. 조선은 청인 범월자들에 대한 사소한 불만 제기가 사행에 큰 불이익으로 돌아올 수 있음을 우려했다. 『숙종실록』, 45:32b(숙종 33/7/20).

49) 『숙종실록』, 50:44b(숙종 37/6/30).

50) 앞 장에서 살펴보았듯, 강희제가 파견한 목극등은 1711년 첫 번째 장백산 탐사는 완수하지 못했다. 조선 측에서는 청조에 범월의 방지를 요청할 경우, 청조가 이를 장백산 탐사를 재개할 구실로 삼을 수 있다고 염려했다. 결국 조선 조정은 황제에게 청인 채삼꾼들이 조선의 강역을 침범할 의도가 없었으나 길을 잃어 강을 건너게 된 것 뿐이라고 알렸다. 이화자, 『조청 국경 문제 연구』, 2008, 177~78쪽.

51) 『동문휘고』, 2:1178(범월: 7b~8a).

52) 『통문관지』, 9:60b.

53) 『동문휘고』, 2:1183(범월: 18b); 『欽定大淸會典事例』, 511:4a.

54) 『동문휘고』, 2:1183~84(범월: 18b~19a); 『欽定大淸會典事例』, 511:5b.

55) 『숙종실록』, 55:19b~20a(숙종 40/8/8).

56) 『숙종실록』, 55:38b(숙종 40/12/3).

57) 『비변사등록』, 6:662(숙종 40/6/7).

58) 『동문휘고』, 1:909(강계: 13a).

59) 『동문휘고』, 1:910(강계: 14b).

60) 『淸聖祖實錄』, 257:548a(강희 53/1/무진). 훈춘협령의 지위는 이후 1870년 부도통으로 격상되었다. 훈춘주방은 청이 만주의 군정 지배를 끝낸 1909년까지 유지되었다. 『琿春副都統衙門檔』, 1:1~4.

61) 『숙종실록』, 55:40a(숙종 40/12/23).

62) 이화자, 『조청 국경 문제 연구』, 2008, 187쪽.

63) 이화자, 『조청 국경 문제 연구』, 2008, 190~97쪽.

64) 『동문휘고』, 1:911(강계: 16a).

65) 『영조실록』, 29:42a(영조 7/6/20).

66) 『동문휘고』, 1:911(강계: 16a–17b).

67) 『동문휘고』, 1:912(강계: 18a–b).

68) 『盛京參務檔案史料』, 142~44(건륭 3/2/20).

69) 18세기 기인의 문화 변용에 관해서는 다음을 참고하라. Mark C. Elliott, *The Manchu Way*, 2001, pp. 275~344.

70) 황제는 허가받지 않은 산해관의 출입, 민인의 경작, 불법 채삼 등을 금하는 총 여덟 가지 금령을 내렸다. 병조의 책임자와 성경장군이 제안한 규제안의 상세한 내용은 다음을 참고하라. 『淸高宗實錄』, 115:17b~25a(건륭 5/4/ 갑오); 劉小萌, 『滿族的社會與生活』, 北京: 北京大學圖書館出版社, 1998, pp. 211~24; 王景澤, 「對淸代封禁東北政策的再認識」, 1997.

71) 『淸高宗實錄』, 294:10a(건륭 12/7/갑오); 428:15a(건륭 17/12/병신); 676:19a~b(건륭 27/12/기해); 983:11a(건륭 40/5/을축). 『청실록淸實錄』에서 "根本之地"란 표현은 처음에는 서안, 남경, 북경, 성경 등 다양한 장소에 사용되었다. 하지만 건륭 연간에 이르러 해당 표현이 사용된 곳은 성경뿐으로, 만주인의 정체성과 만주라는 공간 사이에 연관성을 두기 시작했음을 알 수 있다. Mark C. Elliott, "The Limits of Tartary", 2000; 이훈, 「청대 건륭기 만주족의 근본지지 만들기: 경사기인의 이주와 만주의 봉금을 중심으로」, 『사총』, 제72호, 2011, 267~305쪽.

72) 18세기 팔기 생계 문제의 배경에 대해서는 다음을 참고하라. 任桂淳, 『淸朝八旗駐防興衰史』, 北京: 三聯書店, 1993, pp. 89~126; Mark C. Elliott, *The Manchu Way*, 2001, pp. 305~22; James Reardon-Anderson, *Reluctant Pioneers*, 2005, pp. 46~58.

73) 『淸高宗實錄』, 143:7a(건륭 6/5/계미).

74) 『동문휘고』, 1:918(강계: 31a~32b).

75) 『동문휘고』, 1:912~13(강계: 19b~20a).

76) 『동문휘고』, 1:914(강계: 23a~b).

77) 『동문휘고』, 1:913(강계: 20b).

78) 『동문휘고』, 1:914(강계: 23b).

79) 『동문휘고』, 1:914(강계: 22a).

80) 『영조실록』, 63:11a(영조 22/3/28).

81) 이화자, 『조청 국경 문제 연구』, 2008, 203~5쪽.

82) 사실 조선 조정 대신들은 망우초 초소와 관련해 청에 자문을 보낼지 말지를 두고 논쟁을 벌였다. 일부는 성경장군이 공문을 보내기도 전에 행동을 취하는 것이 섣부르

다고 여긴 반면, 다른 이들은 청이 책문을 옮긴 것 자체가 위협적인 움직임이라며 대처해야 한다고 여겼다. 영조는 일반적인 경우처럼 청의 다양한 행정 기구를 거칠 시 상황이 걷잡을 수 없게 될 것을 걱정해 건륭제에게 직접 조선의 뜻을 전달하기로 했다.『영조실록』63:12a(영조 22/윤3/5); 63:13b(영조 22/윤3/15); 63:14b(영조 22/윤3/21); 83:17a~18a(영조 22/4/19).

83) 『영조실록』, 63:17a~18a (영조 22/4/19);『동문휘고』, 1:916(강계: 26b~27a).

84) 『영조실록』, 63:17a~18a(영조 22/4/19);『동문휘고』, 1:916(강계: 26b~27a).

85) 『淸高宗實錄』, 270:26b~27a(건륭 11/7/기유).

86) 군기처의 반디가 망우초 일대를 조사하기 위해 파견되었는데, 그는 황제에게 만주어로 된 비밀 상소를 올렸다. 반디의 상소 전문은 다음을 참고하라. 윤욱,「조청 관계사에 있어서 만문 사료의 중요성에 관한 시론」,『역사학보』, 제218호, 2013, 369~70쪽.

87) 『淸高宗實錄』, 271:10a(건륭 11/7/을묘);『동문휘고』, 1:918(강계: 31a);『영조실록』, 64:28a(영조 22/10/29).

88) 『동문휘고』, 1:919(강계: 32b).

89) 『동문휘고』, 1:920(강계: 34a).

90) 이 변화를 인지한 것은 건륭제의 뒤를 이은 가경제였다. 1800년 가경제는 동부선 밖이 "조선과 경계"를 이루기에 전략적으로 중요함을 강조했고, 신하들에게 초소가 줄어든 원인을 파악해 보고하도록 했다. 하지만 여러 이유로 인해 초소의 수는 계속해서 줄어, 1846년에는 동부선 내에 3개소, 밖에 18개소가 존재했다.『盛京通志』, 51:16a~19a; 구범진,「19세기 성경 동변외 산장의 관리와 조청 공동 회초」,『사림』, 제32호, 2009, 265~72쪽.

91) Richard Edmonds, "The Willow Palisade", 1979, p. 620.

92) 『盛京通志』,「柳條邊」, 13:3a~b.

93) Richard Edmonds, "The Willow Palisade", 1979, p. 600.

94) 청의 보편 군주 사상에 대해서는 다음을 참고하라. Pamela K. Crossley, *A Translucent Mirror*, 1999.

4장

1) 본 장의 일부 내용은 다음 논문에서 다루었다. 김선민,「난두: 청·조선 조공 관계의 변경적 측면」,『대구사학』, 제96호, 2009; 김선민,「건륭 연간 조선 사행의 은 분실 사건」,『명청사연구』, 제33호, 2010, 139~66쪽.

2) 해당 사건은 건륭 12년 12월 7일에 발생했으며, 다음 날 달당가에게 보고되었다. "조선

인 사환이 은을 분실했다며 무고한 사건[朝鮮人士還誣告失銀事件]"은 한문과 만문 사료에 모두 기록되어 있다. 한문 기록은 타이완 고궁박물관에 소장된『軍機處漢文 檔摺』(no. 002300)에서, 만문 기록은 베이징의 중국제일역사당안관에 소장된『軍 機處滿文錄副奏摺』「外交類, 中朝項」(마이크로필름, no. 12, 00273.)에서 확인할 수 있다.

3)『軍機處滿文錄副奏摺』, 마이크로필름, no. 12, 00273.

4) James B. Lewis, *Frontier Contact between Choson Korea and Tokugawa Japan*, London and New York: Routledge Curzon, 2003, p. 7.

5) Chun Hae-jong, "Sino-Korean Tributary Relations in the Ch'ing Period", *The Chinese World Order: China's Foreign Relations*, edited by John K. Fairbank, Cambridge, MA: Harvard University Press, 1968, pp. 90~91; Gari Ledyard, "Korean Travelers in China over Four Hundred Years, 1488~1887", *Occasional Papers on Korea*, vol. 2, 1974, pp. 3~5; 張存武,『淸 韓宗藩貿易, 1637~1894』, 臺北: 臺灣中央硏究院, 1978, pp. 15~17; 劉爲,「淸代朝鮮使團 貿易制度述略」,『中國邊疆史地硏究』, 12卷, 4號, 2002, pp. 25~36.

6) 비정기 사행으로는 청에 감사를 표하는 사은사謝恩使, 경사를 축하하는 진하사陳賀使, 황실에 상사가 있을 경우 파견한 진위사陳慰使와 진향사進香使, 조선 왕실의 상사 를 알리는 고부사告訃使, 청 황제가 성경에 행차했을 때 보낸 문안사問安使 등이 있 었다. 개리 레드야드Gari Ledyard는 조선이 청에 연 3회가량 사행을 보냈다고 추정 하나, 장춘우張存武는 연간 2회 이하였다고 추정한다. Gari Ledyard, "Korean Trave-lers in China over Four Hundred Years, 1488~1887", 1978, p. 5; 張存武,『淸韓宗藩貿易, 1637~1894』, 1978, p. 19.

7) 張存武,『淸韓宗藩貿易, 1637~1894』, 1978, pp. 18~20.

8) 조선의 역관들과 사역원에 관해서는 김구진·이현숙,「통문관지의 편찬과 그 간행에 대 하여」,『통문관지通文館志』, 제1권, 1~30쪽, 세종대왕기념사업회, 1998을, 그들의 중 인으로서의 정체성에 관해서는 Hwang Kyung Moon, *Beyond Birth: Social Status in the Emergence of Modern Korea*, Cambridge, MA: Harvard University Press, 2004, pp. 106~60을 참고하라.

9)『欽定大淸會典事例』, 39:3a.

10) 張存武는 사행 인원이 평균적으로 300명, 말은 200필이었다고 추정한다. 張存武,『淸韓 宗藩貿易, 1637~1894』, 1978, p. 24.

11) 687명 가운데 363명은 성경까지만 동행했고, 324명만이 북경까지 이동했다. 말 591필 가운데 232필만이 북경에 동행했고, 남은 358필은 성경에 머물렀다.『연행록燕行 錄』(최덕중, 1712), 임기중 엮음,『연행록전집燕行錄全集』, 39권, 동국대학교출판부, 2001, 448~49쪽.

12) 1712년 김창업이 참여한 사행은 11월 30일(강희 51/11/3) 한양에서 출발해 12월 23일 (강희 51/11/26)에 압록강을 건넜다. 사행은 이틀 뒤 봉황성에 도착했고, 성경에는 1713년 1월 2일(강희 51/12/6)에 도착했다. 그리고 1월 14일(강희 51/12/18)에 산해 관에, 1월 23일(강희 51/12/27)에는 최종 목적지인 북경에 도착했다. 의주에서 북 경까지의 거리는 약 2000리이며 한 달이 소요되었다. 개리 레드야드는 1488년부터 1887년까지 이루어진 사행 중 30건의 출발일과 도착일을 분석했다. Gari Ledyard, "Korean Travelers in China over Four Hundred Years, 1488~1887", 1978, pp. 29~40.

13) 임기중,「연행록의 대청 의식과 대조선 의식」,『연민학지』, 제1권, 1993, 117~18쪽.

14)『통문관지』, 3:32a.

15) 사촌인 박명원의 수행원으로 사행에 참여한 박지원은 성경, 북경, 열하를 방문한 것 을 토대로『열하일기』를 작성했다. 그는 도로 사정, 요새, 주거, 일상, 정치, 경제, 종 교 등 다양한 주제를 다루며 18세기 중국을 상세히 묘사했다. 조선 사행의 여행기 에 대한 전반적인 설명은 다음을 참고하라. Gari Ledyard, "Korean Travelers in China over Four Hundred Years, 1488~1887", 1978.

16)『열하일기熱河日記』(박지원, 1780), 임기중 엮음,『연행록전집燕行錄全集』, 제53권, 동국 대학교출판부, 2001, 259~60쪽; 번역문은 김혈조,『열하일기』, 제1권, 돌베개, 2009, 37쪽 참조.

17)『열하일기』(박지원, 1780), 267쪽.

18)『淸季中日韓關係史料』3:1065~66.

19)『열하일기』(박지원, 1780), 266쪽; 번역문은 김혈조,『열하일기』, 제1권, 2009, 45쪽 참조.

20) Marion Eggert, "A Borderline Case: Korean Travelers' Views of the Chinese Border(Eight-eenth to Nineteenth Century)", China and Her Neighbours: Borders, Visions of the Other, Foreign Policy 10th to 19th Century, edited by Sabine Dabringhaus et al., Wiesbaden: Harrassowitz, 1997, p. 66.

21)『열하일기』(박지원, 1780), 263쪽.

22)『열하일기』(박지원, 1780), 273쪽; 번역문은 김혈조,『열하일기』, 제1권, 2009, 54쪽 참조.

23)『통문관지』3:38a.

24)『淸代中朝關係檔案史料續編』, 中國第一歷史檔案館 編, 北京: 中國檔案出版社, 1998, pp. 50~51.

25)『열하일기』(박지원, 1780), 281~83쪽.

26) 일반적으로 조선인 역관들은 은 200냥을 바쳤고, 이를 청 관리 여럿이 나누어 가졌다. 『淸代中朝關係檔案史料續編』, pp. 72~73.

27)『淸代中朝關係檔案史料續編』, pp. 78~79. 사실 봉황성의 관리들에게 뇌물을 공여하는 관행은 17세기부터 자리를 잡았다. 한양과 북경을 자주 오고 간 인평대군은 1656년

"선례를 따라" 청의 관리들에게 직급에 맞는 선물을 주었다. 『연도기행燕途紀行』
(인평대군, 1656), 임기중 엮음, 『연행록전집燕行錄全集』, 제22권, 동국대학교출판
부, 2001, 61쪽.

28) 『만기요람萬機要覽』, 1:205a~b. '팔포'의 구체적인 성격은 대외 무역의 상황에 따라 달
라졌다. 1682년 고려인삼이 일본으로 다량 수출되자 조선 조정은 북경 사행에 인삼
대신 은을 가져가도록 했다. 당시 인삼 한 근은 은 25냥과 일치했다. 1752년 은 수입
이 줄어들자, '팔포'의 성격은 다시 바뀌어 은과 종이, 가죽, 면화 등의 조합으로 대
체되었다. 1797년에는 인삼을 지참하는 것이 다시 허용되었다. 팔포 무역의 상세
한 내용은 다음을 참고하라. 강만길, 『조선 후기 상업 자본의 발달』, 고려대학교출
판부, 1973; 차수정, 「조선 후기 인삼 무역의 전개 과정: 18세기 초 삼상의 성장과 그
영향을 중심으로」, 『북악사론』, 제1호, 1989; 유승주, 「조선 후기 대청 무역이 국내
산업에 미친 영향」, 『아세아연구』, 제37권, 제2호, 1994; 김정미, 「조선 후기 대청 무
역의 전개와 무역수세제의 시행」, 『한국사론』, 제36호, 1996; 劉爲, 「淸代朝鮮使團貿
易制度述略」, 『中國邊疆史地硏究』, 12卷, 4號, 2002.

29) 『노가재연행일기』(김창업, 1712), 71~72쪽; 『담헌연기湛軒燕記』(홍대용, 1765), 임기중
엮음, 『연행록전집燕行錄全集』, 제44권, 동국대학교출판부, 2001, 114~16쪽. 조선 사
행과 거래를 시작한 이는 정세태의 부친이다. 18세기 중반에도 조선 사행은 정씨
일가로부터 중국산 비단을 구매했다. 이들은 북경 내 조선 사행과의 교역을 독점하
다시피 했다. 정씨 일가와 조선 사행과의 교역에 관해서는 다음을 참고하라. 畑地正
憲, 「淸朝と李氏朝鮮との朝貢貿易について: 特に鄭商の盛衰をめぐって」, 『東洋學報』,
62卷, 3~4號, 1981. 조선 사행의 북경 체류에 관한 전반적인 내용은 다음을 참고하
라. 松浦章, 「明淸時代北京の會同館」, 『淸朝と東アジア: 神田信夫先生古稀記念論集』,
東京: 山川出版社, 1992, pp. 359~379.

30) 『담헌연기』(홍대용, 1765), 229쪽.

31) Gari Ledyard, "Hong Taeyong and His 'Peking Memoir'", *Korean Studies*, vol. 6, 1982, p. 88.

32) 『담헌연기』(홍대용, 1765), 206쪽.

33) 청과 조선의 무역은 크게 두 갈래로 이루어졌다. 하나는 사행 무역이었고, 다른 하나는
압록강의 중강, 두만강의 회령, 경원에서 열린 호시 무역이었다. 규모와 기간, 참여
인원을 고려했을 때 국경지대의 호시 무역은 사행 무역보다 조선의 경제에 미치
는 영향이 적었다. 유승주·이철성, 『조선 후기 중국과의 무역사』, 경인문화사, 1999,
25~26쪽.

34) 『비변사등록』, 3:946(숙종 12/5/4).

35) 『통문관지』, 3:31b~32b; 『만기요람』, 1:202a~b.

36) 『통문관지』, 3:62b~63a. 1712년 김창업의 여행기에서도 비슷한 기술을 찾을 수 있다.

"변계는 도시와 같아 보였다. 봉황성 사람들은 조선과의 교역을 통해 생계를 꾸렸다."『노가재연행일기』(김창업, 1712), 379쪽.

37) 『비변사등록』, 8:411~13(영조 4/7/3). 1712년 최덕중도 비슷한 광경을 목격했다. 그에 따르면, 사행이 여정을 마치고 의주로 돌아가기 위해 수백에 달하는 인마가 함께 도강 준비를 했다. 고위 관료들은 먼저 강을 건넜고, 짐꾼과 짐을 실은 말은 다음 날 아침까지 기다려야 했다. 이러한 상황으로 인해 인원이나 마필, 짐에 대한 검사는 철저히 이루어지기 어려웠다. 『연행록』(최덕중, 1712), 122~23쪽.

38) 동팔참은 봉황성鳳凰城, 설리참雪裏站, 통원보通遠堡, 연산관連山關, 첨수참甛水站, 낭자산浪子山, 요양遼陽, 십리하十里河를 가리킨다. 『盛京通志』, 33:15b~16a.

39) 유승주·이철성, 『조선 후기 중국과의 무역사』, 1999, 34~35쪽.

40) 『연원직지燕轅直指』(김경선, 1832), 임기중 엮음, 『연행록전집燕行錄全集』, 제70권, 동국대학교출판부, 2001, 321쪽.

41) 『병인연행일승丙寅燕行日乘』(오도일, 1686), 임기중 엮음, 『연행록전집燕行錄全集』, 제39권, 동국대학교출판부, 2001, 152쪽.

42) 『취병공연행일기翠屛公燕行日記』(조형, 1660), 임기중 엮음, 『연행록전집燕行錄全集』, 제20권, 동국대학교출판부, 2001, 211쪽.

43) 『연행일록燕行日錄』(서문중, 1690), 임기중 엮음, 『연행록전집燕行錄全集』, 제24권, 동국대학교출판부, 2001, 176쪽.

44) 『열하일기』(박지원, 1780), 319쪽.

45) 『경종실록』, 10:10a~b(경종 2/10/19).

46) 『연행일록』(서문중, 1690), 176, 232~33쪽.

47) 『연행일록』(서문중, 1690), 225쪽.

48) 『통문관지』, 3:61b~62a.

49) 『연행록』(최덕중, 1712), 39권, 452~53쪽. 그들의 환대가 돈벌이를 위한 것임을 안 최덕중은 난두 상인들이 마련한 연회를 즐기지 않았다.

50) 『연행록』(최덕중, 1712), 40권, 120~21쪽.

51) 『노가재연행일기』(김창업, 1712), 392쪽.

52) 『노가재연행일기』(김창업, 1712), 447~48쪽.

53) 『연행록』(최덕중, 1712), 40권, 94~95쪽.

54) 소송에서 승소해 이권을 유지하고자 한 난두 상인들은 성경은 물론 북경의 관리들에게도 뇌물을 바쳐야 했다. 그들은 조선 사행의 운송비로 1만 냥을 미리 요구해 뇌물로 바칠 은화를 마련했다. 난두 상인들의 편을 든 조선의 역관들은 사행 책임자들이 난두 상인들의 요구를 수용하도록 압박했다. 더해서 조선 역관들은 난두 상인들의 요청대로 성경에 도착하자마자 의주로 떠나기 위한 호위를 요구했는데, 이는 현

지 상인들이 조선의 상인들과 교역할 기회를 막기 위함이었다. 조선 사행의 이른 귀국은 호위로 벌이를 하는 이들에게는 비보와 다름없었다. 『노가재연행일기』(김창업, 1712), 447~48쪽.

55) 『경종실록』, 13:13a~b(경종 3/10/23).

56) 『만기요람』, 1:208b~209a.

57) 『비변사등록』, 4:897(숙종 26/5/1).

58) 『비변사등록』, 5:533~34(숙종 32/3/28).

59) 『비변사등록』, 5:665~67(숙종 33/5/27).

60) 난두 상인들은 성경아문으로부터 은 6만 냥을 빌렸는데, 원금 1만 냥, 이자 1만 8000냥만 갚았다. 원금 5만 냥과 이자 2만 7000냥은 상환되지 않았다. 성경아문은 조사를 통해 호가패 일당이 자산 규모를 은 6735냥에서 9만 냥으로 부풀린 사실과, 돈을 빌리기 위해 성경아문의 관리들을 매수한 사실 또한 알게 되었다.

61) 『雍正朝滿文硃批奏摺全譯』, 1224~25.

62) 『비변사등록』, 8:29~32(영조 3/3/27).

63) 『淸世宗實錄』, 61:4b~5b(옹정 5/9/무오); 『영조실록』, 15:4a(영조 4/1/10).

64) 『영조실록』, 39:21a(영조 10/12/12).

65) 『비변사등록』, 8:497~98(영조 4/11/4).

66) 『통문관지』, 3:32b; 『영조실록』, 15:3b(영조 4/1/10).

67) 유승주·이철성, 『조선 후기 중국과의 무역사』, 1999, 114~20쪽; 유승주, 「조선 후기 대청 무역이 국내 산업에 미친 영향」, 1994.

68) 『열하일기』(박지원, 1780), 279쪽.

69) 『연행기燕行記』(서호수, 1790), 임기중 엮음, 『연행록전집燕行錄全集』, 제50권, 동국대학교출판부, 2001, 446~447쪽.

70) 『軍機處滿文錄副奏摺』, 마이크로필름, no. 12, 00273.

71) 『軍機處滿文錄副奏摺』, 마이크로필름, no. 12, 00273.

72) 『軍機處滿文錄副奏摺』, 마이크로필름, no. 12, 00273.

73) 1739년 또 다른 절도 사건을 청의 관리들과 합동으로 조사한 김상적의 보고에 따르면, 당시에는 용의자를 고문해 진실을 고하게 하는 것이 신문 과정의 대부분을 차지했다. 『영조실록』, 69:34b(영조 25/4/19).

74) 『軍機處漢文檔摺』, no. 002300.

75) 『軍機處漢文檔摺』, no. 002300.

76) 『軍機處漢文檔摺』, no. 002300.

77) 청의 예부는 자문을 보내 윤창리와 관련자들의 죄를 밝힐 것을 요청함과 동시에 조선 국왕의 태만을 지적했다. "사행을 책임진 이들은 사안을 소홀히 다룬 죄로 처벌되

어야 할 것이다. 조선 국왕 또한 인선의 책임이 있으니 그 잘못이 없지 않다."『통문관지』, 10:35b.

78) 조선 국왕이 예부에 보낸 자문에 명시된 바와 같이 범인들은 엄히 처벌되었다. 주동자인 사환은 섬으로 유배되었다. 사행을 책임진 삼사와 종복이 거짓을 고하도록 만든 윤창리 또한 유배형에 처해졌다. 『통문관지』, 10:35b;『영조실록』, 68:3a(영조 24/7/17).

79) 『영조실록』, 68:3b(영조 24/7/23, 25).

80) 낭자산은 봉황성과 성경 사이에 있는 동팔참 가운데 하나였다. 이고로자와 일행 다섯은 현지 청인의 집에서 밤을 묵었고, 다음 날 은화가 사라진 것을 알게 되었다. 그들은 용의자로 의심되는 청인 네 명을 포박해 관청에 넘겼다. 『軍機處漢文檔摺』, no. 002307.

81) 그들은 객점에 머무르며 짐들을 결속해놓고 있었다. 그러던 와중 객점에 불이 났다는 소리를 듣자, 그들은 밖으로 대피했다. 새벽에 네 명이 떠났고, 남은 이윤방 일행은 은화가 사라진 것은 알게 되었다. 그들은 객점 주인에 매질을 가한 후 포박해 관아에 넘겼다. 이후 청의 관리들이 이윤방과 객점 주인의 대질 신문을 진행하려 했으나, 이윤방은 이미 조선으로 귀환한 상태였다. 『동문휘고』, 2:1427~28(추징: 1a~3b).

82) 『軍機處漢文檔摺』, no. 002307.

83) 달당가는 조선인의 소환 명부를 제시했다. "1744년 낭자산에 머무른 이고로자와 일행 다섯, 1745년 십리하 인근에 머무른 이윤방과 일행 열하나, 사건을 처음 보고한 조선인 역관, 이윤방을 대신해 증언한 조선인을 청에 송치하도록 하라."『軍機處漢文檔摺』, no. 002307.

84) 『통문관지』, 10:36a.

85) 『영조실록』, 68:29a(영조 24/11/14).

86) 조선 조정이 청 영내에서 발생한 자국민이 연루된 사건에 관리 파견을 고집한 것은 사실 전례 없는 일은 아니었다. 1666년 조선인 무리가 청의 영내를 범해 살인을 저질렀을 때, 강희제는 조선 조정이 봉황성에 관리를 파견해 성경아문의 관리들과 사안을 논의하는 것을 허락한 바 있었다. 『통문관지』, 10:36a;『동문휘고』, 2:1429(추징: 5a~6b). 봉황성에서 이루어진 청과 조선의 공동 조사는 다음을 참고하라. 王燕杰, 「清朝前期與朝鮮邊務交涉與合作研究: 以朝鮮人越境犯罪案件的審理爲中心」, 2012.

87) 『영조실록』, 69:18a(영조 25/2/23).

88) 『동문휘고』, 2:1431(추징: 10a~b).

89) 『동문휘고』, 2:1431~32(추징: 10b~11a).

90) 『통문관지』, 10:37b.

91) 봉황성에 참핵사로 파견된 김상적은 양국 사이의 분쟁을 해결하기 위해 청의 관리들

에게 뇌물을 바쳤던 전례와 달리 은을 지참하지 않았다. 영조는 그의 청렴을 상찬
했으나, 그렇다고 그를 변호하지는 않았다. 조선 측 사료는 그가 재조사 과정에서
청의 관료들에게 뇌물을 바치지 않아 죄를 뒤집어쓴 것이 아닌지 의구심을 드러낸
다.『영조실록』, 68:29a(영조 24/11/14);『동문휘고』, 2:1432(추징: 11b~12a).

92) 이찬숙이 어떻게 그만한 양의 은화를 잃어버렸는지를 설명하는 기록은 남아 있지 않
다. 이듬해 "짐수레꾼과 객점 주인을 심문하였는데, 진범을 체포한 이후 석방했다"
는 기록만 남아 있다.『동문휘고』, 2:1434(추징: 16b).

93) 이찬숙의 짐을 나른 두 상인은 양백기鑲白旗에 속한 기인이었다. 그들이 은을 배상할
당시 성경아문이 액수를 확인했을 뿐만 아니라, 조선 조정에 추가로 확인을 받았
다. 당사자인 이찬숙에게도 분실한 은이 순은인지, 함도 80퍼센트의 은인지 물었
다.『동문휘고』, 2:1433~34(추징: 14b~15a).

94)『동문휘고』, 2:1434(추징: 15b~16a).

5장

1)『동문휘고』, 4:3488(강계: 4b~5b). 얼허부의 상주문은 동치6년 2월 30일에 작성되었다.

2)『동문휘고』, 4:3490~91(강계: 6a~9b). 성경장군 두힝가 또한 1867년 동치제에게 비슷한
내용을 상주했다. 두힝가의 보고에 관해서는 다음을 참고하라. 林士鉉,『淸季東北移
民實邊政策之硏究』, 臺北: 國立政治大學歷史學系, 2001, p. 182.

3) 林士鉉,『淸季東北移民實邊政策之硏究』, 2001, pp. 180~81.

4) 王佩環,「淸代東北采蔘業的興衰」,『社會科學戰線』, 4號, 1982, p. 191.

5) David Bello, *Across Forest, Steppe, and Mountain*, 2016, pp. 96~100.

6) Jonathan Schlesinger, "The Qing Invention of Nature", 2012, pp. 123~32.

7) 휴지기 정책이 실패한 것을 깨달은 청조는 이후 정책을 중단하고 성경 일대의 삼표를
매해 발행했다.『欽定大淸會典事例』, 232:723b.

8) 蔣竹山,『人蔘帝國』, 2015, pp. 104~13.

9) 今村鞆,『人蔘史』, 2卷, 1940, p. 234.

10) 蔣竹山,『人蔘帝國』, 2015, p. 124.

11)『淸仁宗實錄』, 226: 24a(가경 15/2/신해).

12) 川久保悌郎,「淸代滿洲における燒鍋の簇生について」,『和田博士古稀記念東洋史論叢』, 東
京: 講談社, 1960, pp. 304~5.

13)『淸世宗實錄』, 42:19b~20a(옹정 4/3/신유). 이후 건륭제는 옹정제의 금주령을 계승하며
"소주를 제조하는 것은 곡식을 낭비하는 길이나 북방 지역에서는 모두가 이를 행하
고 있다"고 지적했다.『淸高宗實錄』, 42:12a~13b(건륭 2/5/병신).

14) 『盛京蔘務檔案史料』, 247~48(가경 5/7/12); 今村鞆, 『人蔘史』, 2卷, 1940, pp. 209~11; 川久保悌郎, 「淸代滿洲における燒鍋の簇生について」, 1960, p. 311; 叢佩遠, 『東北三寶經濟簡史』, 1989, pp. 97~104.

15) 佟永功, 「淸代盛京蔘務活動述略」, 2000, pp. 47~48; 蔣竹山, 『人蔘帝國』, 2015, pp. 143~47.

16) Robert H. G. Lee, *The Manchurian Frontier in Ch'ing History*, 1970, pp. 116~19; 楊昭全·孫玉梅, 『中朝邊界史』, 1993, pp. 210~19.

17) Joseph Fletcher, "Sino-Russian Relations, 1800~62", in "Late Ch'ing, 1800~1911", vol. 10, part 1, of *The Cambridge History of China*, edited by John K. Fairbank, Cambridge, England: Cambridge University Press, 1978. pp. 332~48; 塚瀨進, 『マンチュリア史研究: 滿洲 600年の社會變容』, 2014, pp. 138~44, 152~56.

18) 『淸文宗實錄』, 294:9b~11a(함풍 9/9/기묘).

19) 塚瀨進, 「中國東北統治の變容: 1860~80年代の吉林を中心に」, 『近代東北アジアの誕生: 跨境史への試み』, 左近幸村 編, pp. 269~294, 札幌: 北海道大學出版会, 2008; 林士鉉, 『淸季東北移民實邊政策之硏究』, 臺北: 國立政治大學歷史學系, 2001, pp. 78~79; 高樂才, 『近代中國東北移民硏究』, 北京: 商務印書館, 2010, pp. 105~13.

20) Robert H. G. Lee, *The Manchurian Frontier in Ch'ing History*, 1970, pp. 119~27; 楊昭全·孫玉梅, 『中朝邊界史』, 1993, pp. 219~24; 塚瀨進, 『マンチュリア史研究: 滿洲 600年の社會變容』, 2014, pp. 144~52, 161~68.

21) 秋月望, 「鴨綠江北岸の統巡會哨について」, 『九州大學東洋史論集』, 卷11, 1983, p. 120; 山本進, 『大淸帝國と朝鮮經濟: 開發, 貨幣, 信用』, 福岡: 九州大學出版會, 2014, pp. 30~37.

22) 秋月望, 「鴨綠江北岸の統巡會哨について」, 1983, pp. 120~27; 구범진, 「19세기 성경 동변외 산장의 관리과 조청 공동 회초」, 『사림』, 제32호, 2009, 273~81쪽.

23) 변경의 경계를 강화하기 위해 압록강 인근에 3개 초소 신설, 주둔 관병의 증대, 연 2회 순환 근무, 계절별 유조변 둔단 외곽 순찰, 3년마다 북경의 검사관 파견 등이 실시되었다. 구범진, 「19세기 성경 동변외 산장의 관리와 조청 공동 회초」, 2009, 282~97쪽.

24) 『동문휘고』, 4:3496(강계: 20b~21b); 秋月望, 「鴨綠江北岸の統巡會哨について」, 1983, pp. 128~31; 林士鉉, 『淸季東北移民實邊政策之硏究』, 2001, pp. 182~83.

25) 『동문휘고』, 4:3507~508(강계: 43b~44b).

26) 『동문휘고』, 4:3508~509(강계: 45a~46a).

27) 『동문휘고』, 4:3509~510(강계: 47b~49a).

28) 1876년 충스가 사망하자 그의 동생인 충호가 성경장군직을 대리하며 개혁을 이어갔고, 민정 사무를 담당할 행정 기구를 신설했다. 塚瀨進, 『マンチュリア史研究: 滿洲 600年の社會變容』, 2014, pp. 146~47.

29) 『동문휘고』, 4:3512(강계: 52a~b); 塚瀨進, 『マンチュリア史研究: 滿洲 600年の社會變容』, 2014, pp. 146~47; 김형종, 「오대징과 1800년대 청·러 동부 국경 감계」, 『중국근현대사연구』, 제60호, 2013, 6~22쪽.

30) 『淸德宗實錄』, 136:16a~17a(광서 7/9/무오).

31) 秋月望, 「華夷秩序の境界から國際法的な" 国境" へ: 朝鮮と淸の境界地帯をめぐる研究史」, 『研究所年報』, 13號, 2010, pp. 82~85.

32) 김형종, 『1880년대 조선·청 공동 감계와 국경 회담의 연구』, 2018, 69~70쪽.

33) 張存武, 『淸代中韓關係論文集』, 1987, p. 178; 이화자, 『한중 국경사 연구』, 2011, 151~56쪽.

34) 김춘선, 「조선 후기 한인의 만주로의 범월과 정착 과정」, 『백산학보』, 제51호, 1998, 180~93쪽; 김춘선, 「북간도 지역 한인 사회의 형성과 토지 소유권 문제」, 『전주사학』, 제6호, 1998, 179~80쪽.

35) 조선 군관들은 1872년 7월 5일(고종 9/5/30) 후창을 떠나 같은 해 8월 13일(고종 9/7/10)에 돌아왔다. 여행기의 국문 번역은 최종범, 최강현 역주, 『간도개척비사 間島開拓秘史: 강북일기江北日記』, 신성출판사, 2004, 11~86쪽을, 이에 대한 분석은 Kim Kwang Min, "Korean Migration in Nineteenth-Century Manchuria: A Global Theme in Modern Asian History", *Mobile Subjects: Boundaries and Identities in the Modern Korean Diaspora*, edited by Wen-hsin Yeh, Berkeley, CA: Institute of East Asian Studies, 2013을 참고하라.

36) 이화자, 『조청 국경 문제 연구』, 2008, 236~41쪽.

37) 이지영, 「19세기 말 청조의 대간도 조선인 정책: 월간 한인의 지위 문제와 관련하여」, 『명청사연구』, 제32호, 2009, 260쪽.

38) 김춘선·김태국, 「조선 후기 한인의 북방 이주와 만주 개척」, 『한국사론』, 제34호, 2002, 175~86쪽; 이화자, 『조청 국경 문제 연구』, 2008, 230~32쪽.

39) 孫春日, 『中國朝鮮族移民史』, 2009, pp. 121~25; 김형종, 『1880년대 조선·청 공동 감계와 국경 회담의 연구』, 2018, 82~85쪽.

40) 楊昭全·孫玉梅, 『中朝邊界史』, 1993, pp. 225~32; 廉松心, 「淸代對鴨綠江北岸朝鮮移民的政策」, 『社會科學戰線』, 8號, 2009, pp. 156~162.

41) Kim Key-Hiuk, *The Last Phase of the East Asian World Order: Korea, Japan, and the Chinese Empire, 1860~1882*, Berkeley: University of California Press, 1980. p. 51.

42) Kirk Larsen, *Tradition, Treaties, and Trade: Qing Imperialism and Choson Korea, 1850~1910*, Cambridge, MA: Harvard University Press, 2008, p. 23. 혼란은 1870년대에도 지속되었다. 1872년 일본의 외교관이 청 정부에 "조선은 귀국에 종속되어 있으니 귀국이 조선을 대신해 무역 협정을 이끌어야 할 것입니다"라고 요청하자, 청은 "조선은 번속藩屬이기는 하나 내치와 외치에서 자주적이기에 개입한 바가 없습니다"라고 했

다. 『淸史稿』, 526:14597~98.

43) 岡本隆司, 『世界のなかの日淸韓關係史: 交隣と屬國, 自主と獨立』, 東京: 講談社, 2008.

44) Kirk Larsen, *Tradition, Treaties, and Trade: Qing Imperialism and Choson Korea, 1850~1910*, 2008, pp. 11~15.

45) 김형종 편역, 『1880년대 조선·청 국경 회담 관계 자료 선역』, 서울대학교출판문화원, 2014, 112~16쪽.; 楊昭全·孫玉梅, 『中朝邊界史』, pp. 225~32; 孫春日, 『中國朝鮮族移民史』, pp. 144~56.

46) 『淸德宗實錄』, 143:17a~18b (광서 8/2/임오).

47) 楊昭全·孫玉梅, 『中朝邊界史』, 232~38.

48) 김형종 편역, 『1880년대 조선·청 국경 회담 관계 자료 선역』, 2014, 157~62쪽.

49) 『통문관지』, 12:4a.

50) 이지영, 「19세기 말 청조의 대 간도조선인 정책: 월간 한인의 지위 문제와 관련하여」, 2009, 264쪽. 두만강 이북으로 이주한 조선인 유민의 수와 그들이 경작한 토지 면적에 관해서는 다음을 참고하라. 김춘선·김태국, 「조선 후기 한인의 북방 이주와 만주 개척」, 2002, 187~204쪽.

51) Andre Schmid, *Korea between Empires, 1895~1919*, 2002, p. 208.

52) 김형종 편역, 『1880년대 조선·청 국경 회담 관계 자료 선역』, 2014, 215~20쪽.

53) 김형종 편역, 『1880년대 조선·청 국경 회담 관계 자료 선역』, 2014, 221~27쪽.

54) 김형종 편역, 『1880년대 조선·청 국경 회담 관계 자료 선역』, 2014, 397~99쪽.; 『통문관지』, 12:8b.

55) 張存武, 『淸代中韓關係論文集』, 1987, pp. 179~80; Andre Schmid, *Korea between Empires, 1895~1919*, 2002, p. 209; 孫春日, 『中國朝鮮族移民史』, 2009, pp. 182~96.

56) 『용비어천가』, 7:23b. Lee Peter H.의 영문 번역서 *Songs of Flying Dragons: A Critical Reading*에는 '토문'과 관련된 설명이 포함되어 있지 않다. 관련 설명은 태조 이성계를 따른 여진 부족장 중 하나인 '투먼밍간(土門猛安)'의 고론보리(古論孛里)'에 관한 주석에서 언급되는데, 강석화는 『용비어천가』의 이 기록에 의거해 두만강과 토문강이 서로 다른 강이라고 주장한다. 그에 따르면 18세기 조선 조정이 두 강을 구분하지 못한 것은 지리 지식이 부족한 탓이었다. 그는 "조선 조정이 오인한 것과 별개로 둘이 서로 다른 강이라는 사실은 변함없다"고 덧붙인다. 강석화, 『조선 후기 함경도와 북방 영토 의식』, 2000, 56~58쪽.

57) 『비변사등록』, 숙종 38/2/30.

58) 『동문휘고』, 2:1103~104 (범월: 26b~27a).

59) 배우성, 『조선 후기 국토관과 천하관의 변화』, 1998, 248~66쪽.

60) 김형종 편역, 『1880년대 조선·청 국경 회담 관계 자료 선역』, 2014, 264~70, 291~97쪽.

61) 청의 관리들은 묵덩의 비석을 두고 위조 여부를 의심했으며, 조선 측에서 위치를 이동 시켰을 가능성 또한 있다고 판단했다. 이러한 불신이 초래된 데는 1712년 설립 이후 관련 문서가 거의 남아 있지 않은데다, 묵덩이 설치하도록 지시한 목책이 낡아 없어진 탓이 컸다. Andre Schmid, *Korea between Empires, 1895~1919*, 2002. p. 210; 이화자, 『한중 국경사 연구』, 2011, 125~29쪽; 김형종, 『1880년대 조선·청 공동 감계와 국경 회담의 연구』, 2018, 164~66쪽.

62) 楊昭全·孫玉梅, 『中朝邊界史』, 1993, pp. 249~64.

63) 張存武, 『淸代中韓關係論文集』, 1987, pp. 182~86; 楊昭全·孫玉梅, 『中朝邊界史』, 1993, pp. 265~90; 양태진, 『한국 국경사 연구』, 법경출판사, 1992, 70~90쪽; 秋月望, 「中朝勘界交涉の發端と展開: 朝鮮側の理念と論理」, 『朝鮮學報』, 通號32, 1989, pp. 94~95.

64) 김형종, 『1880년대 조선·청 공동 감계와 국경 회담의 연구』, 2018, 240~43쪽.

65) 김형종 편역, 『1880년대 조선·청 국경 회담 관계 자료 선역』, 2014, 619~23쪽.

66) 김형종 편역, 『1880년대 조선·청 국경 회담 관계 자료 선역』, 2014, 931~36쪽.

67) 이화자, 『한중 국경사 연구』, 2011, 145~47쪽; 張存武, 『淸代中韓關係論文集』, 1987, pp. 187~88; 楊昭全·孫玉梅, 『中朝邊界史』, 1993, pp. 317~42; 양태진, 『한국 국경사 연구』, 1992, 91~102쪽.

68) 청의 감계위원은 "이 영토는 우리에게도 마찬가지로 중요합니다"고 답했다. 김형종 편역, 『1880년대 조선·청 국경 회담 관계 자료 선역』, 2014, 771, 798쪽.

69) 秋月望, 「中朝勘界交涉の發端と展開: 朝鮮側の理念と論理」, 1989, pp. 85~90.

70) Andre Schmid, *Korea between Empires, 1895~1919*, 2002, pp. 209~10. 예컨대 1883년 체결된 「봉천과 조선 변민 교역 장정奉天與朝鮮邊民交易章程」의 23조는 조선이 청을 '천조' 또는 '상국'으로 존대해야 한다고 규정한다. 『고종실록』, 20:92b(고종 20/12/3).

71) 張存武, 『淸代中韓關係論文集』, 1987, p. 184.

72) 김형종, 『1880년대 조선·청 공동 감계와 국경 회담의 연구』, 2018, 331~32쪽.

73) 秋月望, 「中朝勘界交涉の發端と展開: 朝鮮側の理念と論理」, 1989, p. 101.

74) 姜龍範, 「淸政府移民實邊政策與中國朝鮮族的形成」, 『社會科學戰線』, 4號, 2000, p. 190. 청조가 실시한 조선인 유민의 호구 등록에 관해서는 다음을 참고하라. 楊昭全·孫玉梅, 『中朝邊界史』, 1993, pp. 369~74.

75) 이지영, 「19세기 말 청조의 대 간도조선인 정책: 월간 한인의 지위 문제와 관련하여」, 2009, 277쪽.

76) Andre Schmid, *Korea between Empires, 1895~1919*, 2002. p. 214.

77) 구선희, 『한국 근대 대청 정책사 연구』, 혜안, 1999, 219~20, 227~35쪽; Kirk Larsen, *Tradition, Treaties, and Trade*, 2008, pp. 231~37.

78) 1899년 한청통상조약을 통해 대한제국의 국체와 고종의 황제로서의 지위가 인정받았

다. 조약의 내용과 청의 상업적 영향력은 다음을 참고하라. Kirk Larsen, *Tradition, Treaties, and Trade*, 2008, pp. 250~63.

79) 이화자, 『한중 국경사 연구』, 2011, 165~72쪽.

80) 楊昭全·孫玉梅, 『中朝邊界史』, 1993, pp. 413~45; 孫春日, 『中國朝鮮族移民史』, 2009, pp. 204~12; 秋月望, 「中朝勘界交涉の發端と展開: 朝鮮側の理念と論理」, 1989, pp. 305~16.

81) 楊昭全·孫玉梅, 『中朝邊界史』, 1993, pp. 513~26; 孫春日, 『中國朝鮮族移民史』, 2009, pp. 212~24; 양태진, 『한국 국경사 연구』, 1992, 114~29쪽.

참고 문헌

[1차 사료]

『국역 만기요람萬機要覽』, 민족문화추진위원회, 1971.

『노가재연행일기老稼齋燕行日記』(김창업, 1712), 임기중 엮음, 『연행록전집燕行錄全集』, 제 33권, 동국대학교출판부, 2001.

『담헌연기湛軒燕記』(홍대용, 1765), 임기중 엮음, 『연행록전집燕行錄全集』, 제44권, 동국대 학교출판부, 2001.

『동문휘고同文彙考』(전4권), 국사편찬위원회, 1978.

『병인연행일승丙寅燕行日乘』(오도일, 1686), 임기중 엮음, 『연행록전집燕行錄全集』, 제 29권, 동국대학교출판부, 2001.

『비변사등록備邊司謄錄』, 국사편찬위원회, 1959.

『사대문궤事大文軌』, 한명기·이상훈 엮음, 『임진왜란 사료총서: 대명외교』, 제7권, 국립진 주박물관, 2002.

『승정원일기承政院日記』, 국사편찬위원회, 1961~1977.

『연도기행燕途紀行』(인평대군, 1656), 임기중 엮음, 『연행록전집燕行錄全集』, 제22권, 동국 대학교출판부, 2001.

『연원직지燕轅直指』(김경선, 1832), 임기중 엮음, 『연행록전집燕行錄全集』, 제70권, 동국대 학교출판부, 2001.

『연행기燕行記』(서호수, 1790), 임기중 엮음, 『연행록전집燕行錄全集』, 제50권, 동국대학교 출판부, 2001.

『연행록燕行錄』(최덕중, 1712), 임기중 엮음, 『연행록전집燕行錄全集』, 제39, 40권, 동국대학 교출판부, 2001.

『연행일록燕行日錄』(서문중, 1690), 임기중 엮음, 『연행록전집燕行錄全集』, 제24권, 동국대 학교출판부, 2001.

『열하일기熱河日記』(박지원, 1780), 임기중 엮음, 『연행록전집燕行錄全集』, 제53권, 동국대 학교출판부, 2001.

『용비어천가龍飛御天歌』, 『한국고전전서』, 제1권, 대제각, 1973.

『조선왕조실록朝鮮王朝實錄』, 국사편찬위원회, 1968(『태종실록』, 『세종실록』, 『세조실록』, 『연산군일기』, 『중종실록』, 『명종실록』, 『선조실록』, 『선조수정실록』, 『광해군일기』,

『인조실록』, 『현종실록』, 『현종개수실록』, 『숙종실록』, 『경종실록』, 『영조실록』, 『정조실록』, 『고종실록』).

『취병공연행일기翠屛公燕行日記』(조형, 1660), 임기중 엮음, 『연행록전집燕行錄全集』, 제20권, 동국대학교출판부, 2001.

『통문관지通文館志』(전4권), 세종대왕기념사업회, 1998.

『康熙起居注』, 中國第一歷史檔案館 編, 北京: 中華書局, 1984.

『軍機處滿文錄副奏摺, 外交類, 中朝項』, 北京: 中國第一歷史檔案館.

『軍機處漢文檔摺』, 臺北: 國立故宮博物院.

『宮中檔雍正朝奏摺: 滿文月摺』, 臺灣: 國立故宮博物院, 1980.

『吉林通志』, 光緒 編, 上海: 上海古籍出版社, 1995.

『盛京參務檔案史料』, 遼寧省檔案館 譯, 瀋陽: 遼海出版社, 2003.

『大明一統志』(李賢, 1461), 西安: 三秦出版社, 1990.

『大明會典』(李東陽, 1511), 揚州: 廣陵書社, 2007.

『明史』, 北京: 中華書局, 1974.

『明實錄』, 臺北: 中央研究院历史语言研究所, 1962; 中文出版社, 1984(『太宗實錄』, 『宣宗實錄』).

『盛京通志』(1789), 瀋陽: 遼海出版社, 1997.

『雍正朝滿文硃批奏摺全譯』(全2卷), 中國第一歷史檔案館 譯, 合肥: 黃山書社, 1998.

『清季中日韓關係史料』, 臺北: 中央研究院近代史研究所, 1972.

『清代中朝關係檔案史料續編』, 中國第一歷史檔案館 編, 北京: 中國檔案出版社, 1998.

『清史稿』, 北京: 中華書局, 1977.

『清實錄』, 北京: 中華書局, 1986(『滿洲實錄』, 『太祖實錄』, 『太宗實錄』, 『聖祖實錄』, 『世宗實錄』, 『高宗實錄』, 『文宗實錄』, 『德宗實錄』).

『琿春副都統衙門檔』, 中國邊疆史地研究中心·中國第一歷史檔案館 編, 桂林: 廣西師範大學出版社, 2007.

『欽定大清會典事例』, 上海: 上海古籍出版社, 1995.

『欽定滿洲源流考』, 近代中國史料叢刊, 臺灣: 文海出版社於, 1967.

『滿文老檔』, 滿文老檔研究會 譯, 東京: 東洋文庫, 1955~63.

程開祜, 『籌遼碩畫』, 上海: 上海商務印書館, 1937.

高士奇, 『扈從東巡日錄』, 臺北: 廣文書局, 1968.

李時珍, 『本草綱目』, 1596, 『國學基本叢書』, 143卷, 臺北: 臺灣商務印書館, 1968.

[한국어 논문·연구서]
강만길, 『조선 후기 상업 자본의 발달』, 고려대학교출판부, 1973.

강석화, 「1712년의 조선 정계와 18세기 조선의 북방 경영」, 『진단학보』, 제79호, 1996.

강석화, 『조선 후기 함경도와 북방 영토 의식』, 경세원, 2000.

계승범, 「임진왜란과 누르하치」, 『임진왜란: 동아시아 삼국전쟁』, 정두희·이경순 엮음, 휴머
　　니스트, 2007.

계승범, 『조선 시대 해외 파병과 한중 관계』, 푸른역사, 2009.

구범진, 「19세기 성경 동변외 산장의 관리와 조청 공동 회초」, 『사림』, 제32호, 2009.

구범진, 「청의 조선 사행 인선과 대청제국 체제」, 『인문논총』, 제59호, 2008.

구선희, 『한국 근대 대청 정책사 연구』, 혜안, 1999.

권내현, 『조선 후기 평안도 재정 연구』, 지식산업사, 2004.

김경록, 「조선의 대청 인식과 외교 체제」, 『이화사학연구』, 제37호, 2008.

김경춘, 「조선조 후기의 국경선에 대한 일고: 무인 지대를 중심으로」, 『백산학보』, 제29호,
　　1984.

김구진·이현숙, 「통문관지의 편찬과 그 간행에 대하여」, 『통문관지通文館志』, 제1권, 세종대
　　왕기념사업회, 1998.

김구진, 「명대 여진의 중국에 대한 공무역과 사무역」, 『동양사학연구』, 제48호, 1994.

김구진, 「오음회의 알타리 여진에 대한 연구」, 『사총』, 제17호, 1973.

김구진, 「조선 전기 여진족의 2대 종족: 오랑캐(兀良哈)와 우디캐(兀狄哈)」, 『백산학보』, 제
　　68호, 2004.

김구진, 「초기 모린 올량합 연구」, 『백산학보』, 제17호, 1974.

김선민, 「건륭 연간 조선 사행의 은 분실 사건」, 『명청사연구』, 제33호, 2010.

김선민, 「난두: 청·조선 조공 관계의 변경적 측면」, 『대구사학』, 제96호, 2009.

김선민, 「옹정·건륭 연간 망우초 사건과 청·조선 국경지대」, 『중국사연구』, 제71호, 2011.

김선민, 「옹정제와 성경 지역 통치」, 『명청사연구』, 제34권, 2010.

김선민, 「인삼과 국경: 후금·청의 강역 인식과 대외 관계의 변화」, 『명청사연구』, 제30호,
　　2008.

김용국, 「백두산고」, 『백산학보』, 제8호, 1970.

김정미, 「조선 후기 대청 무역의 전개와 무역수세제의 시행」, 『한국사론』, 제36호, 1996.

김종원, 『근대 동아시아 관계사 연구』, 혜안, 1999.

김춘선·김태국, 「조선 후기 한인의 북방 이주와 만주 개척」, 『한국사론』, 제34호, 2002.

김춘선, 「북간도 지역 한인 사회의 형성과 토지 소유권 문제」, 『전주사학』, 제6호, 1998.

김춘선, 「조선 후기 한인의 만주로의 범월과 정착 과정」, 『백산학보』, 제51호, 1998.

김한규, 『요동사』, 문학과지성사, 2004.

김한규, 『한중 관계사』(전2권), 아르케, 1999.

김형종 편역, 『1880년대 조선·청 국경 회담 관계 자료 선역』, 서울대학교출판문화원, 2014.

김형종, 「오대징과 1800년대 청·러 동부 국경 감계」, 『중국근현대사연구』, 제60호, 2013.

김형종, 『1880년대 조선·청 공동 감계와 국경 회담의 연구』, 서울대학교출판문화원, 2018.

남의현, 『명대 요동 지배 정책 연구』, 강원대학교출판부, 2008.

노기식, 「명대 몽골과 만주의 교체」, 『사총』, 제59호, 2004.

박원호, 『명초 조선 관계사 연구』, 일조각, 2002.

방동인, 『한국의 국경 획정 연구』, 일조각, 1997.

배우성, 『조선과 중화: 조선이 꿈꾸고 상상한 세계와 문명』, 돌베개, 2014.

배우성, 『조선 후기 국토관과 천하관의 변화』, 일지사, 1998.

송미령, 「청 강희제 동순의 목적과 의미」, 『명청사연구』, 제24호, 2005.

숭실대학교 한국기독교박물관 엮음, 『燕行圖: Paintings of the Korean Envoys to Beijing during the Joseon Dynasty』, 숭실대학교 한국기독교박물관, 2009.

아키츠키 노조미, 「화이 질서에서의 경계 지대와 국제법적 '국경'」, 『근대 변경의 형성과 변경민의 삶』, 동북아역사재단, 2009.

양태진, 『한국 국경사 연구』, 법경출판사, 1992.

유봉영, 「백두산 정계비와 간도 문제」, 『백산학보』, 제13호, 1972.

유승주·이철성, 『조선 후기 중국과의 무역사』, 경인문화사, 1999.

유승주, 「조선 후기 대청 무역이 국내 산업에 미친 영향」, 『아세아연구』, 제37권, 제2호, 1994.

유태종, 『우리 몸에 좋은 인삼과 홍삼』, 아카데미북, 2000.

윤욱, 「조청 관계사에 있어서 만문 사료의 중요성에 관한 시론」, 『역사학보』, 제218호, 2013.

이성규, 「중화제국의 팽창과 축소」, 『역사학보』, 제186호, 2005.

이인영, 『한국 만주 관계사의 연구』, 을유문화사, 1954.

이지영, 「19세기 말 청조의 대 간도조선인 정책: 월간 한인의 지위 문제와 관련하여」, 『명청사연구』, 제32호, 2009.

이현희, 「조선왕조 시대의 북평관 야인」, 『백산학보』, 제11호, 1971.

이홍렬, 「삼도구 사건과 그 선후책」, 『백산학보』, 제5호, 1968.

이화자, 『조청 국경 문제 연구』, 집문당, 2008.

이화자, 『한중 국경사 연구』, 혜안, 2011.

이훈, 「청 초기 장백산 탐사와 황제권」, 『동양사학연구』, 제126호, 2014.

이훈, 「청대 건륭기 만주족의 근본지지 만들기: 경사기인의 이주와 만주의 봉금을 중심으로」, 『사총』, 제72호, 2011.

임기중, 「연행록의 대청 의식과 대조선 의식」, 『연민학지』, 제1권, 1993.

전해종, 『한중 관계사 연구』, 일조각, 1977.

정다함, 「조선 초기 야인과 대마도에 대한 번리, 번병 인식의 형성과 경차관 파견」, 『동방학지』, 제141호, 2008.

조광, 「조선 후기의 변경 의식」, 『백산학보』, 제16호, 1974.

조영록, 「입관 전 명·선 시대의 만주 여진사」, 『백산학보』, 제22호.

차수정, 「조선 후기 인삼 무역의 전개 과정: 18세기 초 삼상의 성장과 그 영향을 중심으로」, 『북악사론』, 제1호, 1989.

최종범, 최강현 역주, 『간도개척비사間島開拓秘史: 강북일기江北日記』, 신성출판사, 2004.

한명기, 『정묘·병자호란과 동아시아』, 푸른역사, 2009.

한성주, 「조선 초기 수직여진인 연구: 세종대를 중심으로」, 『조선시대사학보』, 제36호, 2006.

한성주, 『조선 초기 수직여진인 연구』, 경인문화사, 2011.

허태용, 『조선 후기 중화론과 역사 인식』, 아카넷, 2009.

황지영, 「이성량 사건 통해 본 17세기 초 요동 정세의 변화」, 『조선시대사학보』, 제21호, 2002.

[중국어 논문·연구서]

陳慧, 『穆克登碑問題研究: 淸代中朝圖們江界務考證』, 北京: 中央編譯出版社, 2011.

陳捷先, 「說滿州」, 『滿洲叢考』, 臺北: 國立臺灣大學文學院, 1963.

叢佩遠, 『東北三寶經濟簡史』, 北京: 農業出版社, 1989.

叢佩遠, 『中國東北史』, 3~4卷, 長春: 吉林文史出版社, 1998.

刁書仁·崔文植, 「明前期中朝東段邊界的變化」, 『史學集刊』, 2號, 2000.

丁海斌·時義, 『淸代陪都盛京研究』, 北京: 中國社會科學出版社, 2007.

定宜莊·Mark C. Elliott, 「21世紀如何書寫中國歷史: "新淸史" 研究的影響與回應」, 彭衛主編, 『歷史學評論』, 1卷, 北京: 社會科學文獻出版社, 2013.

高樂才, 『近代中國東北移民研究』, 北京: 商務印書館, 2010.

關紀新. 「淸代滿族作家文學中的長白山情結」, 『民族文學研究』, 1997.

黃松筠, 『中國古代藩屬制度研究』, 長春: 吉林人民出版社, 2008.

黃松筠·欒凡, 『吉林通史』, 2卷, 長春: 吉林人民出版社, 2008.

任桂淳, 『淸朝八旗駐防興衰史』, 北京: 三聯書店, 1993.

姜龍範, 「淸政府移民實邊政策與中國朝鮮族的形成」, 『社會科學戰線』, 4號, 2000.

蔣竹山, 『人蔘帝國: 淸代人蔘的生産, 消費與醫療』, 杭州: 浙江大學出版社, 2015.

李花子, 「朝鮮王朝的長白山認識」, 『中國邊疆史地研究』, 17卷, 2號, 2007.

李治亭 編, 『東北通史』, 鄭州: 中州古籍出版社, 2003.

廉松心, 「淸代對鴨綠江北岸朝鮮移民的政策」, 『社會科學戰線』, 8號, 2009.

林士鉉, 『淸季東北移民實邊政策之研究』, 臺北: 國立政治大學歷史學系, 2001.

劉爲, 「淸代朝鮮使團貿易制度述略」, 『中國邊疆史地硏究』, 12卷, 4號, 2002.

劉爲, 「淸代中朝宗藩關係下的通使往來」, 『中國邊疆史地硏究』, 10卷, 3號, 2000.

劉小萌, 『滿族的社會與生活』, 北京: 北京大學圖書館出版社, 1998.

劉小萌, 『滿族從部落到國家的發展』, 北京: 中國社會科學出版社, 2007.

劉永智, 『中朝關係史硏究』, 瀋陽: 中州古籍出版社, 1995.

祁美琴, 「論淸代長城邊口貿易的時代特徵」, 『淸史硏究』, 3號, 2007.

祁美琴, 『論淸代內務府』, 北京: 中國人民大學出版社, 1998.

宋抵·王秀華 編, 『淸代東北參務』, 吉林: 吉林文史出版社, 1991.

孫春日, 『中國朝鮮族移民史』, 北京: 中華書局, 2009.

孫喆, 『康雍乾時期輿圖繪制與疆域形成硏究』, 北京: 中國人民大學出版社, 2003.

陶勉, 「淸代封祭長白山與派員踏查長白山」, 『中國邊疆史地硏究』, 3號, 1996.

滕紹箴, 「明代建州女眞人」, 『明代女眞與滿洲文史論集』, 瀋陽: 遼寧民族出版社, 2012.

滕紹箴, 「試論後金國的形成, 性質及其特點」, 『明代女眞與滿洲文史論集』, 瀋陽: 遼寧民族出版
社, 2012.

滕紹箴, 「入關前滿族的社會經濟槪論」, 『明代女眞與滿洲文史論集』, 瀋陽: 遼寧民族出版社,
2012.

佟永功, 「淸代盛京參務活動述略」, 『淸史硏究』, 1號, 2000.

王冬芳, 「關于明代中朝邊界形成的硏究」, 『中國邊疆史地硏究』, 3號, 1997.

王玢玲, 「人參原流考」, 『人參文化硏究』, 長春: 時代文藝出版社, 1992.

王景澤, 「對淸代封禁東北政策的再認識」, 『東北師大學報』, 166號, 1997.

王佩環, 「淸代東北采參業的興衰」, 『社會科學戰線』, 4號, 1982.

王佩環, 『淸帝東巡』, 瀋陽: 遼寧大學学出版社, 1991.

王雪梅, 「淸代打牲烏拉總管衙門硏究」, 博士學位論文, 中央民族大學校, 2006.

王燕杰, 「淸朝前期與朝鮮邊務交涉與合作硏究: 以朝鮮人越境犯罪案件的審理爲中心」, 博士學
位論文, 山東大學校, 2012.

王鍾翰, 「關于滿族形成中的幾個問題」, 『滿族史硏究集』, 北京: 中國社會出版社, 1988.

魏志江, 『中韓關係史硏究』, 廣州: 中山大學出版社, 2006.

徐萬民, 『中韓關係史』, 北京: 社會科學文獻出版社, 1996(쉬완민, 정홍적·진전바오 옮김, 『중
한 관계사: 근대편』, 일조각, 2009).

楊昭全·孫玉梅, 『中朝邊界史』, 長春: 吉林社會出版社, 1993.

張存武, 『淸代中韓關係論文集』, 臺北: 臺灣商務印書院, 1987.

張存武, 『淸韓宗藩貿易, 1637~1894』, 臺北: 臺灣中央硏究院, 1978.

張杰, 「淸前期對鴨綠江封禁區的管轄」, 『中國邊疆史地硏究』, 14卷, 4號, 2004.

張杰·張丹卉, 『淸代東北邊疆的滿族, 1644~1840』, 瀋陽: 遼寧民族出版社, 2005.

張杰, 「柳條邊, 印票與淸朝東北封禁新論」, 『中國邊疆史地硏究』, 9卷, 1號, 1999.

張士尊, 『淸代東北移民與社會變遷, 1644~1911』, 長春: 吉林人民出版社, 2003.

張永江, 『淸代藩部硏究: 以政治變遷爲中心』, 哈爾濱: 黑龍江敎育出版社, 2001.

[일본어 논문·연구서]

秋月望, 「鴨綠江北岸の統巡會哨について」, 『九州大學東洋史論集』, 11卷, 1983.

秋月望, 「中朝勘界交涉の發端と展開: 朝鮮側の理念と論理」, 『朝鮮學報』, 通號32, 1989.

秋月望, 「華夷秩序の境界から國際法的な"国境"へ: 朝鮮と淸の境界地帶をめぐる研究史」, 『研究所年報』, 13號, 2010.

夫馬進, 「明淸中國の對朝鮮外交における禮と問罪」, 夫馬進 編, 『中國東アジア外交交流史の研究』, 東京: 京都大學學術出版會, 2007.

畑地正憲, 「淸朝と李氏朝鮮との朝貢貿易について: 特に鄭商の盛衰をめぐって」, 『東洋學報』, 62卷, 3~4號, 1981.

今村鞆, 『人蔘史』(全7卷), 京城: 朝鮮総督府専売局, 1934~40.

今西春秋, 「Jušen國域考」, 『東方學紀要』, 2號, 1967.

稻葉岩吉, 『光海君時代の滿鮮關係』, 東京: 國書刊行會, 1976.

稻葉岩吉, 楊成能 譯, 『滿洲發達史』, 奉天: 翠文斋書店, 1939.

河內良弘, 『明代女眞史の硏究』, 京都: 同朋舍, 1992.

川久保悌郎, 「淸代滿洲における燒鍋の簇生について」, 『和田博士古稀記念東洋史論叢』, 東京: 講談社, 1960.

松浦章, 「明淸時代北京の會同館」, 『淸朝と東アジア: 神田信夫先生古稀記念論集』, 東京: 山川出版社, 1992.

松浦章, 『近世中國朝鮮交涉史の研究』, 京都: 思文閣出版, 2013.

松浦茂, 『淸朝のアムール政策と少數民族』, 京都: 京都大學學術出版, 2006.

文純實, 「白頭山定界碑と十八世紀朝鮮の疆域觀」, 『朝鮮史研究会論文集』, 40集, 2002.

中見立夫, 「日本的東洋學の形成と構圖」, 『帝國日本の學知』, 3卷, 岸本美緒 編, 『東洋學の磁場』, 東京: 岩波書店, 2006.

中見立夫, 「地域概念の政治性」, 『アジアから考える: 交錯するアジア』, 東京: 東京大學出版會, 1993.

西島定生, 『中國古代國家と東アジア世界』, 東京: 東京大學出版會, 1983.

岡本隆司, 『世界のなかの日淸韓關係史: 交隣と屬國, 自主と獨立』, 東京: 講談社, 2008(오카모토 다카시, 강진아 옮김, 『미완의 기획, 조선의 독립』, 소와당, 2009).

寺內威太郎, 「滿鮮史研究と稻葉岩吉」, 『植民地主義と歷史學: そのまなざしが殘したもの』, 東京: 刀水書房, 2004.

塚瀨進, 「中國東北統治の變容: 1860~80年代の吉林を中心に」, 『近代東北アジアの誕生: 跨境史への試み』, 左近幸村 編, 札幌: 北海道大學出版会, 2008.

塚瀨進, 『マンチュリア史研究: 滿洲600年の社會變容』, 東京: 吉川弘文館, 2014.

和田淸, 「滿洲諸部の位置について」, 『東亞史硏究: 滿洲篇』, 東京: 東洋文庫, 1955.

和田淸, 「明末に於ける鴨綠江方面の開拓」, 『東亞史硏究: 滿洲篇』, 東京: 東洋文庫, 1955.

和田淸, 「明初の滿洲經略: 上」, 『東亞史硏究: 滿洲篇』, 東京: 東洋文庫, 1955.

和田淸, 「明初の滿洲經略: 下」, 『東亞史硏究: 滿洲篇』, 東京: 東洋文庫, 1955.

山本進, 『大淸帝國と朝鮮經濟: 開發, 貨幣, 信用』, 福岡: 九州大學出版會, 2014.

[영어 논문·연구서]

Adam Bohnet, "Ruling Ideology and Marginal Subjects: Ming Loyalism and Foreign Lineages in Late Choson Korea", *Journal of Early Modern History*, vol. 15, no. 6, 2011.

Andre Schmid, "Tributary Relations and the Qing-Choson Frontier on Mountain Paektu", *The Chinese State at the Borders*, edited by Diana Lary, Vancouver: University of British Columbia Press, 2007.

Andre Schmid, Korea between Empires, 1895~1919, New York: Columbia University Press, 2002(앙드레 슈미드, 정여울 옮김, 『제국 그 사이의 한국 1895~1919』, 휴머니스트, 2007).

Anthony Reid, "Introduction: Negotiating Asymmetry: Parents, Brothers, Friends and Enemies", *Negotiating Asymmetry: China's Place in Asia*, edited by Anthony Reid · Zheng Yangwen, Honolulu: University of Hawaii Press, 2009.

Bradley J. Parker Lars Rodseth, "Introduction: Theoretical Considerations in the Study of Frontiers", *Untaming the Frontier in Anthropology, Archaeology, and History*, edited by Bradley J. Parker Lars Rodseth, Tucson: University of Arizona Press, 2005.

Bruce L. Batten, *To the Ends of Japan: Premodern Frontiers, Boundaries, and Interactions*, Honolulu: University of Hawaii Press, 2003.

Chong Da-ham, "Making Choson's Own Tributaries: Dynamics between the Ming-Centered World Order and a Choson-Centered Regional Order in the East Asian Periphery", *International Journal of Korean History*, vol. 15, no. 1, 2010.

Christopher M. Isett, "Village Regulation of Property and the Social Basis for the Transformation of Qing Manchuria", *Late Imperial China*, vol. 25, no. 1, 2004.

Christopher M. Isett, *State, Peasant, and Merchant in Qing Manchuria, 1644~1862*, Stanford, CA:

Stanford University Press, 2007.

Chun Hae-jong, "Sino-Korean Tributary Relations in the Ch'ing Period", *The Chinese World Order: China's Foreign Relations*, edited by John K. Fairbank, Cambridge, MA: Harvard University Press, 1968.

Cordell D. K. Yee, "Reinterpreting Traditional Chinese Geographical Maps", in "Cartography in the Traditional East and Southeast Asian Societies", vol. 2, book 2, of *The History of Cartography*, edited by J. B. Harley·David Woodward, Chicago: University of Chicago Press, 1994.

Dai Yingcong, *The Sichuan Frontier and Tibet: Imperial Strategy in the Early Qing*, Seattle: University of Washington Press, 2009.

Dan Shao, *Remote Homeland, Recovered Borderland: Manchus, Manchoukuo, and Manchuria, 1907~1985*, Honolulu: University of Hawaii Press, 2011.

David Bello, "The Cultured Nature of Imperial Foraging in Manchuria", *Late Imperial China*, vol. 31, no. 2, 2010.

David Bello, *Across Forest, Steppe, and Mountain: Environment, Identity, and Empire in Qing China's Borderlands*, New York: Cambridge University Press, 2016.

David Howell, "Ainu Ethnicity and the Boundaries of the Early Modern Japanese State", *Past and Present*, vol. 142, issue 1, 1994.

Donald N. Clark, "Sino-Korean Tributary Relations under the Ming", in "The Ming Dynasty, 1368~1644", pp. 272~300, vol. 8, part 2, of *The Cambridge History of China*, edited by Denis Twitchett·Frederick W. Mote, Cambridge, England: Cambridge University Press, 1998.

Emma J. Teng, *Taiwan's Imagined Geography: Chinese Colonial Travel Writing and Pictures, 1683~1895*. Cambridge, MA: Harvard University Press, 2004.

Evelyn S. Rawski, *Early Modern China and Northeast Asia: Cross-Border Perspectives*. Cambridge, England: Cambridge University Press, 2015.

Evelyn S. Rawski, *The Last Emperors: A Social History of Qing Imperial Institutions*, Berkeley: University of California Press, 1998(이블린 S. 로스키, 구범진 옮김, 『최후의 황제들: 청황실의 사회사』, 까치, 2010).

Frederic Wakeman Jr., *The Great Enterprise: The Manchu Reconstruction of Imperial Order in Seventeenth-Century China*, 2 vols. Berkeley: University of California Press, 1985.

Gari Ledyard, "Cartography in Korea", in "Cartography in the Traditional East and Southeast Asian Societies", vol. 2, book 2, of *The History of Cartography*, edited by J. B. Harley·David Woodward, Chicago: University of Chicago Press, 1987.

Gari Ledyard, "Hong Taeyong and His 'Peking Memoir'", *Korean Studies*, vol. 6, 1982.

Gari Ledyard, "Korean Travelers in China over Four Hundred Years, 1488~1887", *Occasional Papers on Korea*, vol. 2, 1974.

Gari Ledyard, "Yin and Yang in the China-Manchuria-Korea Triangle", *China among Equals: The Middle Kingdom and Its Neighbors*, edited by Morris Rossabi, Berkeley: University of California Press, 1983.

Gertraude Roth Li, "State Building before 1644" In "'The Ch'ing Empire to 1800", vol. 9, part 1, of *The Cambridge History of China*, edited by Willard J. Peterson, Cambridge: Cambridge University Press, 2002.

Henry Serruys, *Sino-Jürčed Relations during the Yung-Lo Period, 1403~1424*, Wiesbaden: Harrassowitz, 1955.

Hwang Kyung Moon, *Beyond Birth: Social Status in the Emergence of Modern Korea*, Cambridge, MA: Harvard University Press, 2004(황경문, 백광열 옮김, 『출생을 넘어서』, 너머북스, 2022).

Iwai Shigeki, "China's Frontier Society in the Sixteenth and Seventeenth Centuries", *Acta Asiatica*, no. 88, 2005.

JaHyun Kim Haboush, "Contesting Chinese Time, Nationalizing Temporal Space: Temporal Inscription in Late Choson Korea", *Time, Temporality, and Imperial Transition: East Asia from Ming to Qing*, edited by Lynn A. Struve, pp. 115~141, Honolulu: University of Hawaii Press, 2005.

James A. Millward, "'Coming onto the Map': 'Western Regions' Geography and Cartographic Nomenclature in the Making of Chinese Empire in Xinjiang", *Late Imperial China*, vol. 20, no. 2, 1999.

James A. Millward, "New Perspectives on the Qing Frontier", *Remapping China: Fissures in Historical Terrain*, edited by Gail Hershatter et al., Stanford, CA: Stanford University Press, 1996.

James A. Millward, *Beyond the Pass: Economy, Ethnicity, and Empire in Qing Central Asia*, Stanford, CA: Stanford University Press, 1998.

James B. Lewis, *Frontier Contact between Choson Korea and Tokugawa Japan*, London and New York: Routledge Curzon, 2003.

James Hevia, *Cherishing Men from Afar: Qing Guest Ritual and the Macartney Embassy of 1793*, Durham, NC: Duke University Press, 1995.

James Reardon-Anderson, *Reluctant Pioneers: China's Expansion Northward, 1644~1937*, Stanford, CA: Stanford University Press, 2005.

Jeremy Adelman·Stephen Aron, "From Borderlands to Borders: Empires, Nation-States, and the Peoples in between in North American History", *American Historical Review*, vol. 104, no. 3, 1999.

Jerry Dennerline, "The Shun-chih Reign" In "The Ch'ing Empire to 1800", vol. 9, part 1, of *The Cambridge History of China*, edited by Willard J. Peterson, Cambridge, England: Cambridge University Press, 2002.

Jerry Norman, *A Comprehensive Manchu-English Dictionary*, Cambridge, MA: Harvard University Press, 2013.

Joanna Waley-Cohen, "The New Qing History", *Radical History Review*, vol. 88, 2004.

John E. Herman, *Amid the Clouds and Mist: China's Colonization of Guizhou, 1200~1700*, Cambridge, MA: Harvard University Press, 2007.

John K. Fairbank, "A Preliminary Framework", *The Chinese World Order: China's Foreign Relations*, edited by John K. Fairbank, Cambridge, MA: Harvard University Press, 1968.

Jonathan D. Spence, "The K'ang-hsi Reign", in "The Ch'ing Empire to 1800", vol. 9, part 1, of *The Cambridge History of China*, edited by Willard J. Peterson, Cambridge, England: Cambridge University Press, 2002.

Jonathan Schlesinger, "The Qing Invention of Nature: Environment and Identity in Northeast China and Mongolia, 1750~1850", PhD diss., Harvard University, 2012.

Joseph Fletcher, "Sino-Russian Relations, 1800~62", in "Late Ch'ing, 1800~1911", vol. 10, part 1, of *The Cambridge History of China*, edited by John K. Fairbank, Cambridge, England: Cambridge University Press, 1978.

Joseph P. Hou, *The Myth and Truth about Ginseng*, New York: A. S. Barnes, 1978.

Joshua A. Fogel(ed), *The Teleology of the Modern Nation-State, Japan and China*, Philadelphia: University of Pennsylvania Press, 2005.

Kenneth R. Robinson, "From Raiders to Traders: Border Security and Border Control in Early Choson, 1392~1450", *Korean Studies*, vol. 16, 1992.

Kenneth R. Robinson, "Residence and Foreign Relations in the Peninsular Northeast during the Fifteenth and Sixteenth Centuries", *The Northern Region of Korea: History, Identity, and Culture*, edited by Kim Sun Joo, Seattle: University of Washington Press, 2010.

Kim Key-Hiuk, *The Last Phase of the East Asian World Order: Korea, Japan, and the Chinese Empire, 1860~1882*, Berkeley: University of California Press, 1980.

Kim Kwang Min, "Korean Migration in Nineteenth-Century Manchuria: A Global Theme in Modern Asian History", *Mobile Subjects: Boundaries and Identities in the Modern Korean Diaspora*, edited by Wen-hsin Yeh, Berkeley, CA: Institute of East Asian Studies, 2013.

Kim Kwang Min, "Profit and Protection: Emin Khwaja and the Qing Conquest of Central Asia, 1759~1777", *Journal of Asian Studies*, vol. 71, no. 3, 2012.

Kim Seonmin, "Ginseng and Border Trespassing between Qing China and Choson Korea", *Late Imperial China*, vol. 28, no. 1, 2007.

Kirk Larsen, Tradition, *Treaties, and Trade: Qing Imperialism and Choson Korea, 1850~1910*, Cambridge, MA: Harvard University Press, 2008(커크 W. 라슨, 양휘웅 옮김, 『전통, 조약, 장사: 청 제국주의와 조선의 1850~1910』, 모노그래프, 2001).

Kye Seung Beom, "Huddling under the Imperial Umbrella: A Korean Approach to Ming China in the Early 1500s", *Journal of Korean Studies*, vol. 15, no. 1, 2010.

Laura Hostetler, *Qing Colonial Enterprise: Ethnography and Cartography in Early Modern China*, Chicago: University of Chicago Press, 2001.

Lee Peter H., *Songs of Flying Dragons: A Critical Reading*, Cambridge, MA: Harvard University Press, 1975.

Malcolm Anderson, *Frontiers: Territory and State Formation in the Modern World*, Oxford: Polity, 1996.

Mariko Asano Tamanoi, "Introduction", *Crossed Histories: Manchuria in the Age of Empire*, edited by Mariko Asano Tamanoi, Honolulu: University of Hawaii Press, 2005.

Marion Eggert, "A Borderline Case: Korean Travelers' Views of the Chinese Border(Eighteenth to Nineteenth Century)", *China and Her Neighbours: Borders, Visions of the Other, Foreign Policy 10th to 19th Century*, edited by Sabine Dabringhaus et al., Wiesbaden: Harrassowitz, 1997.

Mark C. Elliott, "The Limits of Tartary: Manchuria in Imperial and National Geographies", *Journal of Asian Studies*, vol. 59, no. 3, 2000.

Mark C. Elliott, *The Manchu Way: The Eight Banners and Ethnic Identity in Late Imperial China*, Stanford, CA: Stanford University Press, 2001(마크 C. 엘리엇, 김선민·이훈 옮김, 『만주족의 청제국』, 푸른역사, 2009).

Mark Mancall, "The Ch'ing Tribute System: An Interpretative Essay", *The Chinese World Order: China's Foreign Relations*, edited by John K. Fairbank, Cambridge, MA: Harvard University Press, 1968.

Michael G. Chang, *A Court on Horseback: Imperial Touring and the Construction of Qing Rule, 1680~1785*. Cambridge, MA: Harvard University Press, 2007.

Michel Baud·Willem van Schendel, "Toward a Comparative History of Borderlands", *Journal of World History*, vol. 8, no. 2, 1997.

Morris Rossabi(ed.) *China among Equals: The Middle Kingdom and Its Neighbors*, Berkeley: University of California Press, 1983.

Naomi Standen, *Unbounded Loyalty: Frontier Crossings in Liao China*, Honolulu: University of Hawaii Press, 2007.

Nicola Di Cosmo, "Kirghiz Nomads on the Qing Frontier: Tribute, Trade, or Gift Exchange?", *Political Frontiers, Ethnic Boundaries, and Human Geographies in Chinese History*, edited by Nicola Di Cosmo·Don F. Wyatt, pp. 351~372, London: Routledge Curzon, 2003.

Nicola Di Cosmo, "Qing Colonial Administration in Inner Asia", *International History Review*, vol. 20, no. 2, 1998.

Nicola Di Cosmo, "State Formation and Periodization in Inner Asian History", *Journal of World History*, vol. 10, no. 1, 1999.

Nicola Di Cosmo, "The Manchu Conquest in World-Historical Perspective: A Note on Trade and Silver", *Journal of Central Eurasian Studies*, vol. 1, 2009.

Nicola Di Cosmo, *Ancient China and Its Enemies*, Cambridge, England: Cambridge University Press, 2002(니콜라 디 코스모, 이재정 옮김, 『오랑캐의 탄생: 중국이 만들어 낸 변방의 역사』, 황금가지, 2007).

Owen Lattimore, *Inner Asian Frontiers of China*, Boston: Beacon, 1940.

Owen Lattimore, *Manchuria: Cradle of Conflict*, New York: Macmillan, 1932.

Pamela K. Crossley, "Making Mongols", *Empire at the Margins: Culture, Ethnicity, and Frontier in Early Modern China*, edited by Pamela K. Crossley·Helen F. Siu·Donald S. Sutton, Berkeley: University of California Press, 2006.

Pamela K. Crossley, "Manzhou yuanliu kao and the Formalization of the Manchu Heritage", *Journal of Asian Studies*, vol. 46, no. 4, 1987.

Pamela K. Crossley, *A Translucent Mirror: History and Identity in Qing Imperial Ideology*, Berkeley: University of California Press, 1999.

Pamela K. Crossley, *The Manchus*, Oxford: Blackwell, 2002(패멀라 카일 크로슬리, 양휘웅 옮김, 『만주족의 역사』, 돌베개, 2013).

Patterson Giersch, *Asian Borderlands: The Transformation of Qing China's Yunnan Frontier*, Cambridge, MA: Harvard University Press, 2006.

Pekka Hämäläinen·Samuel Truett, "On Borderlands", *Journal of American History*, vol. 98, no. 2, 2011.

Peter C. Perdue, "A Frontier View of Chineseness", *The Resurgence of East Asia: 500, 150, and 50 Year Perspectives*, edited by Giovanni Arrighi,·Takeshi Hamashita·Mark Selden. London: Routledge, 2003.

Peter C. Perdue, "Boundaries, Maps, and Movement: Chinese, Russian, and Mongolian Empires in Early Modern Central Eurasia", *International History Review*, vol. 20, no. 2, 1998.

Peter C. Perdue, "From Turfan to Taiwan: Trade and War on Two Chinese Frontiers", *Untaming the Frontier in Anthropology, Archaeology, and History*, edited by Bradley J. Parker and Lars Rodseth, Tucson: University of Arizona Press, 2005.

Peter C. Perdue, *China Marches West: The Qing Conquest of Central Eurasia*, Cambridge, MA: Harvard University Press, 2005.

Philippe Foret, *Mapping Chengde: The Qing Landscape Enterprise*, Honolulu: University of Hawaii Press, 2000.

Preston M. Torbert, *The Ch'ing Imperial Household Department: A Study of Its Organization and Principal Functions, 1662~1796*, Cambridge, MA: Harvard University Press, 1977.

Richard Edmonds, "The Willow Palisade", *Annals of the Association of American Geographers*, vol. 69, no. 4, 1979.

Richard Heffern, *The Complete Book of Ginseng*, Millbrae, CA: Celestial Arts, 1976.

Robert H. G. Lee, *The Manchurian Frontier in Ch'ing History*, Cambridge, MA: Harvard University Press, 1970.

Stefan Tanaka, *Japan's Orient: Rendering Pasts into History*, Berkeley: University of California Press, 1993.

Thomas J. Barfield, *The Perilous Frontier: Nomadic Empires and China*, Cambridge, MA: Blackwell, 1989.

Thongchai Winichakul, *Siam Mapped: A History of the Geo-Body of a Nation*, Honolulu: University of Hawaii Press, 1994(통차이 위니짜꾼, 이상국 옮김, 『지도에서 태어난 태국』, 진인진, 2019).

Van Jay Symons, "Ch'ing Ginseng Management: Ch'ing Monopolies in Microcosm", Arizona State University Center for Asian Studies Occasional Paper, no. 13, 1981.

Vladimir Kolossov·James Scott, "Selected Conceptual Issues in Border Studies", *Belgeo*, vol. 1, 2013(https://belgeo.revues.org/10532).

William E. Court, *Ginseng: The Genus Panax*, Amsterdam: Harwood Academic, 2000.

찾아보기

인삼과 국경

인삼과 국경

2023년 11월 24일 1판 1쇄

지은이	**옮긴이**	
김선민	최대명	
편집	**디자인**	
이진, 이창연, 홍보람	신종식	
제작	**마케팅**	**홍보**
박홍기	이병규, 이민정, 최다은, 강효원	조민희
인쇄	**제책**	
천일문화사	J&D바인텍	
펴낸이	**펴낸곳**	**등록**
강맑실	(주)사계절출판사	제406-2003-034호
주소		**전화**
(우)10881 경기도 파주시 회동길 252		031)955-8588, 8558
전송		
마케팅부 031)955-8595, 편집부 031)955-8596		
홈페이지	**전자우편**	
www.sakyejul.net	skj@sakyejul.com	
블로그	**페이스북**	**트위터**
blog.naver.com/skjmail	facebook.com/sakyejul	twitter.com/sakyejul

ISBN 979-11-6981-171-2 03910